2022年度国家社科基金青年项目“国际海底资源开发争端解决机制对我国影响及对策研究”
（项目批准号：22CGJ014）成果

国际海上合同法律适用问题研究

Research on the Application of
International Maritime Contract Law

黄植蔚　著

法律出版社
LAW PRESS · CHINA
北京

图书在版编目(CIP)数据

国际海上合同法律适用问题研究 / 黄植蔚著. -- 北京 : 法律出版社, 2024
ISBN 978-7-5197-8693-9

Ⅰ. ①国… Ⅱ. ①黄… Ⅲ. ①国际海运-运输合同-合同法-研究 Ⅳ. ①D997

中国国家版本馆CIP数据核字(2024)第014401号

国际海上合同法律适用问题研究
GUOJI HAISHANG HETONG FALÜ SHIYONG WENTI YANJIU

黄植蔚 著

策划编辑 毛镜澄
责任编辑 毛镜澄
装帧设计 李 瞻

出版发行 法律出版社
编辑统筹 法治与经济出版分社
责任校对 王 丰
责任印制 吕亚莉
经 销 新华书店

开本 710毫米×1000毫米 1/16
印张 14.75 **字数** 273千
版本 2024年12月第1版
印次 2024年12月第1次印刷
印刷 北京虎彩文化传播有限公司

地址:北京市丰台区莲花池西里7号(100073)
网址:www.lawpress.com.cn
投稿邮箱:info@lawpress.com.cn
举报盗版邮箱:jbwq@lawpress.com.cn

销售电话:010-83938349
客服电话:010-83938350
咨询电话:010-63939796

书号:ISBN 978-7-5197-8693-9
定价:96.00元
凡购买本社图书,如有印装错误,我社负责退换。电话:010-83938349

前　言

本书探讨的是国际海上合同法律适用问题。目前,国际贸易中国际海上合同的类型多种多样,而国际社会所表现出来的调整国际海上合同的法律规范也大相径庭。正是这两点导致了国际海上合同法律适用问题的错综复杂。本书以相关的冲突规范和国际统一实体法中的适用范围规范为研究对象,探讨国际海上合同的法律适用问题。

其一,本书探讨欧盟在国际合同领域的最新立法2008年《关于合同之债法律适用的第593/2008号条例》(以下简称《罗马条例Ⅰ》),并且重点论述了"优先性强制规则"的性质和适用。本书中的优先性强制规则调整的是国际合同关系,意味着这类法律规范是国际私法的一部分,而且具有完全的私法性质。从理论上来讲,外国的优先性强制规则是维护其本国政治、社会或经济组织等公共利益的法律规范;在不存在相关的国际条约的情况下,原则上内国是没有优先维护外国公共利益的国际义务。因此,作为一种例外情形,对于内国适用外国优先性强制规则,立法机构在适用条件上也应该对此加以一定的限制,如要求司法人员在适用相关的外国强制性规则时应该考虑相应后果。《罗马条例Ⅰ》第9条第3款具有普遍的示范意义,尤其是在欧洲的国际私法一直处于世界领先水平的情况下更是如此。通过该国际条约第9条第3款的规定,缔约方的司法人员才有适用外国优先性强制规则的"桥梁",为成员方之间相互维护彼此之间的社会公共利益提供了可能性。

其二,本书探讨了国际经济法中的第三国强制性规范,目的是将相关的法律规范与国际私法中的优先性强制规则作出区分。本书中的第三国强制性规范调整的是国际经济活动的管理关系,意味着这类法律规范是国际经济法的一部分，而且具有完全的公法性质。公法性规范主要涉及的是一个国家的公共利益，而内国司法机构没有义务保护外国的公共利益，因此学界普遍承认的是，公法性法律规范原则上没有域外效力，只有在例外情形下才会产生域外效力。

其三，本书探讨了国际合同法领域中最重要的原则——意思自治原则。本书主要以《罗马条例Ⅰ》为研究对象。随着国际私法理论的发展，也出现了一些关于意思自治原则的新的限制，越来越多的国家从当事人所选择的法律的性质上加以限制，即有关国家的强制性规范是不允许国际合同当事人合意选择的，特别是不允许他们合意选择排除；从政府利益和公共利益等对该原则加以限制，即国际合同关系当事人基于意思自治原则选择准据法时，不能违反其法律本应作为合同准据法的国家的公共政策和政府利益。

其四，本书探讨了国际合同领域另一重要的原则，即最密切联系原则。本书仍然是以《罗马条例Ⅰ》为主要的研究对象，并且得出结论。欧洲的国际私法界也对最密切联系原则施加了一些新限制，从维护公共利益上加以限制，即司法人员基于最密切联系原则去判断与国际合同有最密切联系的国家的法律时，不能违反其本应作为合同准据法的国家的公共利益；从法律规范性质上加以限制，即在案件事实涉及具有优先效力的强制性规范时，即使这类规范与案件不具备最密切联系，仍然应该适用具有优先效力的强制性规范。

其五，本书选取了6类具体的国际海上合同，即国际海上运输合同、国际海上旅客运输合同、国际租船合同、国际海上保险合同、国际海难救助合同、国际混合合同，从更加微观的角度探讨了这些国际海上合同的法律适用问题。以国际海上运输合同关系的法律适用为例，笔者同时从统一实体法和冲突法的角度探讨国际海上运输合同的法律适用，既探讨了该领域最新的国际条约《联合国全程或部分海上国际货物运输合同公约》（以下简称《鹿特丹规则》）中相关的适用范围规范，又探讨当事人自选法、最密切联系法、船旗国法和同一港口法在国际海上运输合同的具体适用问题。在考察这6类国际合同法律适用的过程中，结合我国相关的法律规定，针对其中存在的空白提出了适当的立法建议。

笔者认为，确定国际海上合同所应该适用的准据法是非常复杂的问题，主要原因有两个：国际海上合同的类型不少，而且将来还会继续涌现出新型的国际海上合同；调整国际海上合同的法律规范的类型也多种多样，既包括国际统一实体法,又包括国际统一冲突法,甚至在一个主权国家的国内立法中,其国内冲突法和专门用来调整国际海上合同的实体法也包括在内。因此,无论是立法者还是司法者,在考虑国际海上合同法律适用问题时,必须兼顾方方面面,促使相关的适用范围规范与冲突规范相互协调,在解决该问题时达到较合理、科学的效果。

目录

分　　论

第一章　导　　论

一、问题的提出

国际海上合同关系的法律适用问题,本质上是支配国际合同关系的法律基础问题,即某一国际合同关系受什么法律支配的问题,也是本书所计划要研究的一个中心问题。而本书主要是以国际海上合同为主要视角。总体而言,国际海上合同可以细分成两大类,即国际海商合同和国际海事合同,而本书中所指的国际海上合同也同时具有这两层含义。本书采取的是“分割论”的观点,[1]认为合同关系可以分为多个方面,并且对不同的方面有可能应该采取不同的法律予以调整。合同关系主要可以分割成3个部分,即合同当事人的缔约能力、合同的形式以及合同的其他方面,后者包括合同的成立以及成立的时间、合同内容的解释、合同的履行、违约责任以及合同的变更、中止、转让、解除、终止等方面。在通常情况下,除合同当事人的缔约能力和合同的形式(本书计划探讨的问题,不包括合同当事人的缔约能力以及合同形式的法律适用问题)以外的合同的其他方面将统一适用一套法律制度。但是,国际海上合同关系领域是个例外。以我国为例,我国《海商法》第275条规定:“海事赔偿责任限制,适用受理案件的法院所在地法律。”[2]这意味着在国际海事合同领域,哪些责任人可以享受海事赔偿责任限制,可以享受到什么程度的海事赔偿责任限制,均由我国《海商法》确定。即使该国际海事合同关系的当事人约定了适用外国法,但在涉及海事赔偿责任限制方面,仍然适用我国的法律,因为这是我

---

〔1〕 张潇剑:《国际私法论》(第2版),北京大学出版社2008年版,第348页。

〔2〕 法规应用研究中心主编:《最高人民法院　最高人民检察院司法解释与指导案例(商事卷)》,中国法制出版社2016年版,第1109页。

国国内法的强制性规定。

对于“国际海上合同关系的法律适用问题”的探讨，既建立在国际法的基本理论与客观实践的历史与实证观察，又不缺乏对国际法理论与实践的世界主义、理想主义的深切关怀。国际海商法是国际法的一个分支，涉及公法和私法。[1] 而随着经济全球化纵深方向发展，对国际合同的法律适用问题的研究就有了更加深刻的现实意义。应该说，国际合同作为一种重要的载体，可以把国际贸易中的各方当事人联结在一起。我国的进出口贸易总量，在近10年的时间里，总体而言也是呈现不断上升的趋势，具体增长总量可见表1－1。

表1－1　2008～2020年中国进出口总体情况

金额单位：亿美元

年份	进出口		出口		进口		差额
	总额	增速/%	总额	增速/%	总额	增速/%	
2008	25,632.6	17.8	14,306.9	17.3	11,325.7	18.5	2981.3
2009	22,075.4	－13.9	12,016.1	－16.0	10,059.2	－11.2	1956.9
2010	29,740.0	34.7	15,777.5	31.3	13,962.5	38.8	1815.1
2011	36,418.6	22.5	18,983.8	20.3	17,434.8	24.9	1549.0
2012	38,671.2	6.2	20,487.1	7.9	18,184.1	4.3	2303.1
2013	41,589.9	7.5	22,090.0	7.8	19,499.9	7.2	2590.1
2014	43,015.3	3.4	23,422.9	6.0	19,592.3	0.4	3830.6
2015	39,669.0	－8	22,749.5	－2.9	16,819.5	－14.2	5930.0
2016	36,855.7	－6.8	20,981.5	－7.7	15,874.2	－5.5	5107.3
2017	41,045.0	11.4	22,635.2	7.9	18,409.8	15.9	4225.4
2018	46,224.4	12.5	24,866.9	9.9	21,357.4	15.8	3509.5
2019	45,778.9	－1	24,994.8	0.5	20,784.0	－2.7	4210.8
2020	46,470.6	1.5	25,903.8	3.6	20,566.7	－1	5337.1

资料来源：商务部官网，http://data.mofcom.gov.cn/hwmy/imexyear.shtml，最后访问时间：2022年2月9日。

［1］ Aldo Chircop & Sarah Shiels, *The Continuum of International Maritime Law and Canadian Maritime Law: Explaining a Complex Relationship*, Dalhousie Law Journal, Vol. 35:2, p. 295－328(2012).

实际上,国际海上合同的种类繁多,没有必要对所有类型的国际海上合同的法律适用问题全面研究,因此,笔者在分论部分只选取了具有典型性的国际海上合同予以研究和分析,以达到以点带面的效果。笔者选取的国际海上合同包括:国际海上运输合同、国际租船合同、国际海上保险合同、国际海难救助合同和国际混合合同。实际上,上述类型的国际海上合同也已经基本上涵盖了最重要的和常见的海上合同关系,即货物运输合同关系、旅客运输合同关系、租赁合同关系、保险合同关系、救助合同关系和新型的混合合同关系。尤其是对于前面四种合同关系的研究,是传统的海商法学界研究的重中之重。笔者选择上述 6 种类型的国际海上合同作为研究对象的另一重要原因是:在整个国际海上运输的过程中,基本上由托运方与承运方签订海上运输合同或者签订租船合同,将货物运输至目的地;而在此过程中,船舶或者货物很有可能会遭遇海上风险,为了将海上风险转移出去,相关的利害关系人就会签订保险合同;如果船舶确实非常不幸地遭遇了海上风险而无法自救,就需要签订海难救助合同,请求救助人救助;而随着国际服务往多样化和复杂化的方向发展,出现了将两个甚至多个有名合同混合在一起的做法,因此,在可以预见的未来,国际混合合同将会得到更多的使用。

二、相关概念的界定与厘清

(一)适用范围规范和冲突规范

本书主要讨论的是国际合同的法律适用问题,因此在开始讨论之前,有必要区别“适用范围规范”和“冲突规范”在本书的具体含义,以免出现概念混淆的情况。在本书中,法律适用规范包括了“冲突规范”和“适用范围规范”。“适用范围规范”是指用于调整国际合同的国际统一实体法条约或者国内实体法规范中规定具体的适用范围的法律规范,如在下文将要讨论的《鹿特丹规则》第 5 条:“一、除须遵循第 6 条的规定外,本公约适用于收货地和交货地位于不同国家且海上运输装货港和同一海上运输卸货港位于不同国家的运输合同,条件是运输合同约定以下地点之一位于缔约方:(一)收货地;(二)装货港;(三)交货地;或(四)卸货港。二、本公约的适用不考虑船舶、承运人、履约方、托运人、收货人或其他任何有关方的国籍。"[1]值得一提的是,除规定国际统一实体法条约基本的适用范围的法律规范外,对国际统一实体法条约的适用范围作出一定限制的法律规范也属于"适用范围规范"的范畴。例如,《鹿特丹规则》第83条明确规定:"本公约的规定概不影响规范船舶所有人责任限制的国际公约或者国内法的适用。"[2]而本书中的"冲突规范"是传统国际私法理论中所指的、需要和内国或者外国的实体性规范相结合才能够调整当事人权利义务的法律规范,如《涉外民事关系法律适用法》第42条规定:"消费者合同,适用消费者经常居所地法律;消费者选择适用商品、服务提供地法律或者经营者在消费者经常居所地没有从事相关经营活动的,适用商品、服务提供地法律。"

(二)国际私法中的强制性规范和国际经济法中的强制性规范

国际私法中的强制性规范是主权国家维护政治、经济和社会公共利益的极为重要的规范,是主权国家用于调整国际民商事关系的强制性规范。[3] 与我国部分的国际私法学者看法不同,笔者认为,国际私法规范包括但不限于冲突规范和实体规范,而本书所指的国际私法规范也至少包含了这两种类型的法律规范。中国国际私法因内涵丰富,尤其应该注意其所使用的语境。[4] 学界普遍认同的观点是,强制性规范是和任意性规范相对应的概念,是不能由当事人任意选择的,特别是不能因为当事人选择了别国的法律规范而排除这类强制性规范。例如,《法国民法典》第3条第2款规定:"凡合同的标的涉及位于法国的不动产,也不得因当事人的自主协议而适用非法国法。"[5]这些法律规范的调整对象只能是横向的国际民商事关系,而不是纵向的国际经济法关系。而国际私法是私法性的法律规范,因此,国际私法中的强制性规范也是私法性的法律规范,并不会因为它们具有了强制性就成为公法性规范。国际经济法中的强制性规范是主权国家管理国际贸易的极为重要的法律规范,是主

[1] [瑞]亚历山大·凡·基格勒:《2008年鹿特丹规则》,郭萍等译,法制出版社2016年版,第357页。

[2] [瑞]亚历山大·凡·基格勒:《2008年鹿特丹规则》,郭萍等译,法制出版社2016年版,第334页。

[3] 与我国部分国际私法学者的看法不同,笔者认为,国际私法规范包括但不限于冲突规范和实体规范,而本章所指的国际私法规范也至少包含了这两种类型的法律规范。

[4] 何其生:《中国国际私法学的危机与变革》,载《政法论坛》2018年第5期。

[5] 谢石松:《国际私法学》,高等教育出版社2017年版,第142页。

权国家用于调整国际经济关系的强制性法律规范。国际经济法中的强制性规范主要属于公法性规范,而公法性规范原则上不可能在内国产生任何法律效力。这是"公法禁忌"原则的体现。但是,随着经济全球化不断地发展,在一些国家的司法实践中出现了适用第三国强制性规范来裁决案件的现象,这种现象无疑是对"公法禁忌"原则的突破。

(三)国际私法中的法律规范和国际私法中的国际惯例

本书讨论的是国际合同的法律适用问题,因此有必要确定此处所指的"法律"的范畴。具体而言,此处的"法律"是否包括了"国际惯例"。在本书之中,国际私法,是指严格意义上的法律规范,即对于国际民商事关系来说具有绝对的法律效力的法律规范,是经过了严格的立法程序而制定的国内立法或者国际条约。而国际私法中的国际惯例并不是严格意义上的法律规范,它们不具有普遍的、绝对的法律效力,它们也没有经过严格的立法程序。在国际私法领域,只有经过了国际民商事关系当事人的"依法选定"或者有关机构的"依法确定",国际惯例才可以在国际民商事关系人中发生绝对的法律效力。另外,国际民商事关系的当事人还可以对所选择的国际惯例进行修改、删除和添加一些条款。这是与严格意义上的法律规范所完全不同的地方。鉴于此,虽然国际惯例在国际私法领域会起到一定作用,但并不是严格意义上的法律规范,本书就不对国际惯例的适用做过多的讨论。

三、相关研究领域的文献回顾

在现有的国内外的研究中,虽然涉及国际合同的法律适用问题的文章和著作不少,但是专门讨论《罗马条例Ⅰ》的著作就寥寥无几。《罗马条例Ⅰ》作为欧盟国际合同法律适用制度的统一化成果,于 2009 年 12 月 17 日在下列国家都已经生效了:英国、法国、德国、意大利、荷兰、比利时、卢森堡、爱尔兰、希腊、葡萄牙、西班牙、奥地利、瑞典、芬兰、马耳他、塞浦路斯、波兰、匈牙利、捷克、斯洛伐克、斯洛文尼亚、爱沙尼亚、拉脱维亚、立陶宛、罗马尼亚、保加利亚、克罗地亚。从其所体现的国际私法理论和立法技术而言,《罗马条例Ⅰ》都可以称得上是国际私法历史上的一座里程碑。不得不承认的是,国际合同的法律适用问题是相当复杂的问题。威廉·泰特雷(William Cutlery)就认为,传统的合同法律适用原则涉及合同的各个方面(合同要素;合同实质的有效性和合同形式的有效性;缔约能力;合同的合法性;明示选择、默示选择和推定选择;最密切联系等)。[1] 同时,公共秩序/公共政策及强制性规则这些除外原则,则贯穿合同法律适用的各个方面,尤其是在没有统一的法律适用方法,或合同各方面准据法的确定缺乏形式上的先后顺序时,更是如此。张潇剑则认为,以哪个国家的实体法作为准据法来调整所发生的法律冲突,并据此明确合同各方当事人的具体权利义务,是各国国际私法学界和实务界非常关注的一个问题。[2]

在国际私法学领域,目前与国际合同的法律适用问题息息相关的著作较丰富。较有影响力的外国学者的著作有:[德]马丁・沃尔夫的《国际私法》、[英]莫里斯的《戴西和莫里斯论冲突法》、[英]莫里斯的《法律冲突法》、[德]冯・萨维尼的《法律冲突与法律规范的地域和时间范围》、[英]彼得尼格的《国际合同中的意思自治》、[英]切希尔和诺斯的《国际私法》、[美]比尔的《法律冲突法》、[美]里斯的《第二次冲突法重述》等。在这方面较为有影响力的国内学者著作有:韩德培的《国际私法》、张潇剑的《国际私法论》(第 2 版)、邵景春的《国际合同法律适用论》、谢石松的《国际私法学》、李双元的《国际私法(冲突法篇)》、杜涛的《国际私法原理》等。

目前,与国际海上合同的法律适用较为相关的较有影响力的外国著作有:威廉・泰特雷的《国际冲突法——普通法、大陆法及海事法》和《国际海商法》,G. 吉尔摩 C. L. 布莱克的《海商法》(上下册)。在这方面较有影响力的国内学者著作有:屈广清的《海事法律冲突与法律适用研究》和《涉外海事关系法律适用立法研究》(上下册)和《海事冲突法概论》,王国华的《海事国际私法》、《海事国际私法专题研究》和《海事国际私法原论》,韩立新的《海事国际私法》。在国内法学界中,专门讨论各种国际海上合同的法律适用问题的学术论文也不多,主要的期刊论文有:禹华英的《海难救助的性质与法律适用》和《论海事国际私法中的法律适用》、屈广清的《中国海事法律适用法修改的具体建议》和《国际保险合同的法律冲突与法律适用》、沈木珠的《海上保险适用的法律及其完善探讨》、王国华的《涉外海事合同法律适用原则及发展》和《国际航运纠纷中法律适用问题的实证研究(1997 ~ 2016)》、刘兴莉的《承运人识别冲突的原因及其解决方法》等。

在国际法学领域,有相当数量的文章和著作探讨国际合同的法律适用问

〔1〕 [加]威廉・泰特雷:《国际冲突法——普通法、大陆法及海事法》,刘兴莉译,法律出版社 2003 年版,第 76 页。

〔2〕 张潇剑:《国际私法论》(第 2 版),北京大学出版社 2008 年版,第 341 页。

题,但是国内学界至少在以下两个方面的探讨尚不够:第一,欧洲关于国际合同冲突法的《罗马条例Ⅰ》中所展现的最新的国际私法理论。目前,国内对此进行深入的探讨的论著很少,如国内并没有对“优先性强制规则”的性质和适用作出专门探讨的论文。第二,国内法学界对于部分国际统一实体法中所涉及的适用范围规范探讨得也比较少,如《1989 年国际救助公约》中的适用范围规范就很少有学者关注。邵景春认为,这些专门规定法律适用范围的法律适用规范是人们一直未给予足够重视的。这或许是由于它们看似过于简单,而为人们所不屑一顾;或许是由于人们过于木然,没有感知它们的存在及其意义。[1]

四、研究工具与研究方法

(一)规范的比较分析

本书计划对国际合同法领域中的冲突规范和适用范围规范作比较研究。分析和综合是比归纳和演绎更能深刻地揭示事物内在本质的方法。[2] 笔者统计一部分有代表性的国家(包括英美法系国家和大陆法系国家)的冲突规范,研究各国在不同的经济形势下分别采取什么冲突规范。例如,《罗马尼亚国际私法》第 77 条规定:“如果缺乏第 73 条所规定的法律选择,则合同适用与其有最密切联系的国家的法律。作为与合同有最密切联系的国家应该考虑到具有特征性履行的债务人在缔约合同时的住所地国,在缺乏此种住所时应考虑其居所地国或者其经营资产或营业所所在地国。以物权或某一不动产的临时使用权为标的的合同,与其有最密切联系的国家应是物之所在地国。”[3] 而《涉外民事关系法律适用法》第 41 条规定:“当事人可以协议选择合同适用的法律。当事人没有选择的,适用履行义务最能体现该合同特征的一方当事人经常居所地法律或者其他与该合同有最密切联系的法律。”[4] 至于为什么这两个国家的立法会有所差异,决定它们对同一问题制定不同的法律规范的原因是什么?以及采取不同的法律规范可能带来什么不同的法律后果?这是笔者计划研究

---

[1] 邵景春:《国际合同法律适用论》,法律出版社 1997 年版,第 136 页。

[2] 肖前主编:《马克思主义哲学原理》(下册),中国人民大学出版社 2014 年版,第 615 页。

[3] 李双元:《涉外民事关系法律适用法的制定研究》,湖南人民出版社 2013 年版,第 418 页。

[4] 法规应用研究中心主编:《最高人民法院 最高人民检察院司法解释与指导案例(商事卷)》,中国法制出版社 2016 年版,第 1150 页。

的问题。而国际组织颁布的国际条约关于其适用范围的法律规范,即使是在同一个领域,国际组织也会根据各种因素的发展变化,特别是经济因素和科技因素,而对最新的国际条约作出相应的调整。例如,在国际海上运输领域,与过去的三大运输公约相比较,《鹿特丹规则》在适用范围规范方面就呈现了不一样的变化。通过比较研究国际海商事合同法中的冲突规范和适用范围规范的发展变化,落脚点在于为相关法律规范的修改提出自己的一些看法。

(二)案例的分析研究

本书计划采取类型化的案例分析来研究"国际海商事合同关系的法律适用问题",不仅服务于法律规范的漏洞填补,也服务于法律解释活动。综合运用案例分析有利于梳理发现法律中未能规定的情况,也更有利于发现存在的问题。而且我国法院受理的国内外案件数量巨大,其中,中国涉外海商事案件数量也比较多。在"厦门厦友集装箱制造有限公司与韩国现代综合商事株式会社国际货物买卖合同纠纷上诉案"中,[1]二审法院未对合同是否违反韩国强行法进行判断。法官之所以没有对当事人提出的这一问题作出回应,是因为中国目前的国内法没有对此作出任何规定,法官无法依据法律回答当事人的问题。

五、创新性和其他贡献

本书目前可能的贡献有:

第一,对国际私法中的优先性强制规则的性质和效力作出了界定。本书运用了德国学者克格尔的理论"利益论",具体从维护"政治利益"、"公共利益"和"经济利益"3个角度,较细致地分析了优先性强制规则的具有优先效力的理由。这在目前的国内国际私法学界属于创新性内容。国际私法中的"优先性强制规则",是指一个主权国家用于调整国际合同关系的强制性法律规范。其"优先性"体现在,与根据相关的冲突规范确定的法律规范相比,这类强制性法律规范的法律效力更优。虽然这类强制性法律规范具有了优先效力,但是它们和目前学界所讨论的"直接适用的法"具有很大的不同。国际私法中的"优先性强制规则"主要包括主权国家用于维护其政治、社会或经济组织等公共利益方面至关重要而必须遵守的规则。

---

[1] 最高人民法院(1999)经终字第97号判决书。

第二,对国际经济法中的第三国强制规范的性质和效力作出了界定。本书从公法性的、纵向的角度论证第三国强制规范的性质和适用。这在目前的国内国际法学界属于创新性内容。目前,国内很多学者把国际经济法中的第三国强制性规范和国际私法中的强制性规范混为一谈,理论上的混乱很容易导致立法和司法的混乱。国际经济法中的第三国强制性规范是第三国政府管理国际贸易的极为重要的法律规范,是指第三国用于调整国际经济关系的强制性法律规范。第三国的强制性规范主要属于公法性规范,而公法性规范原则上不可能在内国产生任何法律效力。这是"公法禁忌"原则的体现。但是,随着经济全球化不断地发展,在一些国家的司法实践中出现了适用第三国强制性规范来裁决案件的现象。这种现象无疑是对"公法禁忌"原则的突破。

第三,赋予司法人员不完全的自由裁量权来解决国籍的冲突问题。实行不完全的自由裁量,意味着在法律规范中规定最密切联系原则的同时,也为适用这一原则提供一些指导性的规范,要求裁判者在一般情况下必须按照这些指导性的规范去确定自然人的国籍,进而确定自然人的属人法。而只有在特殊的情况下,裁判者才能认为另外一个国家或者地方与该自然人有最密切的联系,并且适用这个国家或者地方的法律作为当事人的属人法。

第四,本书的多数章节以完善国内相关立法为落脚点,结合我国国情综合分析我国的国内法中的法律空白,尤其是针对司法实践中因为我国立法的不完善可能引起甚至已经引起了法律纠纷的地方,结合国际私法的基本理论并且考察域外实践,为我国的相关立法提出恰当的立法建议。例如,我国 2007 年最高人民法院《关于审理涉外民事或商事合同纠纷案件法律适用若干问题的规定》(已失效,以下简称《法律适用若干问题的规定》),推定了与 17 种国际合同有最密切联系的国家的法律,但是其中就没有推定与国际海上运输合同、国际海难救助合同、国际混合合同有最密切联系的国家的法律。本书结合我国国情和运用最密切联系理论,提出若干立法建议,希望为我国的法治建设贡献自己的一份力量。

总　论

第二章　国际海上合同及其法律适用概述

第一节　国际海上合同的概念

一、国际海上合同的“海洋性”

必须要说明的是，国际海上合同作为国际合同的一个重要分支，具有了国际合同的一般性，即它是国际合同的当事人为了维持和实现相互之间的权利义务关系而达成的协议。国际合同的一般性足以将其与其他的国际民商事关系区分开来，如国际不当得利、国际无因管理、国际侵权关系等，就不是国际合同的范畴。但是，国际合同的一般性无法将国际合同与国际海上合同区别开来。能够将国际海上合同区别于其他国际合同的是其特殊性。笔者姑且将它的特殊性称为“海洋性”。下面就具体论述国际海上合同的“海洋性”特征。

第一，要对“海洋”作出界定。从地理学的角度出发，“海洋”是由“海”和“洋”共同组成。通常所称的海洋，仅是指海洋主体的连续水域。海洋，是指大洋的边缘部分。面积约占海洋面积的11%，深度一般小于2000～3000米。按所处位置的不同，可分为“边缘海”、“地中海”和“内陆海”。[1] 海可以分成3种类型，即边缘海、内陆海和陆间海。边缘海又称“陆缘海”（marginal sea），是指位于大陆和大洋的边缘的海洋，其一侧以大陆为界，另一侧以半岛、岛屿或岛弧与大洋分隔，但水流交换通畅的海，如东海、南海、日本海、加利福尼亚湾、阿拉伯海等。边缘海的作用主要是联系沟通相邻大陆及岛屿，同时其海洋资源也十分丰富。总体来说，边缘海对大陆边缘地区的地貌形态、地表物质组

---

〔1〕 陈至立主编：《辞海》，上海辞书出版社2009年版，第821页。

成、水文气象、海洋环境、海洋权益、海洋科研等方面都有重要影响。内陆海，是指深入大陆内部，被大陆或岛屿、群岛所包围，仅通过狭窄的海峡与大洋或其他海相沟通的水域，如我国的渤海和琼州海峡。内陆海的作用主要体现在以下几个方面：(1)交通枢纽，内陆海往往成为周边地区的交通枢纽，为货物运输、人员往来提供了便利。(2)资源供应，内陆海往往拥有丰富的海洋资源和生物资源，如鱼类、贝类、石油、天然气等，为周边地区提供了重要的资源供应。(3)生态调节，内陆海有助于调节气候和生态平衡，它们能够吸收二氧化碳等温室气体，降低周边地区的温度，同时也有助于保持生物多样性。(4)经济价值，内陆海地区通常经济发展较发达，旅游业、渔业、海洋资源开发等行业较活跃，对周边地区的经济贡献显著。(5)文化交流，内陆海因其独特的地理位置和海洋文化，成为不同地区和文化之间的交流平台，促进了不同国家和地区之间的文化交流。陆间海，是指具有海洋的特质，但被陆地环绕，形成一个形似湖泊但具海洋特质的海洋，一般与大洋之间仅以较窄的海峡相连，如地中海和马尔马拉海。陆间海是连接两个大陆的大洋部分，它通过狭窄的海峡与大洋相连，并受到大陆的影响。陆间海的作用主要体现在以下几个方面：(1)交通枢纽，陆间海往往成为周边地区的交通枢纽，为货物运输、人员往来提供了便利。(2)气候调节，陆间海能够调节气候，通过洋流和风向的变化，影响周边地区的气候。容易形成生物多样性，陆间海拥有丰富的海洋生物资源，为海洋科学研究提供了重要的研究对象。(3)资源供应，陆间海往往拥有丰富的石油、天然气、矿产等资源，为周边地区提供了重要的资源供应。“洋”，是指地球表面特别广袤的水域，面积约占海洋总面积的89%，深度一般大于2000～3000米，水温和盐度不受大陆影响，盐度平均为35，水色高、透明度大，有独特的潮汐系统和强大的海流系统。[1] 世界共有5个，即太平洋、印度洋、大西洋、北冰洋、南冰洋。海洋对人类的重要意义体现在许多方面。海洋是地球上最主要的生态系统之一，它为人类提供了丰富的食物和能源，如贝类、鱼类、藻类等水产品，以及石油、天然气、可燃冰等能源资源。海洋也是地球上最重要的运输通道之一，它为全球的贸易和交通提供了便捷的通道，特别是在国际贸易和地区间联系方面起到了关键作用。此外，海洋还具有调节气候、吸收二氧化碳等环境功能，对于维护地球生态平衡和人类生存环境也具有重要意义。因此，海

---

〔1〕 陈至立主编：《辞海》，上海辞书出版社2009年版，第2662页。

洋对人类具有重要的经济、社会和环境意义,保护和合理利用海洋资源对于人类的可持续发展非常重要。

第二,国际海上合同的"海洋性"。首先,国际合同可以因为合同的履行地在海上而具有了"海洋性"。[1] 当事人之间约定国际合同,是为了通过契约的方式督促对方履行合同,实现彼此间的权利义务,因此,国际合同的正常履行是实现合同关系的关键性环节。而在国际贸易的实践中,国际海上合同的履行地往往是在海洋上,或者其中一部分的履行地是在海洋上,如国际海上货物运输合同。"运输合同",是指承运人收取运费,承诺将货物从一地运至另一地的合同。此种合同应对海上合同运输作出规定,且可以对海上运输以外的其他运输方式作出规定。[2] 从我国的立法可以看出,相关的合同必须经由海路运输才可能称为海上运输合同。采取履行地标准作为确定国际合同具有"海洋性"具有其合理性。对于司法人员来说,在识别某一国际合同是否具有"海洋性"是毫不费力的。他们只需要考察当事人在履行相关的国际合同时,其履行地部分是否与海洋存在重合即可。以履行地标准作为确定国际合同具有"海洋性"是为许多国家所接受的,如在国际社会具有巨大影响力的国际条约《统一提单的若干法律规定的国际公约》(以下简称《海牙规则》)第 1 条第 b 项就规定:"运输合同"仅适用于提单或任何类似的物权证件进行有关海上货物运输的合同。[3] 传统的海商法,无论是英美法系还是大陆法系,都特别重视当事人的海上运输关系。甚至有学者认为,海商法主要是调整海上运输中船舶所有人与其他有关各方当事人所发生的民事商事法律关系。[4] 事实上,正是由于海上运输行为的产生,才有了诸如海上拖航行为、海上救助行为和租船行为等。其次,国际合同可以因为当事人所承担的风险来自海洋而具有了"海洋性"。其中,典型的合同是国际海上保险合同。海上保险合同中的"保险事故",是指保险人与被保险人约定的任何海上事故,包括与海上航行有关的发

---

〔1〕 国际海上合同的"海洋性"特征,足以将这类合同与国际河流相关的国际合同区分开来。虽然它们的法律适用方式与国际海上合同具有一定的相似性,尤其在欧洲,该类型的国际合同并不罕见,但是这类国际合同的法律适用问题不在本章的讨论范围内。

〔2〕 United Nations Doc. A/REC/63/122/2009, p. 3.

〔3〕 吴兆麟主编:《中国海上维权法典——国际海事公约篇》(第 5 卷 海上运输),大连海事大学出版社 2012 年版,第 4 页。

〔4〕 吴焕宁主编:《海商法学》,法律出版社 1999 年版,第 1 页。

生于内河或者陆上的事故。[1] 值得一提的是，此处的海上事故并不是指所有的、在海洋发生的事故，而是指海上风险引起的海上事故。例如，船舶碰撞码头的事故，司法人员就不应该将其视为海上事故。上述两个标准基本上可以囊括所有的国际海上合同，而履行地标准是最常用的标准，如国际海上货物运输合同、国际海难救助合同、国际租船合同和国际海上雇佣合同等，其履行地主要集中在海洋，而非陆地。

二、国际海上合同的概念

经过前面的论述，可以得知“海洋”是一个外延较宽泛的概念，既包括边缘海、内陆海和陆间海 3 种不同类型的“海”，又包括太平洋、印度洋、大西洋、北冰洋和南冰洋五大洋。但是，仅仅将“海洋”的外延讨论清楚是不够的，本章主要讨论的是与国际海上合同相关的法律问题，因此又讨论了“海洋”与“国际海上合同”之间的关系。经过笔者对常见的国际海上合同的考察，国际海上合同具有两个明显的特点，即国际合同的主要履行地在海洋或者涉及海上风险。当然，各个国家对海上风险的定义不尽相同。例如，根据美国判例法，海上风险是指海洋上特有的危险，具有特殊性质，由不可抗拒的力量或压倒性力量产生，并且不能通过一般性的人类技能或者努力予以防范。[2] 笔者认为，可以这样来表述国际海上合同的概念：主要履行地在海洋或者与海上风险相关的国际合同，即为国际海上合同。

第二节　国际海上合同的法律适用

一、国际海上合同法律适用中的一般性问题

国际海上合同，显而易见，属于国际合同的一个分支，因此，要研究国际海上合同的法律适用问题，首先应该研究国际合同法律适用的一般性问题。无论是国际海上合同还是非国际海上合同，在法律适用规范层面具有一定的共性。在冲突规范层面，总体来说，有必要论述三个方面的问题：第一，国际合同法领域的强制性规范问题，特别是《罗马条例Ⅰ》中关于“优先性强制规则”的规定，在一定程度上表现了最新的国际私法理论。值得说明的是，目前国际法

---

〔1〕 郭瑜：《海商法教程》，北京大学出版社 2012 年版，第 191 页。

〔2〕 Marel Katsivela, *Overview of Ocean Carrier Liability Exceptions under the Rotterdam Rules and the Hague-Hague/Visby Rules*, Revue gendrale de droit, Vol. 40:2, p. 413 – 466(2010).

学界往往会将国际私法中的强制性规范与国际经济法中的强制性规范混为一谈,因此笔者将在下文中具体论述两种不同类型的强制性规范。第二,在国际合同的法律适用领域,无法绕过的原则是当事人自选法原则,因此,笔者将主要讨论欧盟的最新立法《罗马条例Ⅰ》所涉及的有关当事人自选法原则的法律规范,分析法律规范背后包含的先进国际私法理论。第三,在国际合同的法律适用领域,另外一个非常重要的原则是最密切联系法原则。笔者仍然结合《罗马条例Ⅰ》中所涉及的关于最密切联系原则的法律规范,分析其从哪几个角度对该原则的适用作出了一定的限制。

二、国际海上合同法律适用中的特殊性问题

国际海上合同的法律适用有其特殊性,而这种特殊性主要可以体现在两个方面。其一,在冲突规范方面,国际海上合同的法律适用往往会涉及较特殊的冲突规范,如船旗国法、货物装运港国法、同一港口国法等。尤其是船旗国法,在国际海上合同的法律适用领域起到的作用更是不可忽视。笔者将在本书的分论部分,分别列举国际社会目前所具有的、与海洋息息相关的冲突规范,并且分析各种冲突规范在解决相关的国际海上合同法律适用问题时所具有的优势和劣势。其二,在实体规范方面,目前国际社会在国际海上合同领域的、具有较大影响力的国际条约不少,如《海牙规则》《鹿特丹规则》《1989年国际救助公约》等。值得说明的是,即使国际社会存在不少国际统一实体性规范的国际公约,也不意味着所有的缔约方对这些国际公约内容的理解是一致的。一个众所周知的例子是,《海牙规则》中的"单位"一词,在不同的司法管辖领域就有不同理解。[1] 这些国际统一实体性规范的国际条约中一定含有适用范围规范,而目前我国的国际法学界对此类规范的关注程度不高。以《1989年国际救助公约》为例,国内学术界研究其适用范围的论文和著作就寥寥无几。笔者将在分论部分分析《1989年国际救助公约》和《鹿特丹规则》中涉及的适用范围规范。

第三节 国际合同中自然人的国籍

在维护我国独立和主权的前提下,推动构建人类命运共同体,推动建设持

---

〔1〕 Erik Rosaeg, *Soft Law in the Conventions for the Unification of Maritime Law*, Scandinavian Studies in Law, Vol. 58, p. 269 – 284 (2013).

久和平、共同繁荣的和谐世界。在人类命运共同体中,主权国家之间不再强调利益的壁垒分明,而是你中有我,我中有你的利益共同体。随着国与国之间各个层面合作的加强,世界越来越成为一个地球村。而具体到国际私法中的国籍规范,应该怎么体现人类命运共同体的理念?笔者将在本书作出适当的分析。国际私法中的国籍规范是一个主权国家用于确定国际民商事主体国籍的法律规范的总和,[1]包括了冲突规范和实体规范。本书所指的国际私法规范同样包含了这两种规范,既包括冲突法中有关国籍的法律规范,又包括实体法中有关国籍的法律规范。与其他国际私法规范相比,其特殊之处在于,这类法律规范并不直接规定当事人的权利义务,而更多地用于确定相关国际民商事当事人的法律地位和确定相关的国际民事关系应该适用的法律规范。我国《法律适用法》第 19 条规定:“依照本法适用国籍国法律,自然人具有两个以上国籍的,适用有经常居所的国籍国法律;在所有国籍国均无经常居所的,适用与其有最密切联系的国籍国法律。自然人无国籍或者国籍不明的,适用其经常居所地法律。”根据该法律规范,在审理相关的国际民商纠纷的案件时,如果相关的当事人有国籍冲突方面的问题,司法人员应该依据该法律规范来解决国籍的冲突问题,并且最终以该法确定的国籍作为当事人的国籍国法。

国际私法中的国籍问题,主要是指自然人或者法人具有双重或者多重国籍或者无国籍的情况下,怎么确定相关自然人或者法人的国籍。赋予某人以国籍,完全是一国主权范围内的事情,皆由各国国籍法加以规定。[2] 各个国家都有自己的国籍法,但是每个国家赋予自然人国籍的原则是不一致的。这就会导致国籍的冲突现象出现。在国际民商事关系中,国籍是确定自然人民商事法律地位、确定相关国际民商事关系应该适用的法律的重要依据。[3] 笔者认为,关于国籍规范的法律规范主要涉及以下 3 个问题:一是关于国籍规范的界定问题,即应该在什么范围内讨论国际私法的国籍问题,以及它和国际民事诉讼法的国籍的关系;二是关于国籍规范的性质问题,即在明确了国籍规范具有域外效力的前提下,探讨为什么这类规范属于私法性规范;三是国籍规范的适用问题,也就是各主权国家的司法机构在确定相关当事人的国籍时,是通过

---

〔1〕 国际私法学界通常认为,国际私法的主体包括了自然人、法人、国家和国际组织,由于篇幅所限,本章主要讨论其中的自然人的国籍问题,而国家和国际组织不会有国籍问题。

〔2〕 韩德培主编:《国际私法》,高等教育出版社、北京大学出版社 2014 年版,第 59 页。

〔3〕 谢石松:《国际私法学》,高等教育出版社 2017 年版,第 32 页。

什么途径来确定当事人的国籍的。我国《法律适用法》第 19 条仅仅规定了在特定情况下应该适用与其有最密切联系的国籍国法律,而立法者完全没有考虑什么才是最密切联系的国籍。我国的立法机构在立法层面的缺失有可能会导致司法机构在适用法律时出现无法可依的情形,因此,有必要更加深入探讨国籍规范在我国的适用方法和途径。

一、国际私法国籍规范的界定

本章所提"国籍规范",在没有特别说明的情况下,仅仅是指国际私法意义上的国籍规范,是国际私法的范畴。与国际私法学界大部分学者看法不同的是,笔者认为,国籍规范是可以区分为不同法律部门的国籍规范的,不能因为主权国家依国籍法赋予了自然人或者法人国籍,就意味着它就是公法性规范的性质;相反,国籍规范所调整的范围才能真正决定它的法律性质。而国际私法中的国籍规范,因为它所调整的范围是国际民商事关系,因此它具有了完全的私法性规范的性质。国籍规范的界定主要涉及以下 3 个较复杂的问题。

第一,国际私法中的国籍规范与国际民事诉讼法的国籍规范有一定联系,但是这不意味着两者的国籍规范是相同性质的。[1] 承认国籍规范存在于不同的国际法律部门,有助于剖析这类法律规范的性质和适用方式,如国际民事诉讼、国际私法和国际商事仲裁法等都有具体的法律规范会涉及当事方的国籍。全球经济的一体化创造了越来越多的全球诉讼。[2] 在国际民事诉讼法领域,《民事诉讼法》第 5 条第 1 款规定:"外国人、无国籍人、外国企业和组织在人民法院起诉、应诉,同中华人民共和国公民、法人和其他组织有同等的诉讼权利义务。"两个国际法部门之间的国籍规范有一定联系,特别是它们往往能够决定相关当事人的地位。但是,这并不意味着两者性质和内涵是完全一致的。首先,两者涉及的权利和义务类型不同。国际私法中的国籍规范往往能够对国际民商事关系的当事人的实体权利义务产生间接的重大影响。在国际社会,主权国家往往会对内国人和外国人具体的民商事权利作出区分。具有外

---

〔1〕 国内部分学者认为,国际私法包括了外国人的民事法律地位规范、冲突规范、国际统一实体规范、国际民事诉讼程序与国际商事仲裁规范,而本章的观点是国际私法不包括国际民事诉讼程序与国际商事仲裁规范,国际民事诉讼法和国际商事仲裁法涉及的国籍规范也是不同的。

〔2〕 Slaughter, *Anne-Marie*, *Judicial Globalization*, Virginia Journal of International Law, Vol. 40:4, p. 1103 – 1124(2000).

国国籍的人,在参加法院地国的国际民商事活动的范围方面,经常会受到一定的限制。许多国家对外国人获得农业用地的所有权进行限制。[1] 而国际民事诉讼法中的国籍规范,往往能够对国际民事诉讼关系当事人的程序权利义务直接产生重大影响。法院地国的国际民事诉讼法经常会区分内国人和外国人,对具有外国国籍的诉讼参加人和参与人,给予特殊的对待,如在送达规定方面,会给予司法机构更加长的送达期限。而值得强调的是,在民事诉讼程序比较研究中,跨国民事诉讼程序的原则具有相当重要的意义。[2] 其次,国际民事诉讼法的国籍规范属于公法性规范。[3] 在国际民事诉讼法中,其中的法律规范都是程序性规范或者与程序性规范相关的法律规范,而国籍规范通常能够很大程度上直接决定相关的当事人是否享有相应的程序权,以及享有什么程度的程序权。根据国际法的基本理论,诉讼问题适用法院地的法律规范,而且这类法律规范原则上只在法院地国的领土范围内有效,没有域外效力。这和该类法律规范的公法性质也是相辅相成的。最后,国际民事诉讼法中的国籍规范涉及的人员范围更加广泛。这类国籍规范不仅涉及产生纠纷当事人,而且有可能将司法人员的国籍也纳入立法的考虑范围。随着经济全球化趋势的发展,司法人员国际化也有可能成为一个新的趋势。全球化趋势是经济发展内在规律的体现。[4] 新加坡设立的国际商事法庭的法官,就包括了 1/3 以上的国际法官。在国际法庭和仲裁庭中,把国内法官和国际法官聚集到一起,共同解决国际民商事纠纷,无疑是有利于公平合理地解决国际纠纷。通过引进国际法官的方式,可以借助不同的法律思维,从不同视角看待争议案件,集思广益,避免思维单一化。

第二,国际私法中的国籍规范是私法性规范的范畴。确定国籍规范属于私法性规范的范畴具有十分重要的意义,因为它的私法性质将直接影响其在内国的效力和适用。笔者会在下文当中对这一问题展开分析和论述。私法性

---

〔1〕 Fedchyshyn & Dmytro & Ignatenko, *Iryn. Protection of Land Ownership of Foreigners in Ukraine*, Juridical Tribune, Vol. 8, p. 27 – 38(2018).

〔2〕 Van Rhee & Cornelis H., *Civil Procedure beyond National Borders*, Access to Justice in Eastern Europe, Vol. 1, p. 15 – 34(2018).

〔3〕 公法性规范的特征在于,公法性规范强调的是对社会公共利益的保护以及个人利益对社会公共利益的服从。在国际法领域,公法性规范原则上没有域外效力,因此,只有在例外情况下内国才会承认外国公法性规范在内国的法律效力。

〔4〕 Jianguo & Huo, *Economic Globalization is an Irreversible Trend*, Journal of WTO and China, Vol. 7:2, p. 3 – 13(2017).

规范的特点在于,它调整的是私人权利,而且私法性规范主要集中在与社会公共利益没有关系的领域。与私法性规范相对应的规范是公法性规范,如上文提到的国际民事诉讼法中的国籍规范。而私法性规范以任意性规范为主,强制性规范为辅。在国际民商事领域,在某些情况下,当事人可以自由地选择自己的国籍,可以决定自己为单一国籍或者双重国籍甚至多重国籍,也可以申请退出某个国家的国籍,成为无国籍人。[1] 在第二次世界大战之后,人们认为无国籍状态是努力建立人权社会中严重的缺陷。[2] 值得注意的是,虽然国际民商事关系的当事人的国籍是由主权国家的行政机关赋予的,当事人也应该接受相关行政机关关于国籍方面的管理,但这并不意味着所有的国籍规范都属于管理性的公法性规范。相反,有相当一部分的国籍规范属于私法性规范,而私法性规范天然地具有域外效力。例如,我国《法律适用法》第 19 条就明确规定了,在特定情况下(当事人的国籍发生冲突),我们国家的司法人员是可以自由裁量适用哪国的国籍法来认定当事人的国籍,这种规定本身就意味着,我国承认了外国国籍法在内国的法律效力。这和该类法律规范的私法性质也是相辅相成的。

第三,国际私法中的国籍规范与外国人的待遇制度既有联系又有区别。在国际私法领域,赋予外国人在内国具有一定的待遇,使其能够享有民事权利和承担民事义务,是产生民商事关系的大前提。而承认国籍规范与外国人的待遇制度既有联系,又有一定的区别,是有利于厘清两者的关系的。通常来说,法院地国会根据本国的不同情况,赋予外国人不同的待遇,如国民待遇、最惠国待遇、优惠待遇和普遍优惠待遇。[3] 在国际社会中,法院地国往往会根据其内国法或者条约,给予外国人相应的待遇。此时,确定相关的外国人的国籍就相当重要。以普遍优惠待遇制度为例,在确定了该外国人具有特定的某发展中国家的国籍的前提下,发达国家就应该单方面给予该外国人特殊的优惠。

---

〔1〕 在国际私法领域,无国籍人无法依据其本国法来维护其合法的民事权益,而当无国籍人受到外国政府的迫害或者侵害时,也无法请求任何国家对其进行外交保护。因此,无国籍状态实际上是不利于当事人维护自己的合法权益的。

〔2〕 Spiro & Peter J., *Nationality and Statelessness under International Law*, American Journal of International Law, Vol. 110:1, p. 148 - 151(2016).

〔3〕 外国人待遇制度中还存在不歧视待遇制度,即缔约方不得将低于内国或者其他外国国民的待遇适用于另一缔约方的国民。实际上,不歧视待遇制度和最惠国待遇制度的意义一样,都是为了保证具有不同国籍的外国人在内国的地位平等,但是不歧视待遇制度是从消极的角度来规定这一内容。

而它们的区别也是相当明显的。首先,国际私法中的国籍规范涉及的主体范围更加广泛,包括了国际民商事关系中所有当事人的国籍,既涉及法院地国本国人的国籍,又涉及法院地国以外其他当事人的国籍。而与外国人待遇制度相关的法律规范涉及的主体仅仅是外国人。其次,国籍规范涉及的内容更加广泛。在国际私法中,国籍规范往往对当事人在内国的待遇问题、权利能力问题、行为能力问题和一些国际民商事关系的法律适用法问题具有重大,甚至是决定性的影响。而外国人待遇制度涉及的范围,仅仅是外国人在内国享有权利义务的内容。

二、国际私法的国籍规范在内国的效力问题

(一)国籍规范在内国的效力原则

国际私法中的国籍规则在内国原则上有法律效力。根据《法律适用法》第19条的规定,国籍冲突可以区分为积极冲突和消极冲突,而涉及国籍的积极冲突时,以当事人具有经常居所地的国家作为其国籍国。

国际私法学界对于承认私法性规范具有域外效力的原因进行了长期探索,而具体到国籍规范,可以比较好地解释其域外效力的理由有两个。第一,荷兰学者胡伯提出的国际礼让说:即每一个国家,基于礼让的考虑,都允许一个在其自己的国家范围内已经发生法律效力的法律在其他任何地方都保持其效力,只要这种承认不至于损害他国的主权及其国民的利益。[1] 第二,意大利学者孟西尼提出的公共秩序保留原则:国家有义务尊重外国法律,但依照公共秩序保留原则,若适用外国法将违反内国法或内国的公共秩序、或有碍内国主权的行使,则可以拒绝适用该外国法,而改为适用内国法。在欧盟各国中,法院所理解的公共秩序的概念不是一成不变的,法院可以根据具体情况来灵活决定采取什么行动。[2] 值得说明的是,孟西尼所认为的"国家有义务遵守外国法律",实际上就是承认了外国法律在内国具有法律效力,只是这种承认也是有一定限制的,至少是不以违反内国的公共秩序为前提。国际私法的重要性

---

〔1〕 胡伯的"国际礼让说"有3项原则,前两项原则实际上是国际公法上的原则,即根据国家主权的辖区来划分法律效力,而前两项原则为论述第三项原则奠定了坚实基础。而第三项原则是国际私法意义的原则,因为它解释了外国法的法律效力在内国获得承认的原因。

〔2〕 Cervilla Garzon & Jose, *Islamic Identity and Public Order: The Effects of Polygamic Marriage in the Spanish Social Security System*, Cuadernos de Derecho Transnacional, Vol. 11:1, p.235 – 266(2019).

是无可争议的。它以特殊的方式来包容国家之间的商业关系、技术和科学等，同时允许了解其他国家的法律。[1]

（二）国籍规范在内国的效力例外

正如前文所述，国际私法中的国籍规范本质上是一种私法性规范。相对它们在内国不发生法律效力而言，这类法律规范在内国不发生法律效力是私法理论中的例外情形。目前，国际社会出现了内国司法机构不承认外国国籍规范的情况，而且这种例外的情形在国际社会甚至有了一定扩大化的趋势。在国际私法领域，当一个自然人具有两个或者两个以上的国家的国籍时，尤其是其中的一个国籍是法院地国家的国籍，那么法院地国家往往会认为该自然人只具有法院地国家的国籍。实际上，这种情况就意味着，法院地国家的司法机构并不承认外国的国籍规范在内国的效力。值得特别注意的是，随着国际形势的变化，国际社会有时会出现难民从本国迁移到其他国家并且请求保护的情况。此时，内国是否仍然依据难民原国籍国的国籍规范来认定其国籍？因为国籍规范会直接对难民本身的权利义务情况产生非常重大的影响，因此，要对这一特殊情况作出特殊的考虑。该特殊问题主要应该考虑两个方面的内容。第一，就司法层面而言，避难地国家是否对避难者作出了特殊规定。如果内国的法律直接规定难民以其惯常居所地国法为本国法，那么这意味着内国已经否认了避难者国籍国相关的国籍规范的法律效力，如 2005 年保加利亚共和国《关于国际私法的法典》第 48 条第 5 款的规定。第二，就立法层面而言，避难地国家是否有必要对避难者的本国法作出特殊的规定。这主要需要考虑的因素是，接受难民的国家准备给予难民什么类型的待遇。如果接受难民的国家准备赋予其国民待遇，那么直接规定难民以其惯常居所地国法为本国法是合适的。值得一提的是，在特定情况下，难民的身份也会因为国籍的恢复或者获得新的国籍而取消。[2] 因为难民的其中一个特征就是流离失所，而一旦难民重新获得了国籍或者恢复了原有的国籍，在很大程度上就意味着他们可以重获母国的保护，此时的他们就应该被视为普通的国民。

---

〔1〕 Trocan & Laura Magdalena, *The Role of International Private Law*, Annals of the Constantin Brancusi University of Targu Jiu Juridical Sciences Series, Vol. 20:4, p. 44 - 50(2016).

〔2〕 Fat Stefan, *The Legal Regime of the Foreigners Who Claim for a Form of Protection in Romania*, Annales Universitatis Apulensis Series Jurisprudentia, Vol. 11, p. 93 - 98(2008).

三、国际私法的国籍规范在内国的适用问题

(一)国籍规范在内国适用的立法依据

正如前文所述,国籍规范原则上在内国具有法律效力,而具体到立法领域,立法者到底应该基于什么理论来确定国籍规范的法律原则?至今为止,有不同国家的不同学者的不同理论在该领域都起了一定的作用。总体而言,“国籍法说”、“国际礼让说”和“人类命运共同体说”是较合理的学说,而这些学说可以分别从不同的角度解释不同类型的国籍规范,甚至可以认为,相关的国籍规范的颁布,就是以以下几种理论为基础的。

第一,“国籍法说”。当然,这里首先应该明确什么是国籍。自然人的国籍,是指一个自然人作为一个特定国家的成员而隶属于这个国家的一种法律上的身份。[1]孟西尼认为,国籍所蕴含的因素是非常重要的,包括了民族文化、传统、乡土、气候、宗教和生活习惯等,而这些因素可以创造出一种整体精神并且通过国籍表现出来。事实上,我们不难发现,具有同一个国家国籍的人们,他们所表现出来的思想、行为举止和谈吐,往往具有更大的相似性,同一国家的国民也具有更强的亲密性。比如,一个居住在美国的中国人,该中国人内心深处通常更加认可中国的传统文化习俗,而不是美国的传统文化习俗;同样的道理,定居于其他西方国家的伊斯兰教徒,也会显得与西方国家的传统文化习俗格格不入。另外,无论是在国际社会还是国内社会,个人的存在的形式都是由其国籍决定的,而且要想承认个人的存在,也只有通过承认其国籍才是可能的。根据这一学说,某当事人是否具有相应的国际民商事地位以及具有什么样的民商事地位,都是由其国籍决定的。尤其要注意的是,当事人的国籍国在国际社会中具有什么样的地位,以及国籍国和法院地国两国的关系也会对当事人的地位产生重大影响,因为在国际社会,法院地国往往会根据该国家在国际社会中的地位和两国的关系,来签订相应的国际条约,以确定赋予当事人什么待遇。值得注意的是,如果当事人具有双重甚至多重国籍,那么法院地国应该以哪国的国籍为准并赋予其相应的待遇?在具体个案中,如果当事人同时具有内国和外国的国籍,无论当事人的国籍是同时取得还是异时取得,都应该以内国的国籍为准,那么司法机构实际上就应该认为该自然人享有的是国民待遇。之所以优先承认内国国籍,是因为在国籍法领域,一条公认的国际法规

---

〔1〕 李浩培:《国籍问题的比较研究》,商务印书馆1979年版,第122页。

则是,主权国家具有完全的权力来决定谁是它的国民,因此必然的逻辑结果是,即使有与之冲突的外国的国籍规范,也不影响内国国籍规范的施行。而且在国际社会中,国民的数量和质量对国家的发展是至关重要的,甚至可以说国民是主权国家的国之根本,因此,也就不难理解国际社会一致认为主权国家在国籍规范的立法方面具有完全的权力。另外,如果当事人具有的两个或者两个以上的国籍都是外国国籍,那么应该以哪个国家的国籍为准并且赋予其相关的待遇?实际上,国籍规范的冲突涉及最多问题的就是这种情况,因为两个或者两个以上国籍情况又可以至少具体细分成3种情况。其一,当事人取得的主权国家的国籍的先后时间不同;其二,当事人的住所或者惯常居所所在地国家与当事人国籍的关系不同;其三,各个国籍国与当事人关系密切程度不同。这3种情况经常会相互交叉出现,此时应该怎样才能较为科学地认定当事人的国籍?这也是后文将要探讨的问题。

第二,"国际礼让说"。该学说认为,外国的国籍规范之所以在内国发生法律效力,完全是内国对其进行礼让的结果。"国际礼让说",是指一种合作精神,国内法庭应该在这种精神的指导下处理涉及法律和利益的案件。[1] 实际上,国际礼让说的深层次含义是,无论外国法律规范是什么表现形式,也不管其中所蕴含的法律内容与法院地的观念有多大的不同,只要这种观念没有影响法院地的公共秩序或者公共利益,法院地国法院就应该礼貌性地承认它们的法律效力。值得说明的是,"国际礼让说"在提出之初,是为了解决为什么法院地国法院可以在一定范围内适用外国法律。而随着国际私法理论和实务的发展,"国际礼让说"也渐渐被运用到外国法院判决的承认和执行问题。当然,本章中的礼让仍然属于一种立法上的礼让,即是对外国立法者的立法权的礼让。当外国的立法者赋予自然人国籍时,对于赋予行为的承认,实际上就是对立法者制定的法律规范效力的承认。在"卡涅瓦罗求偿仲裁案"中,[2]一位名为拉菲尔的自然人,同时具有意大利国籍和秘鲁国籍。虽然仲裁庭认可拉菲尔因为血统而拥有意大利的国籍,但是,仲裁庭在裁判该案件时,却认为拉菲尔的"有效国籍"是秘鲁国籍,而否认了他作为意大利求偿人的身份。此处仲裁庭对拉菲尔意大利国籍的态度,就可以借助国际礼让说予以恰当的解释。

---

〔1〕 Zambrano & Diego, *A Comity of Errors: The Rise, Fall, and Return of International Comity in Transnational Discovery*, Berkeley Journal of International Law, Vol. 34:1, p. 157 - 215(2016).

〔2〕 周振想主编:《法学大辞典》,团结出版社1994年版,第107页。

根据国际礼让说,法院地国承认外国的私法性规范的法律效力,仅仅是基于礼让的考虑,而不是基于其他更加具有强制力的原因。从"礼让"这个词的字面含义就可以解读出一个关键性信息,法院地国在较为有限的程度内会承认外国的私法性规范的法律效力。而具体到该案当中,仲裁机构就会认为,即使事实上拉菲尔具有意大利国籍,但是仲裁机构和秘鲁政府仍然可以对其意大利国籍视而不见,因为承认意大利国籍规范的域外效力仅仅是一种礼让。

第三,"人类命运共同体说"。实际上,党的十八大就已经提出,要倡导人类命运共同体意识,在追求本国利益时兼顾他国合理关切,在谋求本国发展中促进各国共同发展,建立更加平等均衡的新型全球发展伙伴关系,同舟共济,权责共担,增进人类共同利益。[1] 我国之所以提出这种理论,是以结合目前国际形势和我国的国际利益为前提的。随着国际化的趋势向纵深的方向发展,各个大国的关系日益密切,相互之间既有合作,也有竞争,而各国之间的合作与竞争,具体来说也是人与人之间的合作与竞争,而且合作是主要的,竞争是次要的。从以往的世界历史可知,人类之间的竞争走向极端阶段时(如对水资源、石油资源的争夺),常见的状态就是两国进入战争状态。而随着人类生产力的快速发展,各个主权国家享有和掌控的资源也随之增长,人类在很大程度上不必为了争夺自然资源而发动战争,因此,在未来相当长的时期内,世界总体上处于和平状态将成为人类的共识。人类命运共同体理念是对国际法社会基础的现实和未来发展方向的理论阐释和方案设想,这对国际法的理论和实践发展提供了重要的指引。[2] 人类命运共同体的理论,具体到国籍规范领域,如我国《法律适用法》第19条就规定,自然人享有具有两个以上国籍的权利。既然我国倡导人类命运共同体理论,则在国籍规范方面,就应该承认自然人可以同时具备两个以上的国籍,因为自然人具备多个国籍,可以更加便利地在各个国籍国之间相互流动,以此达到国与国之间经济、政治和文化等各方面的交流。在20世纪初,国际社会已清楚地看到,国际法对国籍获取的规定将促进国

---

〔1〕 2018年3月11日,第十三届全国人民代表大会第一次会议通过的《宪法修正案》,将序言第十二自然段中"发展同各国的外交关系和经济、文化的交流"修改为"发展同各国的外交关系和经济、文化交流,推动构建人类命运共同体"。

〔2〕 张辉:《人类命运共同体:国际法社会基础理论的当代发展》,载《中国社会科学》2018年第5期。

家之间的友好互动。[1] 与此同时,在国际私法领域,虽然承认自然人的多重国籍可以促进交流各国人员之间的交流,但是在法律适用层面却会因此遭遇不少的困难,因此我国的国籍规范也对自然人国籍冲突的解决作出了恰当的规定。显然,人类命运共同体的理论首先是鼓励各主权国家追求本国的合理利益,而不是牺牲本国利益以维护他国的合理利益。事实上,只要国家主权的概念继续存在于人类社会,那么在相当长的时间内各国追求本国的合理利益将是各国的共识。而从我国国籍法中的相关规定就可以看出,国籍和现役军人是不允许任意退出中国国籍的,因为这两类人在我国数量比较庞大,而且又对我国多方面的利益会产生重大影响。如果允许他们任意退出中国国籍或者同时申请其他国家的国籍,则必然对我国的国家利益产生难以预计的消极作用。在国际私法领域,不少的案例和学说都表明,无论理论还是实践都非常注重对国家利益的保护。[2] "人类命运共同体说"最大贡献在于,把全球的人类视为一个有机的、相互联系的整体,最大限度地揭示了各主权国家之间应该相互合作的动力,并不是基于国际礼让上的理由,而是各国本来就是命运的共同体。在面对全球性的机遇和挑战时,各国应该积极展开对话协商,然后达成可以共赢、具有可执行性的方案。而各种不同类型的执行方案,从根本上来说,是为了争取人类利益的最大化和合理化,能够促进各国的方方面面的平衡发展。

(二)国籍规范在内国适用的司法依据

从世界范围的立法和司法实践而言,国籍规范只可能根据其本国的法律规范——包括国内立法和其参加的国际条约——来承认和适用。有的国籍规范可以直接适用于当事人,有的国籍规范则需要通过间接规范的指引而适用于当事人。

1. 国内法依据

就国内立法而言,绝大多数的国家都会明确规定,在当事人具有两个以上国籍时,如果有一个国籍是内国的国籍,则以内国国籍为准。如《德国民法施行法》第5条就规定,如果自然人具有多个国家的国籍,该人又是德国人,则德国人的法律地位优先。实际上,各国类似的立法既能保护当事人的相关利益,

---

〔1〕 Baluarte & David C., *The Risk of Statelessness: Reasserting a Rule for the Protection of the Right to Nationality*, Yale Human Rights and Development Law Journal, Vol. 19, p. 47 – 94(2017).

〔2〕 Erin, Hara & Larrbstein, *From Politics to Efficiency in Choice of Law*, George Mason University of Law and Economics Working Paper, Vol. 67:4, p. 1151 – 1232(2000).

又能优先维护法院地国的利益,因为这种规定相当于承认了法院地国的国籍规范的法律效力优先于外国的法律规范的效力。值得注意的是,有的国家会在其民法典中明确规定,在国籍规范的某些方面,内国必须严格遵守“条约必须遵守”的原则,如《西班牙民法典》第 9 条规定,有关双重国籍条款的法律效力,国际条约的规定优先于西班牙的法律规定。这意味着双重国籍是否有效,以及在哪些领域有效,司法人员都首先应该注意到相关的国际条约的规定。实际上,即使西班牙没有在国内立法中明确规定国际条约效力优先,从一般的法理而言,内国仍然应该优先考虑相关的国际条约,因为这是内国的国际义务。

2. 国际法依据

在国际条约方面,因为国籍规范涉及各个国家的重大利益,因此各国更加愿意积极主动地展开对话与合作,并且在这一领域形成了一定数量的国际条约,包括全球性的国际条约和地区性的国际条约。早在 1930 年《关于国籍法冲突若干问题的公约》就有这方面的规定:具有一个以上国籍的人,在第三国境内,应该被视为只有一个国籍。第三国在不妨碍适用该国关于个人身份事件的法律以及任何有效条约的情况下,就该人所有的各国国籍中,应在其领土内只承认该个人经常及主要居所所在国家的国籍,或者只承认在各种情况下与该个人实际上关系最密切的国家的国籍。很显然,该国际条约是区分了多重国籍人在内国境内和第三国境内两种不同的情况。而且,在第三国境内认定自然人的国籍时,应该考虑多种与之相关的因素,此时,司法人员往往在这方面被赋予一定的自由裁量权。

四、关于对我国国籍规范的立法建议

我国《法律适用法》第 19 条规定了在一定情况下应该适用与其有最密切联系的国籍国法律,但是并没有规定具体列举出司法人员应该具体考虑哪些因素,以确定与其有最密切联系的国籍国。这会在一定程度上给司法人员在法律适用层面造成无法可依的情形。笔者建议相关的立法部门在修改立法或者颁布相应的司法解释时,对司法人员应该具体考量的因素也作出明确的规定,以填补我国立法上的空白。立法者在修改相关的立法时,应该特别注意以下 3 个方面的问题。

第一,司法人员应该在多大范围内考虑与之相关的因素的问题。首先,可以明确的是,每个具体的案件需要考虑的因素是不一样的。而作为立法者,应该尽可能地在立法中全面地列举相关的、可能与当事人具有联系的因素。当然，随着国际私法学理论和国际贸易实务的发展，越来越多的因素应该被考虑进去，如自然人的住所、户籍所在地、婚姻关系所在地、主要财产所在地、工作关系所在地、合同的缔结地、合同的履行地、标的物所在地、自然人的营业地等等。实际上，随着国际交往不断地深入发展，即使立法者在立法中应该列举出各种各样的因素，但是总是会有新的应该被考虑到的因素出现，因此，立法中也应该加入兜底条款，允许司法人员行使一定的自由裁量权，将立法中未能列举的，事实上又确实和当事人有一定联系的因素考虑进去。司法自由裁量权的措辞似乎可以使法官根据案件的特定事实来确定其认为公正的结果。[1] 笔者之所以作出这样的立法建议，是因为把具体的每一个因素列举出来，有助于提醒司法人员较为全面地考虑各种因素，不至于把重要的因素漏掉。其次，赋予司法人员考虑其他的因素的权利，意味着在一定程度上增加了司法的灵活性，有助于司法人员结合具体的案情来衡量不同的因素。

第二，司法人员确定了一定数量的各种因素后，是否应该考虑各种因素的先后顺序问题。在具体案例中，就要“考虑到各种因素，其重要性亦因案件不同而各异。”[2] 如果案件中涉及的与当事人有关的各种因素比较多，如住所、合同缔结地、标的物所在地和工作关系所在地都有所涉及，该怎么确定与当事人有最密切联系关系的国籍？假设当事人同时具有甲国国籍和乙国国籍，如当事人的住所和合同缔结地在甲国，而标的物所在地和工作关系所在地在乙国，那么应该怎么确定该自然人的国籍？住所无疑是和当事人具有比较密切的因素，因此司法人员在审理具体的案件时需要首先并且着重考虑这一因素。甚至可以进一步推定，如果当事人在一个国家具有住所，在另一个国家没有住所，那么与当事人具有最密切联系的国籍国是住所国。问题在于，当事人在两个以上的国籍国都拥有住所，该怎么确定其相应的国籍？此时，司法人员就应该考虑哪一个住所是当事人经常居所地，尤其是发生纠纷时，更加应该以当事人经常居住的住所为准。首先，在通常情况下，与当事人有关的很多因素都是围绕其经常居住的住所展开的，如工作关系、婚姻关系甚至合同关系等，都经

---

〔1〕 Virgo & Graham, *Judicia, l Discretion in Private Law*, Otago Law Review (Gaunt), Vol. 14, p. 257 – 284(2016).

〔2〕 David Harris, *Cases and Materials on International Saw*, 15th ed., Sweet & Maxwell, 1998, p. 176.

常与自然人的住所息息相关，因为自然人通常会倾向围绕自己的住所展开一系列的社会关系。其次，住所是由自然人自己决定的，实际上这意味着司法人员在判断其国籍时，在很大程度上需要尊重自然人本身的意愿。选择居住地的权利和迁徙自由是一项绝对的权利。[1] 另外，在私法领域，尊重当事人的自由意志本来就是相当重要的理念。

第三，司法人员在适用国籍规范确定了自然人的国籍后，这种确认是否仅仅在国际民商事关系中发生法律效力的问题。在国际法体系中，国籍的确认问题是比较重要而且复杂的问题，不同的国际法部门都有可能会面临这一问题。在国际仲裁法中，国籍问题通常会涉及仲裁裁决的承认和执行。在国际税法中，国际税法关系中主体的国籍有时可以决定哪国政府具有税收管辖权。无论如何，在某些国家中，对某人的征税仍固定在同一人的国籍上。[2] 在国际公法中，国籍问题的确认往往会涉及自然人的政治权利和政治义务。在本章中，对于国籍规范的适用是针对国际私法领域的，因此，司法人员依据国籍规范确定的自然人的国籍，也仅仅在国际民商事领域会产生相应的法律效力。这种法律效力并不必然可以拓展至其他领域。如果案件中的自然人在上述等其他领域发生国籍方面的冲突，司法人员应该依据该领域的法律规范和相关的国际法理论去分析冲突。笔者之所以作出这样的建议，是因为在国际法体系中，各个部门所涉及的国际关系和国际法理论都大相径庭，所涉及的情况和需要考虑的因素也都各不相同，因此司法人员在处理相关的国籍冲突时，有必要首先认定国籍冲突涉及的是什么性质的国际关系。

五、小结

国籍规范，是用于确定国际民商事主体国籍的法律规范，是国际私法的一部分，而且具有完全的私法性质。私法性规范主要涉及的是有关当事人之间法律地位完全平等，并且对他们的利益作出同等保护，因此，法院地国通常会承认外国的国籍法在内国的法律效力，并且承认外国人依据外国的国籍法取得的国籍；只有在特殊情况下才会不承认相关国籍法的法律效力。目前，国际

---

〔1〕 Tsekalova & Nataliia, *Foreigners as a Bearer of Basic Rights*, *Ensuring of Foreigners' Rights*, Journal of Eastern European Law, Vol. 11, p. 133 – 139(2019).

〔2〕 Lopez Espadafor, Carlos Maria, *The Role of Residence: Non-Residence Nationality and Foreignness in Setting the Current Tax Figures*, Cuadernos de Derecho Transnaciona, Vol. 9:1, p. 236 – 264(2017).

法学界能够较合理地解释国籍规范。为国籍规范提供理论支持的学说包括“国籍法说”、“国际礼让说”和“人类命运共同体说”。尤其是“人类命运共同体说”,既符合目前国际化的大趋势,又能较为恰当地解释我国目前的相关立法。我国的立法机构赋予了司法人员一定的自由裁量权,以判定当事人的国籍,法官或者仲裁员在一定的条件下,可以考虑哪个国籍与当事人具有最密切的联系。这种立法的出现,完全是全球化趋势的结果,因为承认民事主体可以拥有多个国家的国籍,是有助于国际民商事交往的。在经济全球化的基础上,一国的司法机构在考虑了与当事人具有联系的多个因素后,最终才能判定以哪个国籍为准。在国内的司法依据方面,《法律适用法》第 19 条在我国司法实践中影响力大,司法人员通常依据该法律规范来确定与当事人有最密切联系的国籍,并最终达到顺利解决国际民事纠纷的目的。针对我国国内立法中并不完善的地方,我国的立法机构应该尽快明确规定具体的、与当事人有联系的法律因素,以明确司法人员的在一定范围内的自由裁量权。

第四节　国际海上合同法的价值取向

国际海上合同法,是指调整国际海上合同的规范的总称,主要包括两大类的法律:一类是国际统一实体性规范;另一类是传统的冲突规范。这两大类规范在后文都会有详细的论述和介绍,而本节的内容主要探讨这两大类规范的价值取向。国际法规范的价值取向包括以下几个方面:(1)公平正义。国际法规范特别注重公平正义,即主权国家应该享有平等的权利和机会,避免歧视和不平等对待。(2)和平与安全。国际法规范注重保护和平与安全,尽可能地减少国际冲突和战争的风险。(3)经济发展。国际法规范也会涉及各国的经济发展,促进贸易和投资,提高全球经济的繁荣水平。(4)环境保护。国际法规范会涉及环境保护,保护地球生态系统,确保人类和生物的可持续发展。

一、维护合同双方的公平

(一)维护合同双方基本公平的形式

维护合同双方的公平是国际海上合同法的一个重要价值取向。在国际合同中,公平原则希望合同双方在权利和义务上应享有平等地位,不存在一方对另一方的剥削。为了维护合同双方公平,具体的法律规范规定了一些具体要求。

第一,法律规定应该公平合理,不应存在一方利用优势地位对另一方造成不公的情况。保持合同双方地位的基本平等是一个重要原则。在国际合同中,合同双方应该享有平等的权利和义务,不应该存在一方对另一方的剥削。为了实现这一原则,法律规范往往规定了以下要求:合同条款应公平合理,不应存在一方利用优势地位对另一方造成不公的情况,或者应该对不公平的情形予以调整。如果一方出现了违约,应该根据合同约定承担相应的责任。此外,合同双方应该遵守诚信原则,即双方应该诚实守信,履行合同约定的义务。如果一方违反了合同约定,应该承担相应的法律责任。保持合同双方地位的基本平等是这类规范的重要原则之一,目的在于确保国际合同的公平合理和有效履行,促进国际经济合作和发展。

第二,维护合同的严肃性和权威性。合同是双方自愿签订的协议,具有法律约束力。严格按照合同约定履行合同,有助于维护合同的严肃性和权威性,避免出现随意违约。维护合同的权威性和严肃性具有以下重要意义:尽可能避免纠纷和争议。合同双方应该按照合同约定履行义务,有助于避免因合同履行而产生的纠纷和争议。如果一方违反合同约定,将会导致纠纷和争议的发生,给双方带来不必要的麻烦。确保合同的有效执行。合同是双方自愿签订的协议,具有法律约束力。如果合同缺乏权威性和严肃性,合同当事人对合同将缺乏敬畏心,将会导致合同执行不力,最终会影响合同目的的实现。促进商业合作的稳定性和长期性。通常而言,合同对于商业合作的意义十分重大,如果合同缺乏权威性和严肃性,将会导致合作的不稳定性。而严格履行合同,有助于建立长期、稳定的合作关系,促进商业合作的持续发展。增强企业的信誉和形象,企业遵守合同约定,履行合同义务,能够展示其诚信和信誉,增强形象和声誉。这对于企业的长期发展具有重要意义。

第二,严格按照合同约定履行义务。合同双方应该严格按照合同约定的内容履行义务,包括交付货物、提供服务、支付款项等。这有助于双方长期的合作。严格按照合同约定履行合同具有以下重要意义:严格按照合同约定履行合同,有助于维护合同的稳定性,避免出现随意违约的情况。确保合同双方的权益平衡,合同双方应该按照合同约定的内容履行义务,这有助于确保双方的权利和义务平衡。如果一方违反合同约定,将会导致一方权益受损,而另一方无须承担相应的责任,这将对双方权益造成不公平。促进交易的顺利进行,在商业交易中,合同是双方达成交易的重要手段。如果一方不按照合同约定履行合同,将会导致交易失败或面临法律风险。因此,严格按照合同约定履行合同,有助于促进交易的顺利进行。增强双方的信任和合作基础,在合同履行过程中,基本的信任应该存在,而双方应该尊重对方的权益,建立互信合作关系。假如一方不按照合同约定履行合同,会破坏双方的信任基础,导致合作破裂。因此,严格履行合同对于建立长期、稳定的合作关系很重要。

第三,合同履行过程中,如果出现了对一方不利的变更,应该及时通知另一方,并协商解决方案。对于合同变更、解除等,双方应当平等协商,尽可能达成一致意见。对于合同的变更,应该由双方协商一致。合同是双方之间的协议,因此,任何一方都可以提出变更请求。在协商过程中,双方应该本着平等互利的原则,就变更的内容、方式、时间等进行讨论,达成一致意见后签订补充的书面协议,以明确双方的权利义务。如果一方单方面提出变更而另一方不同意,那么双方可以通过法律途径解决争议。在某些情况下,合同中可能本就已经存在关于合同变更的条款,双方应该按照合同中的规定进行协商和处理。

第四,尊重对方的权益。合同履行过程中,双方应保持诚信和一定的透明度,及时沟通信息,避免信息不对称和误解。对于合同中约定的权益和责任,双方应认真履行,不得随意推卸责任。在合同履行过程中,双方应该尊重对方的权益,避免侵犯对方的合法权益。如果出现分歧,双方应该通过友好协商解决,避免采取违法行为。尊重对方权益在合同履行中的主要表现体现在以下几个方面:双方应按照合同约定的条款履行义务和行使权利,避免单方面违反合同。履行过程中出现了问题,双方应平等协商以解决争议问题,避免纠纷和矛盾的激化。协商过程中应尊重对方的利益,寻求双方都能接受的解决方案。尊重合同相对方权益的意义重大,具体表现在以下几个方面:合同相对方是合同履行的责任主体,保障其履行能力是保证合同顺利执行的关键,也是对合同双方负责。合同相对方的权益得到尊重,有利于建立良好的合作关系,促进长期稳定的商业发展。合同是双方自愿协商达成的协议,尊重合同相对方权益就是尊重对方的权利和意见,有助于更好地实现自己的权利。合同相对方权益的尊重也是企业社会责任的体现,有利于企业形象的提升,同时也能促进社会的和谐、稳定。

第五,如果一方出现了违约情况,应该根据合同约定承担相应的责任。如果对方出现违约情况,通常应该按照以下做法来处理:确认违约的事实,以及由此产生的损失。这需要详细了解合同内容,并评估对方违约的程度和对对方造成的影响。查看合同中是否有关于违约责任的条款。如果有,可以按照这些条款要求对方承担责任,包括支付违约金、赔偿损失等。如果合同中没有违约责任条款,则可以根据法律规定,要求对方承担违约责任。这可能包括要求对方继续履行合同义务或者赔偿损失等。在要求对方承担责任的过程中,需要保留所有与违约事实相关的证据,包括书面文字和录音等。这些证据将有助于证明对方违约的事实以及我方因此遭受的损失。如果协商无果,可以通过仲裁或诉讼的方式要求对方承担违约责任。在此过程中,守约方需要选定合适的仲裁机构或法院,提交相关证据,并按照法律程序进行维权。

(二)维护合同双方基本公平的意义

第一,保护当事人的合法权益。维护合同双方公平地位可以确保双方在合同履行过程中享有平等的权利和义务,保护当事人的合法权益,避免一方受到不公平损害。保护合同当事人合法权益的意义主要体现在以下几个方面:(1)促进经济发展。合同当事人的合法权益得到保障,市场交易活动自然而然就会更加活跃,进而促进经济发展。(2)增强社会信任。保护合同当事人的合法权益,能够增强社会对合同的信任,进而促进社会互信。(3)完善市场经济体系。保护合同当事人的合法权益,有助于完善市场经济体系,提高当事人对市场经济的信任度。(4)维护社会经济秩序。合同当事人的合法权益得到保护,能够保证交易的公平、公正,从而间接地维护了社会经济秩序。(5)保障法治精神。保护合同当事人的合法权益,有助于彰显法治精神,推动社会各个群体都形成依法办事、尊重合同、遵守信用的良好习惯。(6)促进国际合作。在国际经济交往中,保护合同当事人的合法权益,有助于提升国际交流与合作的水平,推动国际投资的发展。

第二,促进企业之间长期合作。维护合同双方公平地位可以促进企业之间的长期合作,增强企业之间的合作关系,这有利于企业的长期发展和稳定经营。当合同当事人的权益得到保障,企业之间的合作就会更加稳固,双方都能够从合作中获得长远利益。具体而言,保护合同当事人合法权益的意义如下:保障双方权益。通过保障合同当事人的合法权益,可以确保双方在合作中都能够获得应得的利益,避免因权益受损而导致的纠纷和损失。降低交易成本。如果合同当事人的权益得到保障,企业之间的合作就会更加顺畅,从而降低交易成本,提高合作的信任度。形成稳定预期利益。保护合同当事人的合法权益,有助于形成企业对于未来合作的稳定预期利益。在长期合作中,稳定的预期利益对双方来说都是重要的,能够促进双方更加有信心地开展合作。建立长期信任关系。保护合同当事人的合法权益,有助于建立和维护企业之间的信任关系。在长期稳定的合作中,信任是至关重要的基础,能够促进双方深入的合作。促进长期合作战略的实现,通过保护合同当事人的合法权益,可以促进企业之间形成长期的合作战略,实现互利共赢的目标。促进企业长期合作的意义重大,主要体现在以下几个方面:降低交易成本。长期的合作关系可以减少频繁的交易成本,如谈判、考察对方资质等,从而降低企业的运营成本。提高效率。长期的合作可以让双方更加熟悉对方的业务和能力,能够更高效地完成合作任务,提高整体业务效率。建立稳定的商业关系。尊重合同相对方权益,促进合作的长期稳定,有助于建立稳定的商业关系,降低企业间的风险,实现互利共赢。保证产品质量。长期的合作可以让企业有更多机会了解和监督合作方的产品质量,从而保证整体业务质量。促进创新。长期的合作可以让企业有更多机会相互学习和交流,共同探索新的业务模式和产品,促进企业的创新和发展。

第三,有益于建立公正的市场环境。维护合同双方公平,有利于建立公正、公平、透明、规范的市场环境,为所有参与合作方提供公平竞争的机会和平台。建立公正市场的意义主要表现在以下几个方面:有利于市场秩序的规范。公正的市场环境能够建立统一开放、竞争有序的现代市场体系,使市场在资源配置中起决定性作用的基础更加坚实。这有利于规范市场秩序,促进市场经济的健康发展。有利于企业创新和发展。公正的市场环境能够鼓励企业进行技术创新和产品创新,提高自身的竞争力和品牌形象。有利于优胜劣汰和资源的优化配置,公正的市场环境可以使市场在资源配置中起到决定性作用,实现优胜劣汰,优质企业能够获得更多的利润和资源,而劣质企业则会被无情的市场所淘汰,资源就可以得到优化配置,提高整体效率。有利于消费者权益的保护。在公正的市场环境下,企业为了赢得市场份额,将不得不提供优质的产品和服务,主动满足消费者的需求。消费者就有机会通过自主选择来获得更好的产品和服务,同时也能够享受更加公正的价格。这有利于提高消费者满意度和保护消费者权益。同时,公正的市场环境也能够为企业提供更加广阔的发展机遇,促进企业的可持续发展。

第四,促进市场交易的公平和公正。在市场经济中,合同是交易的载体,维护合同双方公平地位可以保障市场交易的公平和公正,有利于建立良好的市场经济秩序。良好的市场秩序提高资源配置效率,保障资源的合理配置,避免资源浪费,提高经济发展效率。保障公平竞争。良好的经济秩序可以保障市场公平竞争,在一定程度上避免垄断和过度竞争,促进企业之间的良性竞争,提高资源配置效率。建立良好的经济秩序可以促进经济发展,保障市场公平竞争,提高资源配置效率,促进经济发展。良好的市场秩序还可以促进创新发展,鼓励企业进行创新,提高技术水平和产品质量,增强企业的核心竞争力。良好的市场秩序可以推动产业升级,促进新兴产业的发展,推动经济发展方式转型。良好的市场秩序可以增强投资吸引力,增强一个地区或国家的投资吸引力,吸引更多的资本和人才流入,推动经济发展。良好的市场秩序可以保障社会成员的合法权益,减少经济纠纷和矛盾,维护社会稳定,吸引更多的投资和贸易,推动经济发展,进而提高公民生活水平。良好的经济秩序还可以推动经济结构调整和转型升级,实现绿色低碳发展,促进经济的可持续发展。

二、维护交易的安全性

(一)维护交易安全性的形式

维护交易安全是国际海上合同法的一个重要价值取向,在国际海上合同法中,直接价值包括效率价值和安全价值,其中,安全价值就是为了保证交易的安全。总体而言,维护交易安全的意义形式主要有:

第一,详细的合同条款。包括明确双方的权利和义务、明确交付方式、明确交付时间、明确违约责任等,尽可能避免出现模糊不清的条款,从而降低双方在交易过程中的不确定性。制定尽可能详细的合同条款,确保交易安全性的主要应该注意:明确双方的权利和义务。在合同中详细列出双方在交易过程中的权利和义务,包括付款方式、退货政策、交付方式、交付时间等。明确交付时间。在合同中规定明确的交付时间,并确保双方对交付时间的共识,避免出现延迟交付的问题。确定交付方式。明确是货到付款、在线支付还是其他方式支付,并确保双方对交付方式的共识。尽可能准确描述商品或服务的质量标准,对于提供服务或商品的合同,需要明确描述商品或服务的质量标准,以确保交付的产品或服务质量符合双方的期望。添加保密条款,如果合同涉及商业秘密或敏感信息,可以添加保密条款,以保护双方的商业机密。注明合同的有效期,在合同中注明有效期,以确保双方在有效期内完成交易,并注明在有效期结束后自动失效。使用专业法律术语,尽可能使用专业法律术语,以确保合同条款的准确性和法律效力。约定违约责任。如果一方违反合同条款,应明确规定相应的违约责任和赔偿方式,以保护双方的权益。确定争议解决方式,在合同中明确规定争议的解决方式,包括仲裁、诉讼或其他方式,以确保双方在出现争议时能够通过合理的途径解决。

第二,确保交易双方的真实身份和交易的安全性。要确保交易双方的身份真实性,可以采取以下措施:实名认证。要求交易双方提供有效的身份证明,如身份证、营业执照等,并进行实名认证。也可以通过权威机构或第三方认证机构进行认证,确保双方身份的真实性。可以通过签订电子合同的方式,利用第三方平台来保证双方的身份真实性,并采用数字签章等技术手段保证合同的法律效力。同时,也可以考虑采用银行转账等方式进行交易结算,以避免出现现金交易的安全问题。合同签署。通过签署书面合同,明确双方的权利和义务,以及交易的具体内容和条件。合同中可以包含双方的身份信息、联系方式等,以确保交易双方的真实身份。信用评估,对交易双方的信用进行评估,了解其信用状况、历史交易记录等信息,以评估其诚信度和可靠性。可以通过信用平台自身或评估机构的信用评价体系进行评估。监管机构。如果交易涉及大额资金或重要商品,可以向相关监管机构报告交易情况,以确保交易的安全性和合法性。监管机构可以对交易双方的身份进行核实,并打击欺诈行为。

第三,建立信用评价体系。通过第三方机构或平台建立信用评价体系,对交易双方的信用状况进行评估,为双方提供部分参考信息。双方可以根据对方的信用等级来决定是否进行交易,降低与信用不佳的交易对象进行交易的风险。建立信用评价体系是确保交易双方身份真实性的重要措施之一。建立一个有效的信用评价体系主要涉及以下方面:数据分析。利用数据分析工具对历史交易数据进行分析和挖掘,以识别和预测潜在的欺诈行为和不良交易行为。这些数据可以为信用评价提供有力的支持。用户参与。鼓励用户参与信用评价,提供反馈信息和建议。这有助于提高信用评价的公正性和准确性,同时增强用户的信任度。确定评价因素。确定影响信用的因素,如支付行为、用户反馈和历史交易记录等,这些因素可以根据具体情况进行调整和优化。设定权重。根据各因素对信用评估的影响程度,为其设定适当权重。例如,历史交易记录可能比用户反馈更重要,因此应该给予更高的权重。制定评分标准。为每个因素制定评分标准,以便将定性的信息转化为定量的分数。例如,可以根据平均交易金额、交易成功次数等因素制定评分标准。动态调整。信用评价体系不应是一成不变的,应该随着时间的推移和数据的变化,以更新和调整评分标准、评价因素和权重。隐私保护。在信用评价体系中,应重视用户隐私的保护。确保收集和使用用户信息的透明度和合法性,避免滥用和泄露用户隐私。建立奖惩机制。根据信用评价结果,建立相应的奖惩机制。对于信用良好的用户,可以提供优惠和奖励,而对于信用不良的用户,可以采取警告、限制交易等措施。

第四,建立长期稳定的合作关系。建立长期稳定的合作关系可以增加双方的信任度,降低交易风险。建立长期合同关系需要双方共同努力和持续投入,其关键点在于以下几点:建立信任。建立长期合同关系的基础是信任。双方需要彼此诚实、透明,并且建立互信的关系。建立有效的沟通渠道。有效的沟通是建立长期合同关系的关键。双方需要建立定期的沟通机制,包括邮件、会议和电话等方式,及时解决问题和反馈信息。确保合同条款明确和公正。在签订合同之前,双方需要仔细审查合同条款,确保条款的公平与公正,符合双方的利益。明确合作目标。在签订合同之前,双方需要明确合作的目标和期望,确保双方在目标和期望上达成一致。培养良好的合作关系。双方需要建立良好的合作关系,尊重彼此的专业能力、利益和意见,共同解决问题和应对挑战。建立反馈机制。双方需要建立有效的反馈机制,及时了解对方的建议,以便及时调整合作策略和方式。保持一定的灵活性。在长期合同关系中,双方需要保持灵活性,适应客户需求的变化和市场变化。维护合同的执行。在长期合同关系中,合同的执行至关重要,双方需要确保合同的遵守和履行,尽可能避免出现违约和争议的情况。

第五,加强风险监控。在合同执行过程中,双方应加强风险监控,及时发现并解决问题,避免风险进一步扩大。如果发现对方有违约行为,应立即采取相应的措施,并有权根据合同规定追究对方责任。加强合同的风险监控可以采取以下措施:建立合同管理系统。包括在线审批流程和电子文档,以提高工作效率并减少人为错误。实施定期内部审计。其目的在于检查合同管理系统的合规性和有效性。定期对合同执行情况进行评估。这是为了及时发现潜在风险,并采取相应措施进行调整。制定明确的流程和合同标准。目的是确保所有参与人员都了解并遵守。建立风险预警机制。通过设置阈值和关键指标,及时发现异常情况并采取相应措施。建立合同风险评估机制。定期对合同风险进行评估,并根据评估结果采取相应的风险应对措施。加强与法律顾问和风险管理部门的合作。共同识别和应对合同风险,以此培养员工的合同风险意识,定期进行培训和宣传,提高员工的应对能力和合同风险识别能力。

(二)维护交易安全性的意义

维护交易安全性对于保护投资者权益、维护市场公平、增强市场信心等方面具有重要意义。提高交易安全性主要具有以下几方面的意义:

第一,保护当事人的权益。提高交易安全性可以有效保护当事人的权益,最终目的是减少因交易风险而导致的损失。当事人在进行交易时,如果能够得到更加安全可靠的服务和环境,当然将更加愿意参与市场交易,从而促进市场的活跃度和健康发展。保护当事人的权益之所以重要,主要有以下几点原因:维护当事人的权益有助于营造公平和公正的社会环境。如果当事人能够受到公平对待,那么社会公正的观念就会得到加强。每个人都有权利享受基本的尊严和自由,包括人身自由、言论自由、财产权等,保护当事人的权益,就是保护他们的自由和尊严,防止他们受到不公平的侵犯。如果人们相信他们的权益会得到尊重和保护,他们就会更有信心参与到各种社会活动中去,从而推动社会进步。当权益得到保护时,人们较少会产生冲突。在许多情况下,冲突的产生往往是因为权益未得到应有保护,法律制度设立的最主要目的之一就是保护人们的权益,确保他们能被公正对待,不受歧视和伤害。应该认为,保护当事人的权益有助于社会秩序的稳定,增强人们对社会制度和法律的信任感。

第二,维护市场公平。提高交易安全性有助于维护市场的公正和公平。在一个公平市场中,所有参与者都能够得到平等的机会和待遇,不会受到不公正歧视。通过提高交易安全性,可以有效防止市场操纵、内幕交易等不法行为,保障市场的公平和公正。而维护市场公平的意义在于:公平的市场环境有利于提高企业的竞争力,促进其长期发展,从而推动整个市场的进步。公平的市场环境有利于保护当事人的权益,确保他们能够获得公正和公平的商品和服务。公平的市场环境也有助于社会公正和稳定,减少贫富差距,促进社会和谐发展。公平的市场环境有利于提高整个市场的效率,促进资源的合理配置,实现经济的稳定增长。

第三,增强市场信心。提高交易安全性可以增强市场信心,增加市场的吸引力。如果市场安全性得以提高,投资者和市场参与者将更加信任市场,愿意将资金投入市场,从而促进市场的活力和发展。同时,一个安全的市场也有助于树立良好的市场形象,吸引更多的投资者和市场参与者。信心是经济稳定和增长的基础。只有当市场参与者有足够的信心,他们才愿意进行投资和消费,从而推动经济增长。如果信心不足,市场可能会陷入悲观情绪之中,导致消费和投资不足,经济就难以持续增长。增强市场信心有助于提高企业竞争力。在市场经济中,企业之间的竞争非常激烈,如果一个企业具有强大的信心,它就更有决心进行技术创新、品牌塑造和品质提升,从而在竞争中脱颖而出。增强市场信心也有助于提高消费者的购买力。当消费者对未来经济持乐观态度时,他们更有可能增加消费,从而刺激经济增长。增强市场信心还有助于提高社会的整体福祉。当人们对经济前景充满信心时,他们更有能力关注社会福利、环境保护等方面,从而促进社会的整体进步。因此,增强市场信心对促进经济稳定增长、提高企业竞争力、提振消费者购买力以及增进社会福祉等方面具有重要意义。

第四,提高交易效率。提高交易安全性可以保障交易的顺利进行,减少因安全问题而导致的交易中断或延误。交易效率对合同履行的意义在于它能够提高合同执行的效率和效果。提高交易效率可以减少交易成本,使合同更容易被遵守,同时还可以缩短交易时间,使合同更早得到履行。具体而言,交易效率对合同履行的意义主要体现在以下几个方面:降低违约风险。提高交易效率可以减少交易过程中的风险和不确定性,从而降低违约风险。这有助于减少合同执行过程中的争议和纠纷,提高合同的履行信誉和效果。提高合同履行速度可以加快交易过程,缩短交易时间,从而减少合同履行的成本和时间。这有助于减少合同执行过程中的不确定性,提高合同的履行速度和效率。促进市场交易。提高交易效率可以提高市场交易的效率和流动性,从而促进市场的发展和繁荣。这有助于增加市场上的交易机会和选择,使更多的交易者能够参与到市场中来。因此,在合同执行过程中,应该注重提高交易效率,采取有效的措施和方法来促进合同的顺利履行。在一个安全环境中,交易双方能够更加顺利地完成交易,提高交易的效率和成功率。提高交易效率在市场交易中具有多方面的重要意义。首先,提高交易效率有助于增强市场价格发现功能。市场价格发现是依靠供求关系和竞争机制来实现的,而交易效率的提高有助于更准确地反映供求关系,使市场价格更接近真实价值。这有利于提高市场的透明度和公平性，减少信息不对称和投机行为而产生对市场价格的干扰。其次，提高交易效率有助于加速市场运转。在交易中，每个环节的效率提升都能在一定程度上缩短交易完成的时间，从而提高市场的整体运转速度。这不仅能够降低交易成本，还能促进资金流转和资源分配的效率，有利于经济的快速健康发展。提高交易效率还有助于降低交易成本。交易成本的降低可以使更多的资金和资源得以用于实质性的生产和创新活动，而不是在交易过程中被消耗。这不仅能够提高整体经济效率，还能激发市场活力，促进经济的创新和发展。

三、提高合同履行的效率

(一)提高合同履行效率的形式

提高合同履行效率是国际海上合同法的一个重要价值取向。合同履行的效率，是指在合同履行过程中，双方能够按照合同规定的时间、地点、方式等要求，及时完成合同义务的能力。提高合同履行的效率可以缩短合同处理周期，减少违约风险，提高双方的合作满意度，从而有利于长期合作关系的发展。提高合同履行效率的方法可以从以下几个方面进行：

第一，明确约定权责。在合同中详细约定每一项权责，包括完成时间、质量要求、支付方式等，这样可以避免后期因责任不明确而导致的延误。合理的权责分配可以维护公平正义，平衡各方的利益，避免一方权益受到损害。明确的权责也可以使各方更快地了解自己的责任，提高工作效率，从而加快合同履行的速度。在合同中明确规定各方的权利和义务，可以使合同更具有法律层面的效率，一旦发生纠纷，可以更好地保障各方的权益。合同中明确规定各方的权利和义务，可以避免后期出现权责不明的情况，减少纠纷的发生。保障合同顺利执行，明确权责划分可以使各方清楚自己的责任，更好地履行合同义务，保证合同的顺利执行。

第二，增强协作履行。不仅应适当履行自己的合同义务，还应基于诚实信用原则要求对方当事人协助其履行债务，例如，债务人履行合同债务时，债权人应适当受领给付。提高合同履行效率可以从以下几个方面入手：建立明确的合同管理流程。包括合同的起草、审批、签署、执行等环节，确保每个环节都有明确的责任人和时间节点，避免出现混乱和延误。优化资源配置。各方应合理分配资源，利用自己的优势资源提高工作效率，提高资源利用效率。加强沟通与协调。各方应保持密切沟通，及时交流信息、解决问题，避免出现信息不对称和误解。建立有效的协同机制。通过建立协同平台、实时沟通工具等方式，各方可以方便地共享文件、讨论问题和决策等，提高协作效率。建立风险管理制度。对合同履行过程中可能出现的风险进行预见和管理，制订相应的应对策略，以此减少风险对合同履行的影响。提高合同管理人员的专业素质。加强合同管理人员的培训和教育，提高他们的专业能力和管理水平，确保他们能够胜任合同管理工作。建立有效的激励机制。通过设立奖励机制和激励措施等方式，激发各方参与合同履行的积极性和主动性，提高合同履行效率。

第三，建立良好的沟通机制。及时、有效的沟通是履约成功的关键。双方应明确沟通渠道和频率，并建立起良好的沟通机制。建立良好的单位沟通机制是提高合同履行效率的关键因素之一，主要应该通过以下方式提高合同履行效率：建立正式的沟通渠道。建立一个正式的沟通渠道，如内部通信平台、电子邮件系统或电话线路等，以确保所有涉及合同履行的单位可以及时和高效地进行交流。确保沟通渠道的可靠性和安全性，以方便各方可以放心地交换信息。鼓励开放和诚实的交流。鼓励所有涉及合同履行的单位开放和诚实地交流问题、意见和建议。这需要建立一个信任和尊重的文化，确保各方知道他们的意见和问题会被认真对待，并会采取适当的行动。明确责任和分工。在合同履行过程中，明确各方的责任和分工非常重要，这有助于避免职责重叠或责任不明确的情况。通过清晰的沟通，各方可以更好地理解自己的角色和期望，从而提高合同履行的效率。定期召开会议。定期召开合同履行相关单位参加的会议，以便各方有机会讨论合同履行的情况、存在的问题以及需要的支持。这些会议应该有一个明确的议程，并确保所有相关人员都有机会发言和提问。建立反馈机制。确保所有涉及合同履行的单位都能及时收到对方的反馈，这包括进度报告、问题通知或建议等。通过及时反馈，各方可以更好地协调工作，并及时解决问题。保持透明度。确保所有涉及合同履行的单位都清楚了解合同履行的情况，这可以通过定期更新合同履行进度、分享关键信息或讨论潜在问题来实现。通过透明沟通，各方可以更好地理解其他单位的进展和需求，从而更好地协调工作。

第四，坚持经济合理原则。在履行合同时，应讲求经济效益，尽可能地降低成本，取得最佳的合同利益。例如，债务人应选择最经济合理的运输方式，在合理期限内履行合同，选择的设备也应该体现经济合理原则等。合同履行中如何体现经济合理,主要应该考虑以下几个因素:风险管理。在合同履行过程中,要充分考虑可能出现的风险,制订相应的风险管理措施,避免不必要的损失。同时,也要注意风险与收益的平衡,不能只追求高收益而忽视风险。成本效益分析。在合同履行过程中,要对各项成本进行仔细分析,包括人力、物力、财力等,以确保资源的合理利用。同时,也要关注合同带来的收益,确保收益大于成本,实现经济合理。优化流程。通过优化合同履行流程,减少不必要的环节和时间浪费,提高工作效率。同时,也要注意节约资源,如减少不必要的运输、存储等环节。合作共赢。在合同履行过程中,各方应保持合作共赢的态度,共同协商解决问题,实现资源的共享和互利共赢。持续改进。在合同履行过程中,要不断总结经验教训,如果发现了问题应当及时跟进和改进。通过持续改进,不断提高合同履行效率和经济合理性。

第五,建立健全的风险防范机制。对可能出现的风险进行预测和评估,并提前制订应对策略,可以减少因风险导致的延误。健全风险防范机制确实可以提高合同履行效率。具体而言,它可以采取以下措施:建立风险评估体系。通过建立风险评估体系,可以对合同履行过程中可能出现的风险进行全面评估,及时发现潜在风险,并采取相应的措施进行防范和应对,以防止风险对合同履行产生不利影响。加强风险监测和预警。可以及时发现和解决潜在风险,避免风险扩大和升级。建立风险应对预案。针对可能出现的风险,建立相应的应对预案,以便在风险发生时能够迅速、有效地应对。增强风险管理能力,加强合同管理人员的培训和学习,提高他们识别、评估和应对风险的能力,使他们能够更好地管理合同履行过程中的风险。

第六,采用现代化的管理工具生产。例如,使用项目管理软件、电子文档管理系统等,这些工具可以帮助团队更好地跟踪和管理合同的进度,以此提高工作效率。采用现代化的工具可以提高合同履行效率,具体方法如下:使用自动化工。如自动化工作流引擎、智能合同管理等工具,可以通过自动化流程来提高合同管理效率。这些工具可以根据预设的规则和条件,自动完成合同的审批、执行和监控等流程,减少人工干预和时间成本。电子化合同管理。通过使用电子合同管理软件,可以实现合同的电子化管理,方便、快捷地完成合同的起草、审批、签署和归档等流程。同时,电子化合同管理还可以方便地跟踪合同的履行情况,及时发现和解决问题。人工智能技术。通过人工智能技术可以应用于合同履行中的各个环节,如智能审核、智能客服等。通过人工智能技术,可以自动完成一些重复性、烦琐性的工作,提高工作效率和准确性。数据分析和挖掘工具。通过使用数据分析工具,可以对大量的合同数据进行深入分析,发现数据中的规律和趋势,从而为决策提供有力支持。同时,通过数据挖掘工具,可以发现潜在的商业机会和风险,提高合同履行的经济合理性。云计算和大数据技术。通过使用云计算和大数据技术,可以实现数据的集中存储和处理,方便地实现数据的共享和协同工作。同时,云计算和大数据技术还可以提高数据处理的速度和准确性,为合同履行提供更加精准的数据支持。

第七,提高团队执行力。定期对团队进行培训和指导,提高团队成员的专业技能和责任心,使团队的各个成员能够更好地理解和执行合同条款。团队执行力与履行合同的效率有密切的关系。一个具有强大执行力的团队能够更好地完成合同中约定的任务,从而提高履行合同的效率。具体而言,团队执行力可以通过以下几个方面来提高履行合同的效率:明确的目标和计划。一个具有执行力的团队需要有明确的目标和计划,以便团队成员能够明确自己的任务和方向。如果目标不明确或者计划不周全,就会影响团队的执行力和履行合同的效率。团队成员的协作和配合,一个高效的团队需要成员之间的协作和配合,共同完成合同中规定的任务。如果团队成员之间缺乏协作和配合,就会影响团队的执行力和履行合同的效率。有效的沟通和反馈。一个高效的团队需要有效的沟通和反馈机制,以便团队成员能够及时了解彼此的工作进展和问题,并及时进行调整和改进。如果缺乏有效的沟通和反馈,就会影响团队的执行力和履行合同的效率。培训和管理。团队执行力还受到团队成员素质和能力的影响,团队成员的素质和能力较强,往往意味着合同能够被较好地履行。因此,需要对团队成员进行培训和管理,提高他们的专业能力和素质水平,从而更好地完成合同中规定的任务。

第八,加强监督与考核。对合同的执行过程进行监督与考核,确保双方都能够按照合同的规定来履行职责。对于发现的问题,应及时采取措施进行纠正。加强合同的监督确实可以提高合同履行的效率。例如,建立合同监督机制。建立一个专门的合同监督机制,由专门的团队或人员负责监督合同的履行情况。该机制应定期审查合同的履行情况,并及时采取措施解决存在的问题。加强沟通与协调。在合同履行过程中,各方应加强沟通与协调,及时解决出现的问题和纠纷。通过定期会议、电话沟通等方式,各方可以共同讨论解决方案,并确保问题得到及时解决。引入第三方监督。在必要时,可以引入第三方监督机构或专业人士对合同履行情况进行监督。第三方监督机构或专业人士往往具有丰富的经验和专业知识，能够提供更加客观、专业的意见和建议，在合同履行出现困难时，可以提出专业的意见，以此提高合同顺利履行的可能性。建立信息共享平台。建立一个合同履行信息的共享平台，各方可以通过该平台及时获取合同履行过程中的关键信息，如交付时间、进度报告等。这样可以提高各方对合同履行情况的了解，并及时采取相应的措施。建立应急预案。针对履行合同可能出现的风险和问题，最好建立应急预案，以便在问题发生时能够迅速采取措施，减少对合同履行的影响。因此，可以通过加强对合同的监督，及时发现和解决潜在问题，减少履行的风险和不确定性，从而提高合同履行的效率。同时，加强合同的监督还可以提高各方的信任和合作意愿，为长期合作打下坚实基础。

第九，建立反馈机制。在合同执行过程中，合同当事人应定期进行反馈和评估。双方可以就执行中的问题进行交流，共同找出解决方案，以提高合同的履行效率。建立有效的反馈机制是提高合同履行效率的重要手段。可以通过以下方式提高合同的履行效率：设定定期反馈会议。定期举行反馈会议以便各方有机会分享他们对合同履行情况的看法、存在的问题以及需要的支持。这些会议应该有一个明确议程，以确保讨论的高效和有针对性。及时响应反馈。一旦收到关于合同履行的反馈，应尽快采取行动。这可能包括解决问题、调整计划或提供必要的支持。及时响应反馈可以增强各方的信心，并提高他们对合同履行的满意度。明确反馈渠道。确保所有涉及合同履行的各方都有明确的反馈渠道，这应该是一个专门的沟通平台，同时应该确保反馈渠道的保密性和安全性，以便各方可以放心地提供信息。持续改进。反馈机制不应是一次性活动，而应是一个持续的过程，随着合同履行的进展，新的问题可能会越来越多，而通过持续的反馈和改进，可以确保合同顺利、高效地履行。记录和跟踪反馈。记录收到的所有反馈，并跟踪采取的行动，这有助于确保问题得到解决，并保持各方的透明度。此外，这些记录也可以作为未来合同谈判和执行时的参考，通过建立有效的反馈机制，可以更好地了解合同履行的情况，及时发现和解决问题，从而提高合同履行的效率，这也有助于增强各方的信任和合作意愿，促进更长期的合作关系。

第十，优化合同条款。明确条款。确保合同中的所有条款都清晰明了，没有歧义。明确的条款可以发生歧义的可能性，从而加快合同的履行速度。清晰、简洁的合同条款能够减少双方的理解误差,提高合同的履行效率。同时,合理的条款设置可以平衡双方的利益,避免履行时发生争议。优化合同条款确实可以提高履行合同的效率,通过以下方式可以在一定程度上提高合同的履行效率:简化语言。尽量使用简单、易懂的词汇和句子,避免使用过于复杂的法律术语。这样可以提高合同的可读性,使各方更容易明白合同的内容,从而更快地开始履行合同。明确责任和义务。在合同中明确各方的责任和义务,确保各方都清楚自己的角色和需要完成的任务,这样可以避免在履行合同过程中出现混乱或延误。规定时间表。在合同中规定各阶段的时间表,包括交付时间、付款时间等。这样可以提醒各方履行合同的时间要求,提高履行的效率。审查和更新。定期审查和更新合同条款,确保它们在出现新情况后仍然符合各方的需求和期望,这样也可以及时发现和修正潜在的问题,提高履行的效率。通过优化合同条款,可以减少履行的风险和不确定性,提高履行的效率。在签订合同时,务必仔细审查条款,并与对方进行充分的沟通和协商,以确保合同的顺利履行。制定违约条款。在合同中明确规定违约的后果和处理方式,这样可以约束各方遵守合同条款,避免在履行过程中出现不必要的纠纷和误会。保持沟通。在履行合同过程中保持沟通,及时解决出现的问题和纠纷,这样可以减少延误和误解,提高履行合同的效率。

(二)提高合同履行效率的意义

第一,实现商业目标。合同履行的目的是实现商业目标,如销售产品、提供服务等。提高合同履行效率可以使企业更快地实现这些目标,从而增加利润和拓展市场份额。具体而言,提高合同履行效率可以加速产品或服务的交付,满足对方需求,从而提高对方满意度和信任度。提高合同效率还可以减少人力、物力和财力的浪费,优化资源,从而降低成本,使企业能够更好地实现商业目标。此外,高效、可靠的合同履行还可以为企业建立良好的声誉,增加市场份额和客户信任度,有助于建立长期的合作关系。因此,提高合同效率是实现商业成功的重要因素之一。

第二,建立良好声誉。高效、可靠的合同履行可以为企业建立良好声誉。这有助于建立长期的合作关系,这样可以吸引更多的合作伙伴,并增强企业在行业中的影响力。一个企业的声誉是其最宝贵的资产之一,可以为企业提供长期价值。合同履行效率与企业声誉之间存在密切关系,一个企业的合同履行效率低下,可能会导致延迟交付、质量问题或售后服务不佳等后果,从而损害企业的声誉和品牌形象。首先,合同履行效率低下可能引发法律纠纷和赔偿,如果企业无法按时履行合同义务或交付不合格的产品,可能会面临客户的索赔和诉讼。这不仅会导致企业经济损失,还会对企业的声誉和品牌形象造成严重损害。如果企业能够高效地履行合同,提供高质量的产品和服务,并保持良好的售后服务,这将有助于树立企业良好声誉和品牌形象。其次,合同履行效率低下会给客户留下不良印象。客户会认为企业不重视合同履行,甚至怀疑企业的诚信和能力,这会导致失去客户信任,降低客户满意度和忠诚度,进而影响企业的市场份额和盈利能力。一个企业的良好声誉可以增强客户的信任和忠诚度,吸引更多的客户和合作伙伴,进而提高企业的竞争力和市场地位。因此,企业应该重视合同履行效率,建立完善的合同管理制度和流程,确保合同按时、按质和按量地完成,并提供优质的售后服务。这样不仅可以提高企业的合同履行效率,还可以树立企业良好声誉和品牌形象,增强企业的竞争力和市场地位。

第三,降低成本。合同履行过程中可能会出现延迟、错误或不必要的成本。提高合同履行效率可以减少这些问题,从而降低成本。这包括减少人力、物力和财力的浪费,优化资源和流程,以及降低违约风险和法律成本。具体来说,提高合同效率可以加速产品或服务的交付,满足客户需求,从而提高客户满意度和忠诚度。高效、可靠的合同履行还可以为企业建立良好声誉,增加市场份额和客户忠诚度,有助于建立长期的合作关系。提高合同效率还可以减少人力、物力和财力的浪费,优化资源和流程,降低成本,从而使企业能够更好地实现商业目标。因此,提高合同效率是实现商业成功的重要因素之一。

第四,提升竞争力。在激烈的市场竞争中,提高合同履行效率可以使企业在以下几个方面具有优势:快速响应客户需求,减少交货时间,降低运营成本,提供更高质量的产品或服务。这些优势可以使企业在市场中脱颖而出,赢得更多的客户和市场份额。在当今高度竞争的市场环境中,快速、准确地履行合同的能力是企业成功的关键因素之一。通过提高合同履行效率,企业可以更快地满足客户需求,提高客户满意度和满意度,从而在市场上获得更大的竞争优势。提高合同履行效率还可以降低延迟和违约的风险,从而避免潜在的法律纠纷和赔偿,进一步保护企业的声誉和利益。

第五,适应市场变化。因为市场变化快速,所以应该提高合同履行效率以帮助企业更好地适应市场变化。快速响应市场变化可以抓住商业机会,同时减少潜在的风险和损失。这需要企业具备一定的灵活性和适应性,通过提高合同履行效率,企业可以更好地应对市场挑战。合同履行效率与适应市场变化之间也有密切关系。首先,适应市场变化是企业生存和发展的关键。随着市场环境不断变化,企业需要灵活应对,及时调整产品、服务和营销策略等。合同履行效率的提高,可以使企业更快地响应市场变化,抓住商机,提高竞争力。其次,合同履行效率的提高也有助于企业适应市场变化。高效地履行合同,意味着企业能够快速地交付产品和服务,提高客户满意度。这可以增强客户对企业的信任度和满意度,进而提高企业在市场中的地位和竞争力。此外,企业可以通过提高合同履行效率来快速调整自身经营策略。例如,通过优化合同管理流程,提高生产效率,降低成本等措施,企业可以更好地适应市场需求的变化,提高自身的盈利能力和市场竞争力。合同履行效率与适应市场变化之间存在相互促进的关系。企业应该重视合同履行效率的提高,并不断调整自身经营策略,以适应市场变化,提高自身的竞争力和市场地位。

四、维护当事人间的公平

(一)维护各方当事人平等的形式

维护合同当事人平等是国际海上合同法的价值追求之一。国际海上合同法作为调整平等主体之间民事交易关系的重要法律规范,强调合同当事人的平等地位,确保各方当事人能够在平等法律基础上进行交易活动。这类法律规定了合同当事人的权利和义务,确保各方当事人平等地享有权利和承担义务。在合同履行过程中,合同当事人应该遵守诚实信用原则,平等地履行合同义务,并尊重对方的合法权益。如果存在不平等情况,也规定了相应的救济措施,如撤销合同、变更合同等,以保护弱势当事人的利益。维护各方当事人平等的形式多种多样,包括但不限于以下几种:

第一,公正的诉讼程序。公正的诉讼程序是维护各方当事人平等的重要手段之一,它确保所有当事人都有平等地表达自己观点的机会,并获得平等的法律保护。公平的诉讼程序与当事人的平等之间有密切联系。公平的诉讼程序旨在确保当事人能够平等地行使诉讼权利,无论他们的社会地位或其他因素如何。公平的诉讼程序要求确保当事人在诉讼中享有平等的地位和机会,不受任何形式的歧视或偏见。这些原则有助于确保法律的公正和社会的正义。为了保障当事人之间的平等,相关的公平诉讼程序的要求,包括告知权和平等知情权。当事人应当被告知其权利和诉讼程序,并有平等的机会了解相关信息。法院应当以清晰易懂的方式提供文件和通知,以确保当事人不会因语言或理解能力而处于不利地位。公正的审判过程。审判过程应当公正、中立,不受任何一方的影响或压力,法官应当保持中立,并确保各方当事人得到平等对待。交叉询问证人的权利。在庭审中,当事人应当有权交叉询问对方证人,以确保证人证言的准确性和可靠性。平等使用证据的机会。当事人应当有权获得平等的证据机会,包括提出证据和反驳对方证据的机会。不受歧视。当事人不应因种族、性别、宗教信仰、国籍、社会地位或其他因素而受到歧视。获得法律援助的权利。当事人应当有权获得法律援助,以确保他们能够理解法律程序并为自己辩护。法律援助可以由律师或其他合格的法律专业人员提供。

第二,建立公平的仲裁机制。在发生争议时,应该建立公平的仲裁机制,确保所有当事人都能够平等地参与仲裁过程,并获得平等的裁决结果。建立公平的仲裁机制是维护当事人平等的重要途径之一。通过确保仲裁过程的公正性、透明度、合法性、当事人自治和专业性,这可以促进当事人之间的平等权益,确保争议得到公正、高效和公平的解决。建立公平的仲裁机制是维护当事人平等的重要手段之一。仲裁是一种替代性争议解决方式,旨在为当事人提供一个快速、高效且相对低成本的争议解决途径。为了确保当事人的平等权益,仲裁机制应当具备以下几个要素:透明度。仲裁过程应当透明,确保当事人的权益得到充分保障。这意味着仲裁裁决应当公开,当事人有权了解仲裁的进展和裁决结果。此外,仲裁程序也应当公开,允许公众监督和评价仲裁过程。公正性。仲裁机制应当以公正为基石,确保当事人在仲裁过程中受到公正对待。仲裁员应当独立、中立,不受任何形式的外部干预或利益冲突。当事人应当有权获得平等的机会来提出证据、辩护和质疑对方的主张。合法性。仲裁机制应当符合法律规定,确保当事人的权利和义务得到合法保障。仲裁协议、程序和裁决应当符合相关法律,当事人也应当有权寻求法律救济,对违法的仲裁提出撤销。当事人自治。仲裁机制应当尊重当事人的意愿和选择权,允许当事人在一定范围内自行约定仲裁程序和规则。然而,当事人的自治权应当受到一定的限制,以确保仲裁过程的公正性和合法性。专业性和经验。仲裁员应当具备专业知识和经验,能够公正、高效地解决争议。他们应当接受过相关的教育和培训,能够处理复杂的法律问题和技术细节。

第三,法律保障。法律是维护各方当事人平等的基本手段之一,通过制定和实施相关法律,可以确保所有当事人在法律中得到平等对待。法律是维护当事人平等的重要手段。通过法律手段可以有效地维护合同当事人平等,确保各方当事人能够在平等法律基础上进行交易活动,促进市场经济的健康发展和交易秩序的稳定。国际海上合同法作为调整平等主体之间合同关系的重要法律规范,强调合同当事人的平等地位,确保各方当事人能够在平等的法律基础上进行交易活动。这类法律规定了合同当事人的权利和义务,确保各方当事人平等地享有权利和承担义务。同时,法律也规定了合同当事人的救济措施,如撤销合同、变更合同等,以保护弱势当事人的利益。此外,法律还规定了合同格式、合同内容、合同形式等方面的要求,以确保合同当事人的平等地位和合法权益得到保障。

第四,提供法律援助。为弱势群体提供法律援助,确保他们在法律程序中得到平等对待,也是维护各方当事人平等的重要方式之一。提供法律援助的目的是帮助那些在法律面前处于弱势地位的人,使他们能够享有与其他人平等的权利和机会。当事人的平等,是指在法律程序中,无论当事人的社会地位、财富状况或其他因素如何,都应该享有平等的权利和机会。这有助于消除社会不平等现象,促进社会的公正和平等。提供法律援助和实现当事人的平等是相互关联的两个概念。法律援助是一种保障公民权益的重要措施,它为那些经济困难或特殊案件的当事人提供免费的法律服务,以确保他们能够获得公正的审判和平等的法律保护。这种平等强调的是在法律面前人人平等的原则,旨在确保法律程序的公正和公平。提供法律援助是实现当事人的平等的重要手段之一。因此,提供法律援助和实现当事人的平等是相辅相成的,它们共同促进建立一个更加公正和平等的社会。

第五,倡导和促进平等观念。在各种场合和活动中,应该积极倡导和促进平等观念,让更多的人认识到平等的重要性,并积极参与到维护平等的行动中来。“平等观念”和“当事人的平等”是两个不同的概念,但它们之间存在一定的联系。平等观念通常是指认为所有人都应该享有同等的权利和机会的观念。这种观念强调的是公平和平等的原则,主张消除歧视和不平等现象,建立一个更加公正和平等的社会。倡导平等观念可以促进社会的公正和平等,而当事人的平等则是法律程序中公正和平等的保障,通过倡导平等观念和实现当事人的平等,可以建立一个更加公正和平等的社会。而当事人的平等通常是指在法律程序中，当事人应该享有平等的权利和机会，包括获得公正审判和平等对待的权利。这种平等强调的是在法律面前人人平等的原则，旨在确保法律程序公正和公平。

（二）维护各方当事人平等的意义

维护各方当事人平等对于实现社会公正、促进社会和谐与稳定具有重要意义，维护各方当事人平等具有以下意义：

第一，平等是现代法治社会的基本价值观之一。它意味着每个人都应该受到平等对待，无论他们的身份、地位、财富或其他因素。在现代法律体系中，平等原则是法律的基本原则之一，它要求法律程序和法律制度应该平等地适用于所有当事人，无论他们的具体情况。

第二，维护当事人平等有助于促进社会和谐与稳定。平等原则是社会正义和公平的重要基础之一。通过维护各方当事人平等，可以减少社会不公和歧视现象，增强社会凝聚力和稳定性。维护当事人平等与社会和谐是司法体系的重要目标之一。当事人平等是实现社会和谐的重要前提之一，而社会和谐又是司法公正的重要保障。因此，司法机关应当积极采取措施维护当事人平等与社会和谐。首先，司法机关应当注重社会公平和正义，保障弱势群体的合法权益。在处理案件时，应当充分考虑当事人的社会地位、经济状况、性别、年龄等因素，避免出现歧视和不公。同时，应当加强对弱势群体的法律援助和保护，为他们提供平等的机会和待遇。其次，司法机关应当注重调解和协商，通过和平、合理的方式解决纠纷和矛盾。在处理案件时，应当充分听取当事人的意见和诉求，尊重他们的合法权益，避免过度对抗和冲突。同时，应当积极推动当事人之间的和解和调解，以实现纠纷的和平解决。最后，司法机关应当注重社会效益和公共利益，处理好个人利益和社会整体利益的关系。在处理案件时，应当充分考虑社会的整体利益和公共利益，避免因个人利益而损害社会公共利益。同时，应当加强对环境保护、公共安全等领域的司法保障，维护社会的可持续发展。

第三，维护当事人平等有助于实现司法公正。司法公正包括程序公正和实体公正两个方面。在实体方面，平等原则有助于确保裁判者对案件的判断基于事实和证据，而不是基于身份、地位或其他不相关因素。在程序方面，平等原则要求所有当事人都应该享有平等的权利和机会，包括获得法律援助等措施，这有助于确保程序公正。为了维护当事人平等与司法公正，需要加强司法体系的建设和完善，提高司法人员的素质和能力，加强司法监督和社会监督，确保司法活动的公正、公平、公开和透明。同时，也需要加强法治宣传和教育，提高全社会的法律意识和法律素养，营造良好的法治环境和社会氛围。维护当事人平等与司法公正是司法体系的核心原则之一。在司法实践中，这一原则主要体现在以下几个方面：平等对待。司法机关应当对所有当事人一视同仁，不因他们的种族、性别、宗教信仰、社会地位、经济状况等因素而有所偏袒或歧视。在诉讼过程中，当事人应享有平等的诉讼权利和机会，司法机关应当平等地保障这些权利和机会。公正审判。司法机关应当以事实为根据，以法律为准绳，对案件进行公正、客观、公平的审理。在审理过程中，不应受到任何外部压力或不当干预的影响，要确保审判的独立性和自主性。防止权力滥用。司法机关应当防止权力滥用，确保司法权的行使不被用于不正当的目的或利益。同时，当事人也应当遵守法律程序和规定，不得滥用诉讼权利或进行虚假诉讼。透明性与公开性。司法程序应当透明和公开，以便当事人和社会公众了解和监督。司法机关应当及时公开案件的相关信息，确保公众对司法活动的知情权和监督权。救济途径。当事人的权利受到侵害时，应当提供有效的救济途径。当事人可以依法申请上诉、申诉或申请再审，以确保其合法权益得到充分保障。

五、维护诚实信用

（一）维护诚实信用的形式

维护诚实信用原则是国际海上合同法的一个重要价值取向。诚实信用原则是一项合同法的基本原则，它要求当事人在订立、履行、变更和解除合同的过程中，应当诚实守信，遵循公平、公正、合理的原则，不得利用对方没有经验等情形，使对方在违背真实意思的情况下订立合同，也不得恶意利用对方处于困境时的危急情况，迫使其作出违背其真实意愿的承诺甚至不履行合同义务，从而损害对方的合法权益。诚实信用原则强调，当事人的行为应当符合一定的道德和伦理标准，尊重他人的合法权益，维护市场的公平竞争和秩序的稳定。当事人通过以下方式维护诚实信用原则：

第一，在履行合同过程中，当事人应当按照合同约定履行自己的义务，不违反诚实信用原则。例如，一方应按照约定时间、地点和方式履行合同，不得无故拖延或拒绝履行。如果一方违反诚实信用原则，另一方有权要求其承担相应的违约责任。在合同履行过程中,双方应当诚实守信,严格履行合同约定的义务。任何一方都不得擅自变更或解除合同,也不得违约或违反合同约定。如果发生争议或纠纷,双方应当通过友好协商或法律途径解决。在履行合同过程中,诚实信用原则主要体现在以下几个方面:按照约定全面履行义务。当事人应当按照合同的约定全面履行自己的义务,包括但不限于交付货物、提供服务或支付款项等。任何一方都不得擅自变更或解除合同,也不得违约或违反合同约定。诚信原则的例外情况是,在某些情况下,诚实信用原则可能会与法律规定或公序良俗相冲突。在这种情况下,当事人应当遵守法律规定或公序良俗,不得违反国家法律和社会公共利益。及时通知和协助。在合同履行过程中,如果发生任何影响合同履行的情况,当事人应当及时通知对方,并提供必要的协助和配合,以避免造成不必要的损失或纠纷。防止损失扩大。如果合同履行过程中出现了任何损失或风险,当事人应当采取合理措施防止损失扩大。如果一方已经知道损失的存在,但没有及时采取措施防止损失扩大,则应当承担相应的责任。保密义务。在合同履行过程中,如果一方获得了对方的商业秘密或其他保密信息,应当严格保密,不得泄露给第三方。

第二,订立合同时,当事人应当诚实守信,不进行欺诈行为。诚实信用原则是合同法的基本原则之一,也是市场经济的基本要求之一。在订立合同时,双方应当充分体现诚实信用原则,维护市场经济的正常秩序和公平竞争,保障当事人的合法权益。任何一方如果违反诚实信用原则。在订立合同时,诚实信用原则主要体现在以下几个方面:协商一致。在订立合同时,双方应当进行充分的协商和沟通,确保合同条款的合理性和可行性。任何一方都不得进行不公平的谈判,或者利用对方缺乏经验或专业知识进行欺诈或误导。信息披露。当事人应当如实、完整地披露与合同相关的重要信息,包括但不限于标的物、质量、数量、价格、履行方式等。任何一方都不得隐瞒或误导对方,以确保合同的真实性、公正性和公平性。履行告知义务。在订立合同时,双方应当履行告知义务,向对方提供与合同履行相关的必要信息和资料,以便对方了解合同的内容和履行方式,避免因信息不对称或不完整而造成不必要的纠纷。遵守法律和公序良俗。在订立合同时,双方应当遵守法律法规和公共道德,不得违反国家法律和社会公共利益。同时,合同的内容应当合法、合理、可行,不得存在不合法和不公平的条款。

第三,如果合同终止后,诚实信用原则仍然适用,双方应当遵守诚实信用的原则,积极采取措施减少损失和纠纷,维护市场经济的正常秩序和公平竞争。如果一方违反诚实信用原则,另一方可以要求其承担相应的责任和损失。同时,双方也应当加强沟通和协商,寻求最佳解决方案,以实现双方共赢。诚信守约。合同终止后,当事人应当继续遵守诚实信用的原则,积极履行自己的其他义务和责任,维护市场经济的正常秩序和公平竞争。合同终止后,诚实信用原则仍然适用,主要体现在以下几个方面:不得损害第三方利益。合同终止后,当事人应当避免对第三方造成不利后果,维护第三方合法权益。积极赔偿和补偿。如果合同终止是由于当事人的过错导致的,当事人应当积极赔偿和补偿对方的损失,以减少双方之间的矛盾和冲突。

第四,规定了欺诈、胁迫等损害当事人合法权益的情形,并规定了撤销权等救济方式。通过规定欺诈、胁迫等损害当事人合法权益的情形,并赋予受损害一方撤销权等救济方式,来维护当事人的合法权益,以促进市场的公平竞争和秩序的稳定。欺诈胁迫与诚实信用原则是法律原则中相反的两个重要概念。欺诈,是指通过欺骗手段使对方产生误解,从而达成对自己不利的协议或结果的行为。在法律上,欺诈行为是一种违法的行为,因为它违反了诚实信用原则。诚实信用原则要求人们在法律关系中遵循公平、公正、诚实信用的原则,不得利用信息不对称的优势欺骗他人。如果一方采取欺诈手段,导致对方遭受损失,另一方有权要求赔偿。胁迫,是指通过威胁、恐吓等手段迫使对方违背自己的意愿达成协议或结果的行为。在法律上,胁迫行为也是一种违法的行为,因为它违反了诚实信用原则。诚实信用原则要求人们在法律关系中遵循公平和公正原则,诚实信用的原则意味着,不得利用自己的优势地位或信息不对称的优势威胁、恐吓对方。如果一方采取胁迫手段,导致对方遭受损失,另一方有权要求赔偿。禁止欺诈胁迫和诚实信用原则都是法律原则中的重要概念,它们都是基于公平和公正的理念,强调人们在法律关系中应当遵循的原则和规范。因此,遵守诚实信用原则是避免欺诈胁迫行为的关键,也是维护法律秩序和社会公序良俗的重要保障。

第五,明确规定诚实信用原则。诚实信用原则在很多国家的法律中都有明确的规定。我国的法律规定,民事主体从事民事活动,应当遵循诚信原则,秉持诚实,恪守承诺。这一规定明确了诚实信用原则在民事活动中的基本地位,要求当事人在进行民事活动时,应当保持真诚和守信,遵守自己的承诺和义务,不得进行欺诈或者虚假陈述等不诚信行为。

(二)维护诚实信用的意义

维护诚实信用原则对于维护市场交易秩序、保护当事人合法权益、促进社会公序良俗的形成和提高司法效率等方面都具有重要的法律意义。因此,在市场经济和法治社会中,应当积极倡导和践行诚实信用原则,以促进社会和谐稳定和发展。维护诚实信用原则具有以下法律意义:

第一,保护当事人的合法权益。诚实信用原则要求人们在法律关系中应当尊重对方的权益,不得侵犯对方的合法权益。如果一方违反诚实信用原则,采取欺诈、胁迫等不正当手段,导致对方遭受损失,对方有权要求赔偿。这有助于保护当事人的合法权益,防止别有用心的人利用法律漏洞谋取私利。维护当事人利益与诚实信用原则是相互关联的。诚实信用原则是民商事行为的基本原则,它要求人们在民商事活动中应当遵循诚实信用原则,以善意的方式进行民事活动,不得利用法律损害他人。在维护当事人利益方面,诚实信用原则要求当事人应当遵循公平、平等、诚信等原则,维护自己的合法权益,同时也应当尊重他人的合法权益,不得损害他人的利益。在民事诉讼中,诚实信用原则要求当事人应当遵守诉讼程序的规定,如实陈述事实和提供证据,不得虚假陈述、伪造证据或者妨碍诉讼程序。因此,诚实信用原则在维护当事人利益方面具有重要作用。它不仅要求当事人遵守法律和程序规定,还要求当事人尊重他人的合法权益,不得损害他人利益。同时,诚实信用原则也要求司法机关在处理案件时应当遵循公正、公平、公开的原则,保障当事人的合法权益得到充分的保护。

第二,维护公平和公正的市场交易秩序。诚实信用原则要求人们在市场交易中遵循公平和公正的原则,不得采取欺诈、胁迫等不正当手段。这有助于维护市场交易秩序的稳定和公平,保护当事人的合法权益。维护公平正义的法律意义体现在以下几个方面:保障公民的合法权益。公平正义能够保障人民的合法权益,使公民在法律面前平等。通过实现公平正义,能够有效地防止权力滥用,保护公民的利益,使公民的各项权利得到充分保障。促进社会进步和发展。公平正义能够促进社会进步和发展。在一个公平正义的社会中,人们的创造力和积极性得到充分释放,社会财富和文明成果得到更加合理地分配和共享,这有助于推动社会的经济、文化和科技发展,提升社会的整体文明水平。维护社会秩序和稳定。公平正义是社会秩序和稳定的基础,在一个公平正义的社会中,人们的权益得到保障,社会矛盾得到有效化解,社会关系和谐融洽,这有助于减少社会动荡和冲突,维护社会的长期稳定和繁荣,增强法律权威和公信力。公平正义是法律权威和公信力的核心在一个公平正义的社会中,法律得到普遍的遵守和执行,司法机关的权威得到认可,这有助于增强法律的公信力和权威性,使法律成为人们信赖和依靠的对象。

第三,促进社会公序良俗的形成。诚实信用原则是社会公序良俗的重要组成部分,它要求人们在社会生活中遵循道德准则和法律法规。维护诚实信用原则有助于促进社会公序良俗的形成,推动社会的文明进步。维护诚实信用原则与促进公序良俗之间存在密切关系。诚实信用原则是民事行为的基本原则,它要求人们在民事活动中应当遵循诚实信用的原则,以善意方式进行民事活动,不得规避法律和损害他人。公序良俗,是指社会公共秩序和善良风俗,它要求人们在民事活动中应当遵守社会公德和道德规范,不得损害公共利益和他人的合法权益。在具体实践中,维护诚实信用原则与促进公序良俗之间也存在一定的冲突和平衡。一方面,诚实信用原则要求当事人应当遵循公平、平等、诚信等原则,维护自己的合法权益,同时也应当尊重他人的合法权益,不得损害他人的利益。但是,在某些情况下,当事人的利益可能与公共利益、他人利益发生冲突,这时就需要平衡各方利益,确保民事活动的合法性和合理性。因此,在处理涉及诚实信用原则和公序良俗的案件时,司法机关应当遵循公正、公平、公开的原则,保障当事人的合法权益得到充分保护,同时也应当维护公共利益和社会秩序,避免因个案而损害公共利益和他人的合法权益。唯有这样,才能实现维护诚实信用原则与促进公序良俗的有机结合。

第四,提高司法效率。诚实信用原则要求人们在诉讼中遵循诚信原则,不得滥用诉权、虚假诉讼等。这有助于提高司法效率,减少诉讼成本,使司法资源得到更加合理的利用。实际上,提高司法效率与诚实信用原则是相互关联的。诚实信用原则是司法公正的基础,也是司法程序中的基本原则,它要求司法机关在处理案件时,要遵循公平、公正、公开的原则,尊重当事人的合法权益,维护法律的权威和尊严。为了提高司法效率,需要遵循诚实信用原则,避免拖延和浪费司法资源的情况。这包括在审判过程中遵循法定程序,保障当事人获得公平的审判机会,同时减少不必要的诉讼环节和程序。此外,需要建立公正透明的司法制度,保障当事人的合法权益,提高司法机关的公信力和执行力。因此,在提高司法效率的过程中,需要重视诚实信用原则的贯彻和落实,以维护司法公正和程序正义。这样可以更好地保障当事人的合法权益,提高司法机关的公信力和执行力,同时也有助于实现司法公正和效率的良性循环。

第五,诚实信用原则为利益关系平衡提供依据和法理支持。在复杂的民事活动中,各方利益难免存在冲突和矛盾。诚实信用原则要求各方在追求自身利益的同时不得损害他人和社会公共利益,这有助于平衡各方利益关系,维护社会公正和公共利益。诚实信用原则要求人们在民事活动中维持公平、诚信和正义,不得损害他人合法权益,不得滥用权利。诚实信用原则为法官在处理利益冲突时提供了灵活性和裁量权,使他们能够根据具体情况作出公正合理的判决,以平衡各种利益关系。同时,诚实信用原则也为当事人之间的自主协商和谈判提供了一定的空间,促进双方达成公平、合理的协议,从而避免了过度干预和强制执行。因此,诚实信用原则在民事活动中具有重要地位,是维护公平、正义和利益平衡的重要依据。

第六,诚实信用原则可以在一定程度上克服成文法的局限性,承认司法活动的能动性。成文法虽然具有稳定和规范等优点,但由于立法者的局限性、语言的模糊性以及社会变迁等因素的影响,成文法难免存在漏洞和模糊之处。而诚实信用原则可以在一定程度上弥补成文法的不足,为法官提供灵活性和裁量权,使其能够根据具体情况作出公正合理的判决。具体而言,成文法的局限性主要表现在以下几个方面:法律滞后性。法律的制定需要经过一定的程序和时间,难以完全跟上社会的发展变化。当出现新的社会现象或法律规范不适应现实情况时,可能会出现法律空白或模糊不清的情况。法律局限性。法律是一种规范性的文件,虽然具有一定的抽象性和普遍性,但也难以完全涵盖各种具体情况和特殊情况。法律执行难度。由于法律是由国家强制力保障实施的,在执行过程中可能会受到各种因素的影响,如执法人员的素质和社会舆论环境等,导致法律执行不到位或出现偏差。法律解释问题。不同的人对法律的理解和解释可能存在差异,导致法律适用的不一致性。诚实信用原则等道德准则在某些情况下可以弥补成文法的不足,为法官提供灵活性和裁量权,使其能够根据具体情况作出公正合理的判决。同时,在实践中应充分认识成文法具有一定的局限性,这对于推动社会的稳定发展具有现实意义。

六、维持利益平衡

(一)维护利益平衡的形式

国际海上合同法在实践中确实在维护利益平衡方面发挥了重要作用。通过赋予当事人合同订立形式上的自由,同时要求当事人履行合同义务时应当诚实守信、以善意的方式进行,以达到实现当事人之间的利益平衡的目的。此外,国际海上合同法还规定了合同履行、变更、转让和终止等制度,以及违约责任和争议解决等条款,以平衡当事人之间的利益关系,避免一方当事人的利益过度损害另一方当事人的利益。国际海上合同法通过多种方式来维护利益平衡,主要包括以下几个方面:

第一,合同履行。通过法律规定合同履行的原则和具体要求,要求当事人按照约定履行合同义务,并遵循诚实信用原则。如果一方不履行合同义务或履行不当,另一方可以要求其承担相应的违约责任,以维护自己的合法权益。通过履行合同来维护利益平衡,主要应该注意以下几点:严格履行合同义务。各方当事人应严格遵守合同约定,认真履行自己的义务。在履行合同过程中,应确保合同条款得到全面、准确、及时地履行,避免出现违约行为,从而维护各方利益的平衡。合理分配风险和责任。在履行合同过程中,各方当事人应合理分配风险和责任,确保各自承担的风险和责任与合同约定的义务相一致。通过合理的风险和责任分配,可以避免一方当事人承担过多的风险和责任,从而维护各方的利益平衡。加强沟通和协作。在履行合同过程中,各方当事人应加强沟通和协作,共同解决合同履行中遇到的问题和困难。通过有效的沟通和协作,可以避免因误解或沟通不畅而导致的纠纷和损失,从而维护利益平衡。关注合同履行中的风险控制。在履行合同过程中,各方当事人应关注风险控制,采取有效措施预防和应对合同履行中可能出现的风险,这有助于减少因风险控制不当而导致的损失和纠纷,从而维护利益平衡。建立有效的争议解决机制。在履行合同过程中,如果出现争议或纠纷,各方当事人应通过协商、调解、仲裁或诉讼等合法途径解决。同时,应建立有效的争议解决机制,确保争议得到及时、公正、合理地解决,这有助于减少因争议解决不当而导致的损失和纠纷,从而维护利益平衡。

第二,合同解释。通过法律来规定了合同解释的原则和方法,以确定合同条款的真实含义和双方当事人的真实意图。通过合理的合同解释,可以防止一方当事人对合同条款的曲解或滥用,从而维护利益平衡。通过解释合同来维护利益平衡,可以从以下几个方面入手:重视合同的履行。在解释合同的同时,应重视合同的履行,确保各方当事人按照约定履行合同义务。如果一方当事人不履行合同义务或履行不当,另一方当事人可以要求其承担相应的违约责任,以维护自己的合法权益。合理解决争议。当合同出现争议时,应通过协商、调解、仲裁或诉讼等合法途径解决。在争议解决过程中,应遵循合同法的规定和原则,确保各方当事人的利益得到合理维护。明确合同条款的含义。在解释合同条款时,应遵循合同法的规定和原则,确保合同条款的真实含义得以明确。这有助于避免误解或曲解合同条款,从而维护各方当事人的利益平衡。理解双方当事人的真实意图。在解释合同时,应考虑双方当事人的真实意图,以确定合同条款的实际意义。这有助于避免一方当事人滥用合同条款,从而维护另一方当事人的利益平衡。遵循公平原则。在解释合同时,应遵循公平原则,确保合同条款的制定和履行符合公平的要求。这有助于避免一方当事人通过不公平的手段获取不正当利益,从而维护利益平衡。

第三,合同解除。通过法律规定合同解除的条件和程序,当合同无法继续履行或者履行不当时,当事人可以依法解除合同。通过合同解除,可以及时终止不合理的权利义务关系,防止利益失衡的进一步扩大。解除合同时,维护利益平衡主要应该注意以下几点:公平、合理地分配损失和责任。在解除合同后,各方应公平、合理地分配因解除合同而产生的损失和责任。这有助于避免一方当事人承担过多的损失和责任,从而维护利益平衡。充分协商。在解除合同的过程中,各方应充分协商,了解彼此的利益诉求,寻求利益的平衡点。通过充分的沟通和协商,可以避免因单方面决定而导致的利益冲突和纠纷。法律程序。如果解除合同涉及法律程序,各方应遵守相关法律程序,确保法律程序公正、透明、合法。同时,各方应积极配合法律程序,以确保问题得到公正、合理的解决。考虑替代解决方案。如果解除合同后无法达成新的协议或替代方案,各方应考虑其他可行的解决方案,以尽可能减少对各方利益的影响。

第四,规范格式条款。通过法律对格式条款进行了特别规定,要求格式条款提供方应当遵循公平原则确定当事人之间的权利义务关系,并采取合理的方式提请对方注意免除或者限制其责任的条款。通过规范格式条款的使用,可以防止一方通过格式条款排除对方主要权利或者限制对方权利,从而维护利益平衡。规范格式条款是维护利益平衡的重要手段之一。可以通过以下方式维护利益平衡:提供充分的说明和解释。在制订格式条款时,应提供充分的说明和解释,确保各方能够理解条款的含义和适用范围。这有助于避免因误解或歧义而产生的纠纷,维护利益平衡。明确规定格式条款的适用范围和条件,在合同中明确格式条款的适用范围和条件,可以避免产生歧义和误解。这有助于确保各方在签订合同时明确了解自己的权利和义务,从而维护利益平衡。确保格式条款的公平合理。在制订格式条款时,应确保其公平合理,不得存在不公平或歧视性条款。这有助于保障各方在合同中的平等地位。维护利益平衡。遵守相关法律法规,在制订格式条款时,应遵守相关法律法规的规定,确保格式条款的合法性和合规性。这有助于避免因违反法律法规而导致的纠纷和损失。维护利益平衡。鼓励协商和谈判,尽管格式条款是预先制定的,但鼓励各方在签订合同时进行协商和谈判,以便对格式条款进行修改和补充,这有助于确保各方在合同中的权益得到充分保障,维护利益平衡。

第五,合同争议解决。通过法律规定合同争议的解决方式和程序,包括协商、调解、仲裁和诉讼等。通过合理的争议解决方式,可以及时解决合同纠纷,防止一方当事人通过不正当手段获取不正当利益。解决合同争议时,维护利益平衡主要包括以下方面:平等协商。各方应尊重彼此的合法权益,通过沟通达成共识。通过平等的对话和协商,可以避免纠纷的升级,寻求合理的解决方案,维护各方利益平衡。公平合理地解决争议。各方应遵循公平合理原则解决合同争议,确保争议得到公正、合理的解决。这有助于避免一方当事人承担过多的损失和责任,从而维护利益平衡。寻求第三方调解或仲裁。如果协商和公平合理解决争议无法达成共识,各方可以寻求第三方调解或仲裁机构的帮助。第三方机构通常会根据合同条款和相关法律法规,公正、公平地解决争议,确保各方利益得到平衡保护。遵守法律程序。如果合同争议涉及法律程序,各方应遵守相关法律程序,确保法律程序公正、透明、合法。

(二)维护利益平衡的意义

维护合同各方利益平衡具有重要意义,其意义主要集中在以下方面:

第一,促进公平交易。防止合同当事人进行不公平交易是维护合同各方利益平衡的重要方面之一。规定双方协商一致才能变更合同条款,确保双方在变更合同条款时能够达成共识。以此有效防止合同当事人进行不公平交易,维护合同各方利益平衡,促进市场的公平竞争和经济的稳定发展。通过规范格式条款,可以确保合同各方的权利和义务得到公平的分配,防止任何一方利用优势地位进行不公平交易。这有助于建立公平的市场环境,促进各方的诚信交易。具体而言,规范格式条款可以采取以下措施:明确约定双方的权利和义务,避免出现一方过于强势的情况。规定违约责任和解决争议的方式,确保双方在发生纠纷时能够通过合法途径解决。限制一方单方面变更合同条款的权利,避免出现任意一方随意变更合同的情况。

第二,维护社会公平正义。通过确保合同各方的权益得到平等和公正的保护,可以维护社会的公平正义,促进社会的和谐稳定。维护社会公平正义与利益平衡的关系是相辅相成的。首先,维护社会公平正义有助于平衡利益关系。社会成员之间的利益关系非常复杂,包括经济、政治、文化等方面的利益关系。如果不能妥善处理这些利益关系,就可能导致社会矛盾和冲突,维护社会公平正义,就是要遵循社会发展的规律,根据不同群体的利益诉求,采取不同的政策措施,尽可能地平衡不同利益关系,减少社会矛盾和冲突。其次,公平正义是维护社会稳定的基础。社会成员在权利、机会、规则面前应当平等,不允许任何人享有特权,不允许任何歧视存在。唯有这样,社会才能和谐稳定,公民才能安居乐业。如果社会缺乏公平正义,就难以形成稳定的结构,也难以形成强大的社会凝聚力。因此,维护社会公平正义与利益平衡是相互关联的。只有在公平正义的基础上,才能实现利益平衡,而只有在实现利益平衡的基础上,才能更好地维护公平正义。只有通过不断努力,才能实现社会公平正义与利益平衡的良性循环。

第三,促进经济发展。增加合同各方之间的信任和合作,促进经济的发展。当各方都能够在合同中得到平等和公正的权益保护时,他们更愿意进行交易,从而推动经济的发展。保持合同各方利益平衡与促进经济发展之间的关系是密不可分的。在市场经济中,合同是各方之间进行交易和合作的重要工具,而保持合同各方利益平衡是实现市场公平和稳定的关键。保持合同各方利益平衡有助于促进市场交易的公平性和透明度。当合同各方的权益得到充分保障时,市场参与者之间的信任和合作将得到加强,这有助于降低交易成本、减少纠纷和促进市场的发展。保持合同各方利益平衡有利于保护创新和知识产权。在科技创新和知识产权领域,合同是保护创新成果和权益的重要手段。通过确保合同条款的公平合理,可以激发市场主体进行创新的积极性和创造力,进而推动经济的持续发展。保持合同各方利益平衡还有助于维护社会稳定和促进社会公正。在劳动、消费、环保等领域的合同中,保障弱势方的权益是实现社会公正的重要方面。通过保护弱方当事人的权益以及环保权益等,可以减少社会矛盾和冲突,维护社会稳定和促进经济发展。保持合同各方利益平衡是促进经济发展的重要保障。通过建立健全的法律制度和监管机制,加强合同履行和纠纷解决等方面的措施,可以营造良好的市场环境,促进经济的持续健康发展。同时,市场主体和社会各界也应加强自律和诚信意识,共同维护市场的公平、公正和稳定。

第五,有助于形成稳定的社会结构。稳定的社会结构,是指社会中各个阶层、群体、组织之间的相互关系和互动模式相对稳定,不会出现大规模的社会动荡和冲突。一个稳定的社会结构对于国家的发展和公民的福祉至关重要。首先,稳定的社会结构可以提高公民的生活水平和幸福感。一个稳定的社会结构可以促进社会公平和正义,减少贫富差距和社会不公,从而为公民群众提供更好的教育、医疗、就业和社会保障,提高公民的生活水平和幸福感。其次,稳定的社会结构可以保障社会的稳定和安全。一个稳定的社会结构可以减少社会矛盾和冲突的发生,避免社会动荡和不稳定因素的出现,从而为国家的经济发展和社会进步提供稳定的环境。最后,稳定的社会结构需要建立在社会公正、法治、诚信的基础上。只有当社会成员都能够遵守法律法规、诚实守信、公平竞争,才能够形成一个和谐、有序、稳定的社会环境。因此,建立公正、法治、诚信的社会治理体系,加强社会诚信建设,是构建稳定社会结构的重要途径。总体来说,稳定的社会结构是国家发展的重要保障,也是公民幸福安康的重要基础。加强社会治理、促进社会公正、加强法治建设等方面的工作,需要营造一个和谐、有序、稳定的社会环境。而在利益平衡的状态下,社会成员之间能够和睦相处,减少矛盾和冲突,形成稳定的社会结构。维护利益平衡是保持社会稳定的重要手段之一。通过合理分配利益、保障每个人的权益、增强社会公正感等方式,可以减少社会矛盾和冲突,促进社会和谐与稳定。在社会发展过程中,如果利益分配不均,会导致社会成员之间的矛盾和冲突,破坏社会稳定。而通过维护利益平衡,可以减少社会矛盾,增强社会成员之间的相互信任和合作,从而保持社会稳定。此外,维护利益平衡也可以促进社会公正和公平。当社会成员的利益得到合理分配时,每个人都能得到应有的尊重和权益保障,这有助于消除社会不公和贫富差距,增强社会公正感,进而促进社会稳定。

第六,有助于增强社会凝聚力。当社会成员之间的利益关系得到妥善处理时,社会成员之间的相互认同感和凝聚力就会增强,进而形成强大的社会力量。社会凝聚力和利益平衡是两个相互关联的概念。首先,利益平衡是指在社会中,各种利益主体之间应该相互尊重、协商和妥协,达到一种平衡和协调的状态。维护各方当事人平等有助于实现利益平衡,因为只有当所有当事人都享有平等的权利和机会，才会减少因利益分配不公而产生的矛盾和冲突，从而促进各种利益主体之间的和谐相处。因此，维护各方当事人平等对于实现社会凝聚力和利益平衡具有重要意义。同时，这也需要法律体系和司法实践的保障和支持，以确保所有当事人都能够受到平等的对待。其次，社会凝聚力，是指社会成员之间相互理解、信任和支持，形成一个团结、和谐、稳定的社会环境。维护各方当事人平等是实现社会凝聚力的基础之一，因为只有当每个人都受到平等的对待，才会产生对社会的信任和认同，从而增强社会凝聚力。

第七，有助于提高社会文明程度。利益平衡的社会往往能够促进社会成员之间的相互尊重和合作，进而形成良好的社会风尚和文化氛围，提高社会文明程度。提高社会文明程度和保障利益平衡是相互促进的。首先，利益平衡的维护需要建立在社会文明程度的基础上。只有当社会成员具备较高的道德素质、法律意识和文化素养时，才能更好地理解和尊重他人的权益，避免因利益冲突而引发的矛盾和冲突。提高社会文明程度和保障利益平衡是相辅相成的，需要在实践中不断探索和努力，以实现社会的和谐与稳定。其次，社会文明程度的提高可以促进社会成员之间的相互尊重和理解，增强社会成员之间的信任和合作，从而有助于维护利益平衡。同时，在利益平衡的基础上，也可以进一步提高社会文明程度。

第三章　国际合同法中的强制性规范

第一节　国际合同法中的优先性强制规则

《罗马条例Ⅰ》第9条第1款规定:“优先性强制规则是指,一国认为在维护其诸如政治、社会或者经济组织等公共利益方面至关重要而必须遵守的规则,以至于对属于其适用范围的所有情况,不论根据本条例适用于合同的是何种法律,他们都必须予以适用。”[1]其“优先性”体现在,与根据相关的冲突规范确定的法律规范相比,这类强制性法律规范的法律效力更优。[2]

一、国际合同法中“优先性强制规则”的界定

本节所提到的优先性强制规则仅是指国际合同法意义上的优先性强制规则,属于国际私法的范畴。值得一提的是,最早正式提出“国际私法”这一概念的是德国学者威廉·彼得·薛夫纳的著作《国际私法的发展》。[3] 对于强制性规范界定,各国的学者对此有不同的定义和分类,目前尚未形成一致的认

---

〔1〕 Regulation (EC) No. 593/2008 of the European Parliament and of the Council of 17 June 2008 on the Law Applicable to Contractual Obligations.

〔2〕 本节所探讨的国际私法的“优先性强制规则”,完全是指一个主权国家的立法机关为了调整国际合同关系而制定的横向的法律规范,具有明显的私法性质,而不包括国际经济法范畴的管理性、纵向的公法性规范,如《外汇管理条例》和《对外贸易法》这一类法律规范皆不在本节的讨论范围内。

〔3〕 Wilhelm Peter Schaffner, *Entwicklung des internationlen Privatrechts*, *Druck and Verlag von Johann David Sauerlander*, Frankfurt am Main, 1841, S. 3.

识。[1] 虽然优先性强制规则的强制力度极大，但是这并不意味着它因此而具有了公法性规范的性质；相反，它所调整的范围决定了它是国际私法的一部分，具有完全的私法规范的性质。优先性强制规则的界定主要涉及以下4个较复杂的问题：

第一，应该依据冲突规范来确定具体的优先性强制规则的所属国。[2] 通常而言，优先性强制规则的所属国是指法院地国和合同履行地国。根据《罗马条例Ⅰ》第9条第2款的规定，"本条例的任何规定均不得限制法院地法中优先性强制规则的适用"。[3] 从国际法院判决的"伯尔案"可以看出，国际法院是承认法院地的强制性规范的适用的。[4] 根据"条约必须遵守"原则，在审理相关的国际合同纠纷案件时，缔约方法院的法官应该根据该冲突规范，审查内国的有关国际合同领域的强制性规范，并且最终适用这类法律规范调整相关的国际合同。在这种情况下，司法人员适用法院地的优先性强制规则既是一种权利也是一种国际义务。从《罗马条例Ⅰ》第9条第2款可知，立法者给予了法院地的优先性强制规则最强的优先效力，以至于《罗马条例Ⅰ》中任何一条法律规范都不可能限制法院地国的优先性强制规范。这意味着即使合同履行地的优先性强制规则和法院地的优先性强制规则相冲突，仍然优先适用法院地的优先性强制规则。值得一提的是，《罗马条例Ⅰ》不仅仅考虑了法院地的优先性强制规则，还对合同履行地的优先性强制规则有了适当考虑。与《罗马条例Ⅰ》第9条第2款相比，很显然，立法者有意对合同履行地的优先性强制规则作出一定限制，而且从文本上来看，这种限制的范围和力度比较大。首先，与根据《罗马条例Ⅰ》确定的其他的准据法相比，合同履行地的优先性强制规则具有优先效力。但是，这种优先效力并不是绝对的。如果合同履行地的优先性强制规则规定了相关的国际合同非法，那么该强制性规则就失去了优先效力，此时就应该继续适用《罗马条例Ⅰ》原先确定的准据法来调整相关的

---

〔1〕 Hannah Buxbaum, *Mandatory Rules in Civil Litigation: Status of the Doctrine Post Globalization* the American Review of International Arbitration, Vol. 18, p. 21 - 36(2008).

〔2〕 在本章中，冲突规范是指不直接确定当事人具体权利义务的法律规范。

〔3〕 Regulation (EC) No. 593/2008 of the European Parliament and of the Council of 17 June 2008 on the law applicable to contractual obligations.

〔4〕 Cour international de Justice: *affaire relative a l'Application de la Convention de* 1902 *pour regler la tutelle des mineurs*, *Arret du* 28 *novembre* 1958, *Recueil des arrets*, avis consultatifs et ordonnances, 1958, p. 58.

国际合同。其次,《罗马条例Ⅰ》还赋予了司法人员判断合同履行地的优先性强制规则是否具有法律效力的自由裁量权。司法人员在审理相关的国际合同纠纷时,应该严格按照《罗马条例Ⅰ》所规定的几个因素来判断相关的优先性强制规则是否具有优先效力。特别是当司法人员最终决定不适用合同履行地的优先性强制规则时,在判决书部分必须针对法律规定的几个因素作出非常充分的说理。因为按照《罗马条例Ⅰ》第9条第3款文本上的含义,尊重并且最终适用合同履行地国的优先性强制规范是原则,只有在例外情形下才排除合同履行地国的优先性强制规则的适用。

第二,国际合同法中的优先性强制规范属于私法性规范的范畴。确定优先性强制规则对私法性规范具有十分重要的意义,因为它的私法性质将直接影响其在内国的效力和适用。与私法性规范相对应的是公法性规范,在国际法中,公法性规范主要集中在国际经济法领域。私法性规范主要强调平等当事人之间地位平等并且对他们的利益作同等保护。私法性规范以任意性规范为主,如民法、商法等部门法涉及的法律规范主要是任意性规范。这是因为民商法等私法性规范发展到今天,意思自治原则已经是私法性规范的首要原则。需要明确的是,任何一个主权国家的国际私法意义上的优先性强制规则都是私法性规范,而私法性规范天然地具备了域外效力。这是因为基于国家间共同发展的需要,特别是在经济全球化的趋势下,原则上承认外国的私法在内国具备法律效力是必然要求。在2010年奥地利最高法院审理的"中国陶瓷模具案"中,[1]原告认为国际买卖合同无效,因为违反了中国合同法方面的强制性法律规范。但是审理该案件的法官认为,订立该合同的时间无法查明,即无法证实该合同是在文物出口前就已经订立了买卖合同,所以不能认定该合同违背了中国的强制性法律规范。因此,虽然奥地利的法官最终没有适用中国的法律,但是还是承认中国的强制性规范在其国内发生了法律效力,只不过这种情况不能适用中国法而已。

第三,国际合同法中的优先性强制规则不属于"直接适用的法"的范畴。承认"优先性强制规则"不是"直接适用的法"的一部分,但是和"直接适用的法"有一定联系,会直接影响有关法律部门立法原则和司法原则的确定。国际

---

〔1〕 黄植蔚:《论国际私法中"优先性强制规则"的性质与适用——以〈罗马条例Ⅰ〉第9条为视角》,载《东北大学学报(社会科学版)》2019年第2期。

私法上所讲的"直接适用的法",通常是指为实现国家重大社会利益而制定的直接适用于涉外民商事关系的具有强制效力的实体法律规范。[1] 顾名思义,"直接适用的法"强调的是这类法律规范的直接适用性,而完全不需要经过冲突规范的指引而得到适用。某一类实体性的法律规范之所以会被称为"直接适用的法",往往是因为它们涉及法院地国家的社会、政治、经济的重大利益或基本制度。"优先性强制规则"与"直接适用的法"有一定联系,特别是它们所保护的利益有可能都是涉及法院地国的公共利益,但是,这并不意味着"优先性强制规则"就是"直接适用的法"的一部分。首先,两者的适用方式不同。正如前文笔者所分析的,"优先性强制规则"的适用必须通过冲突规范的指引。这种"指引"有可能来自法院地国家参加的国际条约,也有可能来自法院地国家制定的国内法。事实上,已经有越来越多的国家开始注意到要通过国内立法的方式指引"优先性强制规则"的适用。其次,"优先性强制规则"不仅包括法院地国家的强制规范,还包括法院地以外的国家(如合同履行地国和合同缔结地国)的强制性规范。而目前学界所认同的"直接适用的法",通常仅仅是指法院地国家的法律规范。为了确保这些至关重要的国际交易牢牢地为内国所控制,为内国的经济目的或社会目的服务,内国自然力图将作为这些至关重要的特殊种类的国际合同置于自己法律的支配之下。[2] 最后,"优先性强制规则"特指国际合同关系领域的强制性规范,而"直接适用的法"所涉及的领域是比较宽广的,甚至有可能涉及侵权和婚姻家庭等领域。例如,在我国人民法院审理的"中国公民王某、张某泰国旅行结婚案"中,王某与张某在泰国旅行时,依据泰国的法律规范通过宗教方式缔结了婚姻关系。[3] 审理该案件的中国法官直接依据我国原《婚姻法》中的关于婚龄的强制性规定,从而认定他们的婚姻关系因违法而无效。

第四,国际私法中的优先性强制规则与强制性规则有一定联系,但是优先性强制规则有极其特殊的性质和适用方式。承认优先性强制规则属于强制性规则的范畴,有助于剖析这类法律规范优先适用的理论依据。实际上,强制性

[1] 刘仁山:《"直接适用的法"在我国的适用——兼评〈涉外民事关系法律适用法〉解释(一)第10条》,载《法商研究》2013年第3期。

[2] 邵景春:《国际合同法律适用论》,法律出版社1997年版,第135页。

[3] 刘仁山:《"直接适用的法"在我国的适用——兼评〈涉外民事关系法律适用法〉解释(一)第10条》,载《法商研究》2013年第3期。

规则是一个外延相当大的法学概念,存在于多个部门法之中,如刑法、诉讼法、行政法、国际仲裁法等。在国际仲裁法领域,强制性规则涉及的理论包含着一种希望:在国际商业领域促进某些种类的司法活动,如跨境监管。笔者认为,优先性强制规则与强制性规则有一定联系,特别是它们都不以当事人的意志为转移而得到适用。但是,这并不意味着强制性规则的外延与优先性强制规则完全一致。首先,优先性强制规则是国际私法学中特有的一个法学概念,在其他任何的部门法学中都不可能找到这一名词。因为该概念正式被提出来是在《罗马条例Ⅰ》颁布以后,而《罗马条例Ⅰ》是一部纯粹关于国际私法的国际条约。而强制性规则的概念的历史可谓源远流长。它出现的时间远远早于优先性强制规则,并且存在于多个部门法中。其次,优先性强制规则只可能是私法性规范的范畴,而强制性规则就不限于私法性规范的范畴。相反地,在公法性规范领域存在大量的强制性规则。通常认为,强制性规则包括义务性规范和禁止性规范。例如,《进出口商品检验法》第5条第2款规定:“前款规定的进口商品未经检验的,不准销售、使用;前款规定的出口商品未经检验合格的,不准出口。”该法律规范就是非常典型的公法性的、禁止性的强制规则。最后,与一般的强制性规则相比,优先性强制规则的适用往往会受到更多的限制。特别是适用法院地国以外的优先性强制规则时,司法人员往往需要考虑到各种各样的因素。例如,根据《罗马条例Ⅰ》第9条第3款的规定,认定合同履行地国的优先性强制规则具有优先效力的前提是,该优先性强制规则不得规定相关的国际合同为非法。而一般性的强制性规则的适用所受到的限制则少得多。在合同法领域,通过列举的方式规定哪些合同属于非法或者无效的合同是极为常见的现象。

二、国际合同法中“优先性强制规则”在内国的效力

(一)“优先性强制规则”在内国的效力原则

国际私法学界之所以对于承认外国私法性规范具有域外法律效力进行了长期而艰辛的探索,其中最有代表性的理由有两个:第一,以巴托鲁斯为代表的意大利后期注释法学派提出的“法则区别说”。注释法学派是罗马法复兴运动中形成的一个法学派别。该学派的主要特点是以注释方式研究罗马法,对罗马法的概念、原则、制度和规则进行解释和说明。其主要代表人物包括但不限于巴格诺的斯卡尔波、帕多瓦的阿尔德洛巴诺斯、巴勒莫的斯卡尔佩特拉

等，他们对罗马法的复兴和传播起到了重要作用，为现代民法的发展奠定了基础。该学派对于后来的民法学者产生了重要影响，其主要的活动地点包括意大利、法国、西班牙等地区的大学和研究机构，这些机构成为后来罗马法复兴运动的中心。总体来说，注释法学派在法学领域中具有重要意义，对现代民法的发展产生了非常深远的影响。早在 12 世纪初，意大利的注释法学派就逐渐地注意到了内国的法律在外国应该如何适用的问题。凡是"人的法则"，即调整人身关系的法律规范（如涉及当事人的权利能力和行为能力的法律规范，在国际合同领域主要体现为当事人的缔约能力），可以管辖其所有的属民。无论该主权国家的属民身处内国还是身处外国，该类法律规范具有同等的法律效力，并且内国原则上应该适用该外国的法律规范调整相应的人身关系。第二，萨维尼在 19 世纪中期提出的"法律关系本座说"。所有的国际民商事关系中都有一个"自然本座"，无论该"自然本座"处于哪一外国之中，内国都应该承认"自然本座"所在国的民商事法律规范的法律效力，并且内国的法院原则上应该适用该外国的相应的法律规范来调整相关的国际民商事关系。萨维尼的"法律关系本座说"对德国的国际私法理论以及英美国家的最密切联系理论都产生了极为深远的影响。[1] 值得说明的是，虽然萨维尼的著作体现了他异常惊艳的智慧，但是这并非完全源自他个人的智慧。[2]

（二）"优先性强制规则"在内国的效力例外

正如前文所述，优先性强制规则本质上是一种私法性规范。相对它们在内国拥有法律效力而言，这种法律规范在内国不发生法律效力是私法基本理论中的例外情形。与前文相同，这里也是探讨第三国的优先性强制规则。在目前的国际社会，国际合同的法律适用领域出现了内国的司法机构不承认外国私法性规范的情形。但是从整个国际私法领域来看，这种情况仍然属于罕见的情形。以《法国民法典》第 3 条第 2 款为例："凡合同的标的涉及位于法国的不动产，也不得因适用意思自治而受他国法律支配。"[3] 这一法律规范意味着，只要有关的国际合同涉及法国领土上的不动产，即使国际合同的当事人约定适用外国法，并且该外国法属于强制性法律的范畴，该法也不会因为当事人

〔1〕 Peter North & Fawcett & Cheshire, *Private Internation Law*, Butterworths, 1999, p. 22.

〔2〕 FK Juenger, *Private International Law or International Private Law*, The King's College Law Journal, Vol. 5, p. 40 – 62(1994).

〔3〕 谢石松：《国际私法学》，高等教育出版社 2017 年版，第 142 页。

的约定而在内国发生法律效力。在一个国家得到有效实施的政策工具，由于经济情况、社会规范和制度的不同，在另一个国家则可能是无效的。[1]

值得一提的是，在第三国的优先性强制规则在内国的适用问题上，有一个非常关键的问题是，内国能否援引国际私法中的公共秩序保留制度来排除相关第三国的优先性强制规则？在法律冲突过程的最后阶段，公共秩序保留制度才开始发挥作用。[2] 这一关键问题主要取决于两个方面的规定。第一，相关的国际条约在规定第三国的优先性强制规则时，究竟赋予了优先性强制规则多强的优先性？以前文提到过的《罗马条例Ⅰ》第9条第3款为例，立法者并没有使用类似于第9条第2款的用语，则意味着在内国的司法机构完全有权力根据《罗马条例Ⅰ》中的其他法律规范，排除第三国优先性强制规则的法律效力。第二，相关的国际条约有没有规定公共秩序保留条款？如果已经规定了相关的公共秩序保留的法律规范，缔约方根据相关的法律规范排除第三国的优先性强制规则就没有任何问题。而《罗马条例Ⅰ》第21条规定："凡依本条例规定所适用的任何国家的法律，仅在其适用明显地违背法院地的公共秩序时，方可予以拒绝适用。"[3]这一款规定意味着，如果缔约方的司法人员认为第三国的优先性强制规则明显违背法院地的公共秩序，司法人员就可以根据这一条款排除相关的法律规范。显然，当《罗马条例Ⅰ》的规定指向的外国法与内国的公共秩序相冲突时，本质上意味着成员方承担适用外国法的国际义务和维护内国公共秩序原则相冲突，此时《罗马条例Ⅰ》第21条维护内国公共秩序的规定非常恰当地体现了国际私法中的国家主权原则。

三、国际合同法中"优先性强制规则"在内国的适用问题

（一）"优先性强制规则"在内国适用的立法依据

如前文所述，优先性强制规则原则上在内国会发生法律效力，但是，与相关的法律规范相比，到底基于什么样的理由，促使内国承认优先性强制规则的

---

[1] UNDP, *The Bali Road Map*: Key Issue under Negotiation, 2008, p. 13.

[2] Adeline Chong, *The Public Policy and Mandatory Rule of Third Countries in International Contracts*, Journal of Private International Law, Vol. 2:1, p. 31(2006).

[3] 《罗马条例Ⅰ》第9条第2款规定："本条例的任何规定均不得限制法院地法中优先性强制规则的适用。"[Regulation (EC) No. 593/2008 of the European Parliament and of the Council of 17 June 2008 on the Law Applicable to Contractual Obligations.]

法律效力具有更优性？总体来看，德国学者克格尔的"利益论"最具有优势。[1] 笔者将该学说细分为"公共利益需求说"和"维护经济利益说"。

第一，"公共利益需求说"。[2] 该学说认为，优先性强制规则之所以具有优先的法律效力，是为了维护主权国家的公共利益。公共利益(public interest)，通常是指能够满足大家的根本利益及长远利益。它具有社会性，由全体成员共同享有或行使，违背它会引起社会共同体的不安和混乱。为了使人们自觉地维护社会公益，往往要借助一定的强制力量，并通过制定各种制度和规则来规范和引导人们的行为。这些制度和规则体现着公共利益的要求，并得到人们的普遍认可，成为人们普遍遵守的行为准则。"公共利益"是一个复杂的概念，它与人们的社会生活密切相关。在实践中，公共利益的实现程度与人们对公共利益的认同程度密切相关。因此在实践中，需要不断探索和总结经验，不断完善公共利益的实现方式和保障机制，以更好地维护公共利益，促进社会和谐发展。法律、法规和特别程序的通过应更好地保护个人或集体的权利和自由，并确保公共利益的持续性。[3] 这种学说主张，在欧洲法学判决的"Arblade and Couple 案"中，[4] 法国的两家建筑公司和员工签订了劳动合同以后，将他们派遣至比利时工作，但是他们的劳动合同违反了比利时劳动法中关于支付最低工资、缴纳社会保险和留存记录的要求。欧洲法院认为合同履行地法中的相关劳动法的某些条款属于优先性强制规则的范畴，并且进一步认为这些法律规范对于维护比利时的政治、社会和经济秩序至关重要，在比利时国家领域内的所有人和所有法律关系都必须遵守这些法律规范。与公共利益相对应的是个人利益，具体到国际合同中，指的就是国际合同当事人各自的个人利益。公共利益与个人利益的最大区别在于其非排他性，即公共利益具有公共性，是为不特定多数享有的而非某个特定人独享的利益。[5] 从国内法的角度而言，当个人利益和公共利益发生冲突时，优先维护公共利益没有任何不妥的地方。这也是世界各国立法和实践的通行做法。例如，我国原《合同法》第52 条明确规定，损害社会公共利益的合同为无效的合同。而随着全球化趋势

---

[1] 韩德培主编：《国际私法》，北京大学出版社、高等教育出版社 2014 年版，第 50 页。

[2] 韩德培主编：《国际私法》，北京大学出版社、高等教育出版社 2014 年版，第 50 页。

[3] United Nations Doc. HRI/Core/DJI/2010, p. 28.

[4] 黄植蔚：《论国际私法中"优先性强制规则"的性质与适用——以〈罗马条例Ⅰ〉第 9 条为视角》，载《东北大学学报(社会科学版)》2019 年第 2 期。

[5] 高志宏：《公共利益法律关系的主体论及其功能实现》，载《南京社会科学》2017 年第 6 期。

的不断加强，优先维护公共利益的做法也在国际法领域得到加强。立法者的用意也是相当明显的，即在个人利益和公共利益发生冲突时，鼓励各国积极主动地维护外国的公共利益，以达到主权国家之间形成互惠互助的局面。结合目前具体的国际形势来看，在各个领域都存在靠一个主权国家无法解决的问题，如国际洗钱、国际走私和国际追逃追赃等。如果一国的司法机关可以在国际合同领域中积极表现出维护外国公共利益的友好姿态，一定会有利于各国在其他领域谋求合作。特别是法院地国的司法机关在审理国际合同纠纷案件时，即使是国际合同的当事人一方甚至多方都拥有法院地国的国籍或者在法院地国进行注册，而私主体的个人利益恰好与外国的公共利益相互冲突，为了维护外国的公共利益而承认相关国家的法律规范的优先效力，这不仅使得承认公共利益的优先性具有了国际意义，更体现了主权国家之间积极谋求合作的国际合作精神。笔者认为，如果内国司法机构为了维护内国的公共利益的需要，必须承认内国的优先性强制规则法律效力的优先性，因为内国司法机构基于国家主权原则，积极主动地维护本国的公共利益，不仅符合国际法的基本理论，也符合国际通行做法。但是，这种学说没能很好地解释另外一种情形，即为什么内国司法机构要承认外国（包括合同履行地国）的优先性强制规则法律效力的优先性？主权国家之间公共利益冲突的缓和需要一个长期磨合、探索的过程，而且只要国际舞台上各民族仍然是以主权国家的形态出现，通过各国的努力，这种利益的冲突也只可能得到一定程度的缓和，而不可能达到完全调和的状态。

第二，"维护经济利益说"。[1] 首先应该明确何为经济利益。经济利益，是指通过生产、交换、分配和消费等经济活动所获得的经济好处。它涉及人类生产生活的各个领域，它能够促进经济的发展和提高人们的生活水平。经济利益可以通过提高效率、降低成本、创造需求、提供就业等方式获得。同时，经济利益也可能带来环境污染、资源过度消耗、贫富差距扩大等问题，因此需要平衡和协调好各方面的利益关系。该说认为，内国的司法机构之所以在一定条件下承认优先性强制规则优先的法律效力，是因为这类强制性规则在维护其相关国家的经济利益时起到了非常重要的作用，以至于内国的司法机构在调整相应的国际合同时，应该优先考虑适用相应国家的强制性规则。例如，我国

---

〔1〕 韩德培主编：《国际私法》，北京大学出版社、高等教育出版社 2014 年版，第 50 页。

原《合同法》第126条第2款规定："在中华人民共和国境内履行的中外合资经营企业合同、中外合作经营企业合同、中外合作勘探开发自然资源合同，适用中华人民共和国法律。"[1]根据这一条法律规范，可以认为原《中外合资经营企业法》《中外合作经营企业法》中的相关法律规范是优先性强制规则。显然，对于合同履行地的中国来说，这3类合同都有可能涉及中国重大的经济利益，特别是对这3类合同管理不力时，历史上在拉丁美洲就曾经出现过外国资本控制内国经济主权的历史事件。特别是第二次世界大战后，美国趁机扩张，称霸拉美，把它作为美国的后院，在拉美国家实行"自由贸易""自由企业""自由投资"三原则，为美资大量涌入拉美铺平了道路。[2]"维护经济利益说"的最大贡献在于，它最大限度地揭示了内国承认优先性强制规则的优先法律效力的动机，并不是政治上的利益，而是经济上的利益，特别是主权国家基于本国经济基础方面的考虑作出的立法。国际合同涉及的利益主要是经济利益，而且大多数情况涉及的主要是国际合同当事人之间的经济利益。而目前的主权国家，在经济制度层面普遍强调市场的基础性作用，即"看不见的手"对市场资源配置起到支撑作用，鼓励市场主体发挥其主观能动性，为自身创造经济利益的同时可以活跃国家的市场经济。不尊重市场在资源配置领域的决定性作用，不尊重市场经济规律，政府就会出现越位、乱作为，更好地发挥作用便无从谈起。[3]但是，市场调节是具有自发性和盲目性的特点，具体到国际市场领域，国际合同的当事人同样有可能为了追求自身经济利益的最大化而不顾市场秩序，从而作出不当的经济行为，由此引发的社会矛盾将不利于经济和社会的健康发展。此时，就需要主权国家的政府发挥其作用，通过颁布相关立法等方式调整国际市场主体间的经济利益关系。而且，随着时间的推进，相关的立法也应该根据相应的国际经济形势作出一定的调整，特别是随着经济全球化往纵深方向发展的同时，政府的立法就更加应该注意兼顾内国和外国各自的国际经济利益。优先性强制规则的优先性，恰恰就体现在当国际合同当事人不当的国际贸易行为违背了法院地国的优先性强制规则时，法院地国可以毫不犹

---

[1] 法规应用研究中心主编：《最高人民法院　最高人民检察院司法解释与指导案例（商事卷）》，中国法制出版社2016年版，第192页。

[2] 姚梅镇：《国际投资法》，武汉大学出版社1985年版，第75页。

[3] 王佳菲：《正确认识和运用"看不见的手"和"看得见的手"——学习习近平总书记关于政府和市场关系的系列论述》，载《经济研究》2016年第3期。

豫地适用本国的优先性强制规则规范他们的不当行为，以达到维护市场秩序的目的。但是，其中的困难之处在于，主权国家之间往往只能在自身的主权辖区内管理国际经济利益，超越该辖区就显得无能为力了。而优先性强制规则的另一项功能就是，要求法院地国在一定情况下承认外国特别是合同履行地国的优先性强制规则，以达到维护外国的经济利益的目的。《罗马条例Ⅰ》的立法者的用意恰恰在于，鼓励缔约方之间相互承认外国的优先性强制规则的优先效力，在管理国际经济层面达到合作共赢的状态。

（二）“优先性强制规则”在内国适用的司法依据

1. 国内法依据

就国内立法而言，大多数国家都会明确规定本国的优先性强制规则的适用路径，但是不同的国家会通过不同的立法方式来适用本国的优先性强制规则。例如，《比利时国际私法典》规定：“本法的规定不影响比利时法律中的强制性规定或公共政策的适用。根据法律或其特殊目的，强制性规定或公共政策旨在规制国际事项而不考虑根据冲突规则指定的法律。”[1]其中，公共政策问题超越了普通的法律选择问题。[2] 比利时在这方面的法律规范显然有它的本国特色。与根据该法的冲突规范指向的法律规范相比，比利时的公共政策也具有更加优先的效力。虽然笔者并不赞同这种“特色”的法律规范，但是这并不属于本章讨论的范畴。与内国适用本国的优先性强制规则相比，国际上关于适用第三国的优先性强制规则的立法显然少很多，但是随着国际化进程往纵深方向推进，这方面的立法也呈现增加的趋势。例如，《乌克兰国际私法》第14条规定：“法院可以适用与法律关系有密切联系的他国法的强制性规范，而不论与本法相关的准据法，但本条第1款规定的情形除外。同时，法院应考虑到此类规范的目的和性质，以及其适用或者不适用的后果。”[3]乌克兰的立法机构甚至还赋予了本国司法人员相当大的自由裁量权，以判断与“法律关系”密切联系的国家究竟是哪个国家。

---

〔1〕 李双元：《涉外民事关系法律适用法的制定研究》，湖南人民出版社2013年版，第115页。

〔2〕 Reimann, *Conflict of Laws in Western Europe: A Guide of Jungle*, Transnational Publishers, 1995, p. 368.

〔3〕 李双元：《涉外民事关系法律适用法的制定研究》，湖南人民出版社2013年版，第115页。

2. 国际法依据

与双边条约相比,优先性强制规则在地区性(特别是在欧盟地区)的条约方面所取得的进展显然是更加令人满意的。除上述提到过的《罗马条例Ⅰ》第9条中的相关规定外,早在1980年《罗马合同之债法律适用公约》(以下简称《罗马公约》)第7条第2款也有所规定:“本公约将不得限制法院地的强制性规则的适用,不管原应适用于合同的其他法律。”[1]很显然,《罗马公约》的这条规定与《罗马条例Ⅰ》第9条第2款的表述基本一致,说明欧盟成员国从20世纪80年代到今天,都特别注重保护与法院地有关的社会公共利益,甚至可以说把法院地的社会公共利益放在绝对优先保护的地位。欧盟各成员国对法院地国社会公共利益的态度,值得研究。与地区性的国际条约相比,优先性强制规则在普遍性的国际公约方面取得的成就则不太令人满意了。1978年《代理的法律适用公约》第16条和1983年《国际货物买卖合同法律适用公约草案》第7条第3款也都规定了与优先性强制规则相关的法律适用条款。但是这几个公约的缔约方数量有限,在国际上的效力范围与当今全球化的趋势并不相符。

四、关于对“优先性强制规则”的立法建议

我国立法机关在立法时仅考虑了法院地的公共利益,没有考虑法院地以外的其他国家的公共利益。而在2012年颁布的最高人民法院《关于适用〈中华人民共和国涉外民事关系法律适用法〉若干问题的解释(一)》(以下简称《法律适用法司法解释》)第10条也仅仅规定了《涉外民事关系法律适用法》第4条所指的强制性规定具体包括了哪些类型的法律规范,对于外国的强制性规范只字未提。笔者建议,相关的立法部门在修改立法或者颁布相应的司法解释时,对外国的优先性强制规则的适用也作出明确规定,以填补我国立法上的空白。笔者认为,立法者在修改相关立法时,应该特别注意以下3个方面的问题。

第一,在多大程度上赋予司法人员认定外国优先性强制规则的自由裁量权问题。在这方面赋予司法人员自由裁量权涉及很复杂的法律技术问题,如

---

[1] [加]威廉·泰特雷:《国际冲突法——普通法、大陆法及海事法》,刘兴莉译,法律出版社2003年版,第707页。

哪些法律规范属于强制性规范的问题。首先,可以明确的是,每个主权国家的优先性强制规则都不可能是完全相同的,法院地国的立法者也不可能用列举式来囊括所有相关的法律规范。在涉及具体的国际合同纠纷案件时,法院地国的司法人员都必须根据案件的具体情形来判断案件所适用的法律规范。当然,至少要确定优先性强制规则是私法性的法律规范,而且是用来调整与国际合同关系有关的、横向的平等主体之间的法律规范。立法者应该在立法中采取列举加兜底条款的方法,明确规定优先性强制规则包括但不限于原《中外合资经营企业法》、原《中外合作经营企业法》、《劳动合同法》和《消费者权益保护法》。笔者之所以作出这样的立法建议,除考虑到目前国际合同法上有关优先性强制规则集中在这些领域的趋势外,也考虑到各个主权国家调整本国国际合同的法律规范的内容和差异较大。其次,司法人员难以通过任何固定的标准来确定与相关的国际合同有密切联系的国家,因为相关的国际合同与某一个或者多个国家存在什么程度的联系,司法人员需要考虑很多的因素,而且在什么情况下就可以认为相关的国际合同与某主权国家之间的联系达到了"密切"的程度,也是一个涉及复杂的法律技术的问题。况且,很多学者对应该适用"密切联系"还是"最密切联系"国家的法律规范看法不一样。例如,1987年《瑞士联邦国际私法》第19条就明确规定,当合法利益需要保护,法官可以适用与某外国有着最密切联系国家的法律。[1] 如果第三国仅被要求与合同有紧密或显著的联系,那么如何定义这种必要的联系?因此,最好的立法形式是效仿《罗马条例Ⅰ》第9条第3款的规定,要求司法人员仅仅对合同履行地国的优先性强制规则作出适当的考虑,而无须对其他国家的法律规范给予任何关心。

第二,我国的司法人员在适用外国的优先性强制规则时,是否应该考虑适用第三国强制性规则的后果问题。如果外国的优先性强制规则明显违反法院地国的社会公共秩序,除非适用该外国的优先性强制规则是一项国际条约义务,否则该外国的优先性强制规则都不应该在内国得到适用。事实上,任何外国的优先性强制规则背后都蕴藏该主权国家重要的公共利益,特别是在国际投资合同等领域,明显涉及主权国家的公共利益。而法院地国的社会公共秩序和公共政策背后代表的也是该国的社会公共利益,如果外国的优先性强制

---

〔1〕 李双元:《涉外民事关系法律适用法的制定研究》,湖南人民出版社2013年版,第93页。

规则和法院地国的公共秩序相冲突,实际上意味着外国的公共利益和内国的社会利益相冲突。此时,法院地国优先保护内国的公共利益完全是符合国际法的基本理论和国际实践的。一国法院同样不会承认违反国内公共利益的外法域法律。[1] 另外,《罗马条例Ⅰ》所体现的最新的国际私法理论认为,法院地国的司法人员在适用优先性强制规则时,需要重点考虑的一个后果是,合同履行地国家的优先性强制规则的适用是否会导致相关的国际合同的履行归于非法?合同违法,是指合同的订立或履行与禁止这种订立或履行的强制性法律规则相抵触。[2] 《罗马条例Ⅰ》之所以这样规定,是因为立法者考虑与保护合同履行地国的公共利益相比,保护国际合同当事人之间合同关系的稳定性应该具有优先性。如果司法人员依据合同履行地国的优先性强制规则认定相关的国际合同非法,那么将引起一系列的恶性的法律后果,如合同无效。[3] 显然,这与当事人之间缔结国际合同时的预期是完全相违背的。

第三,司法人员在适用外国优先性强制规则时,是否应该优先考虑国际合同当事人对国际合同准据法的选择问题。在国际民商事关系方面,当事人既然有权按照他们自己的意志协议创设某种权利义务关系,他们当然也有权来决定适用他们之间的协议的法律。这两个方面应该是一致地、有机地结合在一个合同之中。[4] 值得一提的是,目前,包括英国在内的许多国家也都不要求当事人所选择的法律规范必须与国际合同有一定联系。[5] 甚至有学者认为,国际合同的当事人在行使法律选择权时,不应该受到限制是一种理想的做法。[6] 如果说,立法者认为当事人自选法与第三国优先性强制规则相冲突时,仍然优先适用当事人选择的法律,那么可以说这是把意思自治原则提高到了一个非常高的地位,在有的国家的立法中,就体现了意思自治原则极为崇高的地位,如2000年《阿塞拜疆共和国国际私法》第5条第2款就规定:"若对一国法律的适用导致与案件有密切联系的第三国之强制性法律规范的适用,只要其不涉及协议选择的法律,第三国规范可优先适用。在决定准予优先适用该

〔1〕 张潇剑:《国际私法上的公共政策机制之剖析》,载《法学评论》2005年第4期。

〔2〕 黄忠:《违法合同的效力判定路径之辨识》,载《法学家》2010年第5期。

〔3〕 合同无效可以区分为合同全部无效和合同部分无效。

〔4〕 谢石松:《国际私法学》,高等教育出版社2017年版,第136页。

〔5〕 Lawrence Collins & Dicey, *Morris and Collins on the Conflict of Laws*, 14*th ed.*, Sweet & Maxwell, 2006, p. 1567.

〔6〕 Peter Nygh, *Autonomy in International Contract*, Clarendon Press, 1999, p. 8.

规范时,须考虑该规范的本质、目的以及适用的结果。"[1] 由此可见,阿塞拜疆的立法者认为,国际合同当事人"协议选择的法律"的法律效力甚至还优先于第三国强制性规则。这是和《罗马条例Ⅰ》最大的区别。虽然意思自治原则在国际私法领域具有崇高的地位,但是自从该原则被提出之日起,包括其提出者杜摩兰在内的绝大部分学者都认为应该对其加以一定的限制。而这种限制体现在优先性强制规则方面,即国际合同当事人对合同准据法的选择不得与优先性强制规则相冲突。首先,这种限制本质上是对当事人所选法律的性质的限制。国际私法调整国际民商事关系的法律规范都是私法性规范。显然,绝大部分的私法性规范都是任意性规范,因此可以由国际合同的当事人合意选择而得到适用。任意性规范与意思自治可谓相伴而生、相随成长。[2] 但是,还有极小部分的私法性规范属于强制性规范的范畴,如在本节中深入讨论的优先性强制规则就属于强制性规范。国际合同当事人的自由意志在强制性规范的范畴内并不起任何作用。从更加深层次的角度来说,在国际合同当事人的自由意志和主权国家的国家意志相冲突时,应该首先尊重主权国家的意志,即使这个主权国家是外国。其次,这种限制还体现在国际合同当事人对选择法律的地域空间范围的限制。例如,根据前文提到过的《合同法》第126条第2款的规定,在"我国境内履行"的3种类型的国际合同,当事人的选择合同准据法的自由意志就完全受到了限制,当事人之间的选择非中国法律的条款很可能不被承认。从地域空间范围(尤其是对合同履行地)的角度对意思自治原则作出限制是比较合理的,因为随着经济全球化趋势的不断加强,国际合同的履行往往不可避免地要受到合同履行地国的法律的影响。即使当事人约定了适用合同履行地国以外的其他国家的法律规范,这种约定也有可能被合同履行地国的执法人员和司法人员认为无效,从而对国际合同当事人之间的利益造成无可挽回的损失。

---

[1] 李双元:《涉外民事关系法律适用法的制定研究》,湖南人民出版社2013年版,第116页。

[2] 刘恬:《任意性规范与意思自治关系之德国法考察》,载《郑州大学学报(哲学社会科学版)》2012年第3期。

第二节　国际经济法中的第三国强制性规范

一、国际经济法中的第三国强制性规范的界定

本节所提到的第三国强制性规范,仅是指国际经济法意义上的第三国强制性规范。虽然它属于国际经济法的范畴,但是它和国际私法有一定联系。与目前国际私法学界看法不同的是,笔者认为,虽然第三国强制性规范的确定需要依赖于法律适用规范,但是这并不意味着第三国强制性规范是国际私法的一部分,相反,它所调整的对象决定了它是国际经济法的一部分。第三国强制性规范的界定主要涉及以下3个较复杂的问题。

第一,应该依据相关的冲突规范来确定具体的"第三国"。需要明确的是,法律适用规范是不直接规定当事人之间实体权利义务内容的法律规范。通常而言,"第三国"是指除法院地国和准据法所属国以外的所有国家。例如,2004年《比利时国际私法典》第20条第2款规定:"根据本法规定适用一个国家的法律时,可以适用与案件有密切联系的另一国家的强制性规范或者公共政策,并且只要根据另一国家的法律,这些规则应予以适用而不考虑其他法律的适用。在决定是否适用这些强制性规则时,应对强制性规则的性质、目的以及适用或者不适用的结果加以考虑。"[1]在审理相关案件时,比利时的法官或者仲裁员应该依据该规范,行使自己的自由裁量权,并最终认定与案件有密切联系的"另一国"。值得一提的是,该法律适用规范中的"另一国"不一定就是指某一个国家,因为案件可以和多个国家有密切联系,所以在特定情况下相关人员必须考虑与案件有密切联系的多个国家的强制性规范。

值得一提的是,司法机构或者仲裁庭在行使自由裁量权时,虽然法官和仲裁员不可能依据统一的标准来认定某一案件与第三国有足够密切的联系,但是立法者应该在法律规范中明确规定法官和仲裁员应该考虑哪些与案件有关的因素。关于国际经济法中的第三国强制性规范的适用,美国的地方法院在审理相关案件时同样首先考虑"合同履行地"与案件的联系程度。在"雷曼兄弟公司诉中国五金矿产进出口公司案"中,[2]中国五金矿产进出口公司为其子公司五矿有色金属贸易公司提供担保,并与雷曼兄弟公司签订外汇担保合同。

---

〔1〕 李双元:《涉外民事关系法律适用法的制定研究》,湖南人民出版社2013年版,第115页。

〔2〕 Dornberger v. Metropolitan Life Ins. Co. 196 F. Supp. 506, 530(S. D. N. Y. 1997).

纽约法院认为,如果担保合同履行地不在中国,则作为"第三国"法的中国强制性规范的域外效力在法律和事实层面都很难获得承认。[1] 纽约法院的言下之意就是,合同履行地在中国是考虑适用中国强制性规范的前提条件,而具体到该案件,该合同的部分重要交易活动发生在中国境内。值得注意的是,在该案件中,"合同履行地国"就是法律适用规范所指的"第三国",虽然当事人选择的合同准据法为美国特拉华州的法律,但是作为"第三国"法的中国法明显与合同具有密切联系。如果适用特拉华州的法律并且认定该担保合同有效,则会使中国法所维护的公共利益遭受损失,因此美国纽约的法院最终认为应该依据中国法认定该合同无效。另外,如果国际经济法中的第三国强制性规范仅仅局限于对国际合同领域的调整,那么在可以预见的将来会出现法律滞后性问题。因为在国际经济活动领域,虽然绝大部分的国际经济活动都通过合同的形式表现出来,但是有小部分的国际经济活动会涉及侵权问题。在立法上,更为科学的立法模式是把第三国强制性规范的适用规定《法律适用法》的总则部分,而不仅仅是考虑在合同领域的适用。

第二,国际经济法中的第三国强制性规范属于公法性规范的范畴。确定第三国强制性规范的公法性质具有十分重要的意义,因为它的公法性质将直接影响其在内国的效力和适用。关于这一问题,笔者将在下文展开论述。法学界普遍认同,公法性规范主要强调的是对公共利益的特别保护以及个人利益对公共利益的服从。乌尔比安在其《学说汇纂》中明确提到:"它们有的造福于公共利益,有的造福于私人。公法见于宗教事务、宗教机构和国家管理机构之中。"[2] 挪威有学者认为,涉及国家行为或者市政当局的法律关系可以被称为"公共",而私人当事方之间的关系,如商业交易或者侵权,可以被称为"私人"。[3] 不可否认的是,公法性规范以强制性规范为主,如诉讼法、行政法、经济法、刑法等部门法涉及的法律规范主要是强制性规范。第三国强制性规范主要调整的领域为进出口管理领域、外汇交易领域和反垄断领域,而调整这些领域的法律规范具有明显的公法性规范特征。需要明确的是,绝大部分的第

[1] 肖永平、董金鑫:《中国强制性规范在美国适用的方法探析——以纽约南部地区法院审理的"雷曼兄弟案为中心"》,载《比较法研究》2014 年第 3 期。

[2] 刘奇英:《公法与私法交融视域下惩罚性赔偿的法律性质及其制度功能》,载《晋阳学刊》2018 年第 3 期。

[3] Simply, *Scandinavian Institute of Maritime Law Yearbook*, Scandinavian Inst. Mar. L. Y. B. Vo1. 1, p. 1 – 106(2014).

三国强制性规范在内国都没有法律效力，只有极少部分的第三国强制性规范有可能会在内国发生法律效力，这是因为第三国强制性规范主要保护的是该第三国在国际经济法关系中的重大经济、社会甚至政治利益。在英国法院判决的“雷加佐尼诉塞蒂亚案”中，当事人双方签订买卖黄麻的合同，并且约定合同的准据法是英国法，但是这批货物需从印度出口至南非。而根据印度的进出口管理法，禁止从印度出口黄麻到南非。印度制定这一法律规范是基于其国际政治利益的考虑，特别是“南非印度人问题”[1]一度导致印度和南非在国际经济和国际政治上的关系异常紧张。毫无疑问的是，对本国国际政治利益的保护，完全是属于公法性规范调整的范围。值得注意的是，英国法院之所以承认印度的进出口管理法的域外效力，在很大程度上是考虑印度是英联邦的成员国之一。为了维护英印两国的友好关系，英国在司法层面维护印度的国际利益仍属于合情合理。

第三，国际经济法中的第三国强制性规范与国际私法的联系。对这一问题的讨论之所以必要，最重要的理由是：承认第三国强制性规范不是国际私法的范畴，但是与国际私法有一定联系，这会直接影响有关法律部门立法原则和司法原则的确定。国际私法是调整国际民商事关系的法律规范的总和，包括冲突规范和实体规范。例如，“法律选择规则”和“法律冲突规则”，这些术语往往是指狭义上的国际私法，不包括有关的管辖权规范和承认与执行的规范。[2]目前，国际私法学界普遍认为第三国强制性规范是国际私法的一部分，因此在国际私法的理论基础上来探讨第三国强制性规范的性质、效力和适用问题。笔者认为，第三国强制性规范与国际私法有一定联系，但这不意味着它是国际私法的一部分。首先，第三国强制性规范和国际私法规范的调整对象都含有国际因素。这种“国际”因素，是指其调整的社会关系具有国际性，其调整的对象与两个或者两个以上的国家有关，特别是与两个或者两个以上国家的经济利益或政治利益有关。在司法实践中，任何一个国家的审判机构在审判涉外民商事案件时，必然要考虑其本国的国际利益。这是全球化趋势下的必然要求。其次，第三国强制性规范和国际私法都可以通过间接调整方法而得以适

---

〔1〕 徐国庆：《南非印度人问题与尼赫鲁政府时期的印度对南非政策》，载《西亚非洲》2011 年第 4 期。

〔2〕 Friedrich K. Juenger, *Private International Law or International Private Law*, The King's College Law Journal, Vol. 5, p. 45 – 62(1994).

用。需要明确的是,间接调整方法是指需要通过冲突规范及其援引的实体规范相结合才能确定当事人间实体权利义务内容的调整方法。例如,根据1987年《瑞士联邦国际私法》第19条的规定,“当合法的利益需要保护,并且显然诉讼与某外国法律有密切联系,有必要适用该法律时,根据法律的立法宗旨和法官的自由裁量权,可不适用本法指定的法律而适用该法律”。[1] 显然,瑞士的司法机构和仲裁机构必须依据这一条法律适用规范来确定第三国强制性规范的适用,这是一种典型的间接调整方法。值得注意的是,不能因为第三国强制性规范和国际私法都可以采用间接调整方法,就片面地认为第三国强制性规范属于国际私法的范畴;更不能因为某些国家的立法者把类似的法律规范编入国际私法典中,就认为第三国强制性规范属于国际私法的范畴。而把第三国强制性规范界定为国际经济法还是国际私法,会直接影响应该在什么样的原则下制定与第三国强制性规范相关的法律规范,以及应该在什么样的原则下实施相关的第三国强制性规范这一极为现实的问题。

二、国际经济法中的第三国强制性规范在内国的效力问题

(一)国际经济法中的第三国强制性规范在内国的效力原则

国际经济法中的第三国强制性规范在内国原则上没有法律效力。正如前文所述,第三国强制性规范属于公法性规范的范畴,而国际法学界所公认的是公法性规范原则上没有域外效力,因此内国的司法机构原则上不会适用第三国的公法性规范来裁判案件,当事人也不会依据第三国的公法性规范来确定自己的行为准则。这也可以简称为公法禁忌原则。按照萨维尼的理论,私法具有国际的等价性和互换性,各国之间可以相互适用对方的私法。但公法却不具有此种性质,各国通常不会主动适用对方国家的公法。[2] 从更加深的层次而言,只要国际社会的主体仍然是主权国家,并且各个主权国家通过制定一系列的公法性规范维护彼此间各不相同的公共利益,那么内国公法性规范的法律效力就不可能大面积地获得外国司法机构的承认。

公法性规范没有域外效力的理由主要有两个:其一,内国司法机构必须要尊重外国司法主权。第三国依据其本国的公法性规范管理其国内事务,完全

[1] 李双元:《涉外民事关系法律适用法的制定研究》,湖南人民出版社2013年版,第118页。
[2] 杜涛:《国际私法原理》,复旦大学出版社2014年版,第53页。

是其主权范围内的事情,其他国家不能也不应该行使该权力。在上述的“雷加佐尼诉塞蒂亚案”中,英国法院根据印度的进出口管理法认定当事人之间的合同无效,实际上意味着英国法院在行使本来应该由印度政府行使的管理权力。从理论上讲,这是一种“僭越”以及对外国主权的不尊重。私法调整的是私方当事人之间的法律关系,而公法调整的法律关系的当事人一方必定是国家机构或者有关机关,若法院地法律适用规范涉及此类法律关系,必然会损及他国主权。[1] 其二,内国司法机构没有维护外国公共利益的义务。外国立法机构制定公法性规范的目的主要是维护其本国的公共利益,而维护本国公共利益理所应当是其本国司法机构的任务。即使公法性规范的制定国允许其他国家行使这项管理权,其他国家的司法机构也没有必要为了维护外国的公共利益而耗费自己国家的司法资源。公法关注的是国家利益,并在国际交往中追求本国自身的利益,推行其政治目标,而法院地国是没有义务执行某外国的公法而维护并促进该外国国家的利益和政治目标的。[2]

(二)国际经济法的第三国强制性规范在内国的效力例外

相对国际经济法中的第三国强制性规范在内国没有法律效力而言,这种法律规范在内国发生法律效力是对“公法禁忌”原则的突破。就目前的实践而言,国际经济法中的第三国强制性规范主要集中在进出口管理领域、外汇交易领域和反垄断领域。根据公法禁忌原则,一个国家的进出口管理法、外汇管理法和反垄断法中的绝大部分法律规范的法律效力不会、也不应该获得外国司法机构或仲裁机构的承认。但是,目前又确实出现了一国司法机构或者仲裁机构承认第三国强制性规范的情况。因为强调一个国家的公法性规范绝对没有域外效力,在一定程度上会为当事人逃避这些法律规范提供便利。解决国际民商事纠纷的实际需要,是适用外国公法的动因之一。[3] 随着经济全球化进程的加快,这种情况的趋势在不断地增强。在全球化背景下,各国在反垄断、反贿赂、环境治理、弱者保护等领域上的价值共识与法律合意逐渐浮现,承认这些领域外国公法的效力,也是主权国家积极参与全球治理的题中之义。[4]

---

〔1〕 Szaszy, *Conflicts of Laws in the Western, Socialist and Developing Countries*, Stanford Law Review, Vol. 13:3, p. 251 -252(1980).

〔2〕 胡永庆:《论公法规范在国际私法中的地位——“直接适用的法”问题的展开》,载《法律科学》1999 年第 4 期。

〔3〕 US SEC v. Manterfield, EWCA Civ 27;Robb Evans v. European Bank Limited, 2004, p. 82.

〔4〕 肖永平、龙威狄:《论中国国际私法中的强制性规范》,载《中国社会科学》2012 年第 10 期。

但是,从整个国际经济法领域来看,这种情况仍然属于罕见的情形。以我国《外汇管理条例》为例,该法一共有 54 条法律条文,但只有个别的法律条文的法律效力有可能为外国的司法机构或者仲裁机构所承认。在美国纽约法院审理的"雷曼兄弟公司诉中国五金矿产进出口公司案"中,双方当事人选择美国特拉华州的法律。根据《外汇管理条例》第 19 条的规定,"提供对外担保,应当向外汇管理机关提出申请,由外汇管理机关根据申请人的资产负债等情况作出批准或者不批准的决定"。[1] 纽约法院认为,由于双方当事人之间签订的担保合同不符合中国《外汇管理条例》的规定,因此双方的法律选择条款无效。美国纽约法院事实上认可了《外汇管理条例》第 19 条的域外法律效力。这是我国可能被外国司法机构承认的、为数不多的管理性规范之一。

三、国际经济法中的第三国强制性规范在内国的适用问题

(一)国际经济法中的第三国强制性规范在内国适用的立法依据

如前所述,一个国家制定的管理国际经济活动的公法性规范原则上并没有域外法律效力,在一般情况下都只能在该制定国的法域范围内发生法律效力。世界各国只是基于方方面面的原因,在例外情况下,基于一定的条件才会承认第三国强制性规范在内国的法律效力。但是,到底基于什么样的理由促使世界各国承认第三国强制性规范的法律效力,即承认外国公法性规范法律效力的立法依据是什么,在不同国家的不同历史时期则存在不同的理论学说,总体来说主要存在以下几种:

第一,"互惠说"。作为内国法院承认第三国强制性规范立法依据的"互惠说",就是指一国法律之所以规定在一定条件下承认第三国强制性规范的域外效力,是因为它期望本国的强制性规范的域外效力在同样的情况下可以获得外国法院或者仲裁机构的承认。这一学说主张,内国之所以承认第三国强制性规范的域外效力,完全是基于本国利益的考虑,即希望本国的强制性规范的域外效力能够得到相关外国的承认。美国的威廉姆斯·道奇教授主张,承认外国公法对各国法院来说是一种共赢的选择。[2] 该学说比较接近于一国承认

---

[1] 司法部主编:《新编中华人民共和国常用法律法规全书》,中国法制出版社 2019 年版,第 1117 页。

[2] Williams Dodge, *Breaking the Public Law Taboo*, Harvard International Law Journal, Vol. 43:1, p. 161 – 236(2002).

外国公法性规范的域外效力的真实依据,但是它远远未能解释清楚承认外国公法性法律规范的域外效力的真实原因。比如,在"伊朗政府诉巴拉卡特美术馆案"中,[1]根据伊朗的进出口管理法,英国法院认为,位于英国伦敦的巴拉卡特美术馆占据从伊朗古墓中盗掘出来的文物,是非法占有行为,并且承认这批文物的所有权归伊朗政府。英国法院承认伊朗的进出口管理法的域外效力,是因为当今的国际社会趋向相互协助打击文物的非法跨国流动。从根本上说,这是一种互惠互助的行为。"互惠说"最大的贡献在于,它最大限度地揭示了内国承认第三国强制性规范的域外效力的动机。

第二,"维护善良风俗说"。该学说认为,违反第三国强制性规范是指一种违反内国善良风俗的行为;为了维护内国的善良风俗,内国的司法机构或者仲裁机构可以认为有关的合同无效。这一学说主张第三国的强制性规范和内国的善良风俗息息相关,违反了第三国强制性规范等同于违反了内国的善良风俗。当案情与第三国存在足够联系时,法官基于现实的考虑也应该适用准据法以外的外国公序法。[2] 首先,该学说没有说明第三国强制性规范和内国的善良风俗的具体联系,更加没有说明第三国强制性规范在内国产生法律效力的原因。比如在"尼日利亚文化产品走私案"中,[3]双方当事人约定合同适用德国法,但是当时尼日利亚的进出口管理法明令禁止这类文化产品的出口,德国最高法院认为,当事人故意违反第三国的进出口管理法,是一种违背德国善良风俗的情形。根据《德国民法典》第138条的规定,[4]该合同为无效的合同。德国最高法院的做法,实际上是承认了第三国强制性规范在德国的效力并且执行了该强制性规范,因为假如尼日利亚的进出口管理法允许这类文化产品自由出口,则根本不会产生违背德国善良风俗的问题。不得不指出的是,在该案中德国法院的判决根本没有说明德国国内的善良风俗和尼日利亚的进出口管理法有什么程度的联系,以及忽视这种联系是否会对德国的国际利益造成影响以及造成什么程度的影响。德国最高法院直接认为尼日利亚的强制性法

---

〔1〕 黄植蔚:《论国际经济法中第三国强制性规范的性质与适用》,载《安徽大学学报(哲学社会科学版)》2017年第3期。

〔2〕 [法]巴迪福·拉加德:《国际私法总论》,陈洪武译,中国对外翻译出版社公司1989年版,第351页。

〔3〕 黄植蔚:《论国际经济法中第三国强制性规范的性质与适用》,载《安徽大学学报(哲学社会科学版)》2017年第3期。

〔4〕 杜景林、卢谌译:《德国民法典》,中国政法大学出版社2014年版,第28页。

律和德国国内的善良风俗具有一定联系，似乎缺乏说服力。

第三，“国际礼让说”。“国际礼让说”主张，内国的法院或者仲裁机构承认第三国强制性规范，并不是因为第三国强制性规范具有什么域外法律效力，而完全是因为基于内国对该外国的一种“礼让”而作出的行为。“国际礼让说”是由17世纪以胡伯为代表的荷兰法学派所创立，这一学说强调的是国家主权原则。直至目前，“礼让说”仍然是国家间相互交往的一项行为准则和所追求的目标之一。[1] 根据这一学说，是否承认第三国强制性规范完全是一个国家主权范围内的事情；第三国强制性规范并不当然具有域外法律效力；而各国法院或者仲裁机构一般只是基于国际礼让的考虑才适用第三国强制性规范。正如美国学者斯托雷所说：“在使用国际礼让这一术语时，不仅不存在用词不当的问题，而且可以说这一术语最恰当地表达了一国法律在他国领域内承担义务的范围和基础。法律的域外效力完全源于他国的自愿同意，而当该法律与他国众所周知的政策相抵触或有损其利益的实效，它就不能被适用。”[2] 欧洲也有学者认为，从维护交易安全的角度考虑，应适用第三国“直接适用的法”，而不应先验地概括反对适用第三国“直接适用的法”，应以个案分析来决定。适用第三国“直接适用的法”有利于实现案件判决的国际协调，出于国际礼让，也应该适用第三国“直接适用的法”。[3] 在上述的“雷加佐尼诉塞蒂亚案”中，受学者的影响，英国法院也认为，英国法院根据印度的进出口管理法来认定当事人之间的合同无效，完全是因为国际礼让的要求。国际礼让实际上把适用第三国强制性规范的问题提高到国家主权的高度来考虑。在一个国家主权领土范围内，第三国强制性规范原则上并没有法律效力，这一学说基本上符合法理要求和当今国际社会的立法以及司法实践。

（二）国际经济法中的第三国强制性规范在内国适用的司法依据

当今的国际社会，世界各国相互平等，主权相互独立，一国立法机构所制定的公法性规范原则上只会在制定国境内发生法律效力，并不当然具有域外效力。但是，随着经济全球化进程的不断加快，国与国之间的联系只会日益密切，任何一个主权国家都无法也不应该独立于国际社会而谋求自身的发展。全球化是现代人类历史中最重要的部分之一，世界越来越意识到我们的地球

[1] 张潇剑：《国际私法上的公共政策机制之剖析》，载《法学评论》2005年第4期。
[2] 邓正来：《美国现代国际私法流派》，中国政法大学出版社2005年版，第14页。
[3] 肖永平主编：《欧盟统一国际私法研究》，武汉大学出版社2002年版，第48页。

更小,更像蜘蛛网,即使是一个小地方最小的运动也会引起整个网络的共鸣。[1] 所以,各国为了谋求生存和发展,就必须积极主动地同其他国家合作,就必须在一定条件下承认外国的公法性规范的法律效力。综观世界各国的司法实践,各国的法院只可能根据其所属国的立法——包括国内立法和国际立法——来承认第三国公法性规范的域外效力。

1. 国内法依据

就国内立法而言,现在只有为数不多的国家在其国内法中规定内国法院承认第三国强制性规范的义务,并且确定适用第三国强制性规范的条件。有的国家在其民法典中的某一编规定这一义务,如 2001 年《俄罗斯联邦民法典》第 1192 条规定:"在适用任一国家法律时,如果根据该国法律规定,法院必须适用与法律关系有紧密联系的另一国的强制性规范去调整相应法律关系而不必顾及准据法,则法院可根据本编规定,考虑适用该另一国家的这类规范。同时,法院必须考虑这类规范的目的和性质以及适用和不予适用的后果。"[2] 也有的国家在其国际私法典中规定这一义务,如 1987 年《瑞士联邦国际私法》第 19 条。美国作为典型的判例法国家,通过造法性的判例,为第三国强制性规范在美国国内的适用提供了可能性。美国学者把这些判例所蕴含的法律规范编撰入《第二次冲突法重述》(以下简称《重述》),其中第 187 条第 2 款就是关于第三国强制性规范适用的规定。虽然一些国家把这些与国际民商事关系有关的、管理性的公法性规范的适用问题规定在国际私法典中,但这并不意味着这些公法性规范是国际私法的一部分。

2. 国际法依据

在双边条约方面,国际社会为了谋求制定统一的承认与执行外国法院判决的公约做出了不懈努力。虽然由于各国立法中关于承认第三国强制性规范的条件相差太大,甚至有的国家根本就不承认第三国强制性规范在本国的效力,各国利益难以协调,致使世界各国所缔结的有关承认第三国强制性规范的国际公约至今还为数不多,并不能适应当今国际社会发展的需要,但还是取得了一定的成就。美国为了使其本国的《谢尔曼法》的部分条款具有域外效力,

---

〔1〕 Jarmila Vidova, *Globalization and New Socio-Economic Processes*, 31 *Economic and Social Development, International Scientific Conference on Economic and Social Development*, The Legal Challenges of Modern World, Vol. 31, p. 211 – 218(2018).

〔2〕 李双元:《涉外民事关系法律适用法的制定研究》,湖南人民出版社 2013 年版,第 116 页。

就特别热衷于在反垄断法领域和其他国家通过签订双边条约的方式达成一致,如1999年《日本政府和美利坚合众国政府关于反竞争活动问题上合作的协定》。德国、澳大利亚、加拿大、巴西、以色列、墨西哥与美国在反垄断领域都签订了类似的双边协议。

在多边条约方面,特别是在地区性条约方面的成就给国际社会在司法领域所进行的合作产生了积极影响,如欧洲国家所签订的《罗马公约》第7条第1款就规定:如果合同约定适用一国的法律,如依照有关情况,合同和另一国家有密切联系,则可以认为另一国的强制性规定有效。在考虑该国的强制性规定的有效与否时,应该注意此种规定的性质和目的,以及适用和不适用的后果。[1] 这条法律适用规范意味着该公约的成员方在一定条件下有义务考虑第三国强制性规范的域外效力。很显然,根据这条法律规范,公约成员方并不必然适用第三国强制性法律规范,只是在特定的情况下,应该"考虑"到第三国强制性法律规范的适用。另外,1969年《比卢荷关于国际私法统一法的条约》第13条也有类似规定。

四、关于对第三国强制性规范的立法建议

我国《涉外民事关系法律适用法》第4条规定:"中华人民共和国法律对涉外民事关系有强制性规定的,直接适用该强制性规定。"[2]可见,我国国内法仅仅规定了我国强制性规范的适用,完全忽视了第三国强制性规范的适用。这意味着目前国内的司法机构和仲裁机构不可能在国内法上找到适用第三国强制性规范的法律依据。我国法院在实践中已经遇到此类问题,在"厦门厦友集装箱制造有限公司与韩国现代综合商事株式会社国际货物买卖合同纠纷上诉案"中,二审法院无法对合同是否违反韩国强行法进行判断。[3] 笔者建议,相关的立法部门在以后修改《涉外民事关系法律适用法》时对第三国强制性规范的适用作出明确的规定。立法者在修改《涉外民事关系法律适用法》时需要特别注意以下三个方面的问题。

---

〔1〕 [加]威廉·泰特雷:《国际冲突法——普通法、大陆法及海事法》,刘兴莉译,法律出版社2003年版,第707页。

〔2〕 法规应用研究中心主编:《最高人民法院 最高人民检察院司法解释与指导案例(商事卷)》,中国法制出版社2016年版,第1150页。

〔3〕 杜涛:《国际私法原理》,复旦大学出版社2014年版,第119页。

第一,在多大程度上赋予法官或者仲裁员认定第三国强制性规范的自由裁量权问题。如果要在我国的立法中规定适用第三国强制性规范,那么在多大程度上赋予法官或者仲裁员在第三国强制性规范适用上的自由裁量权,是一个不可回避的问题。首先,毕竟任何“第三国”的强制性规范都不可能是完全相同的,立法者不可能在法律中确立一个唯一确定的标准来确定“第三国”强制性规范的范围。在涉及具体的案件时,法官或者仲裁员必须依据案件的具体情况以及某一特定“第三国”的强制性规范,来判断某一“第三国”的强制性规范是否能用来调整具体案件当事人的权利义务关系。在确定了第三国强制性规范为公法性规范的前提下,赋予法官一定的自由裁量权。最好在立法中采取列举式加兜底条款的方法,明确规定第三国强制性规范所包括但不限于进出口管理法、外汇管理法和反垄断法领域。笔者之所以作出这样的立法建议,除考虑由于以往各国的关于适用第三国强制性规范的判例主要集中在这几个领域外,而在立法上明确规定第三国的进出口管理法、外汇管理法和反垄断法属于第三国强制性规范的领域,使司法人员不至于在适用法律时无所适从,也能增强对案件所适用法律的预见性和确定性;另外,也考虑各个国家关于管理其本国国际经济交往活动的管理性规范内容和范围差异较大,因此赋予司法人员一定的自由裁量权,除上述的 3 个领域外,也可以考虑适用其他领域的关于管理国际经济活动的管理性规范。其次,司法人员不可能依据固定的标准来认定某一案件和第三国有足够密切的联系,因此某一案件与第三国是否存在联系以及存在什么程度的联系,也是司法人员行使自由裁量权的一部分。如前所述,立法者应该在法律规范中明确规定司法人员应该考虑哪些与案件有关的因素,在立法中把这些因素列举出来,如合同缔结地、合同履行地、双方当事人共同住所地、共同国籍国、当事人的住所地、惯常居所地和营业地等。司法人员应该在这些因素的范围内考虑某一案件是否与第三国有足够密切的联系。至于司法人员考虑哪些因素或者不考虑哪些因素,着重考虑哪个因素或者哪些因素,考虑了这些因素后是否认定该案与某一第三国有足够的联系,都是司法人员行使了自由裁量权后才能确定的结果。不难看出,适用第三国强制性规范结果的合理性,在很大程度上取决于司法人员的素质和能力,仅仅考虑某一案件是否和第三国有足够的联系,就需要进行多方面的考量。

第二,法官或者仲裁员在适用第三国强制性规范时,是否应考虑适用第三国强制性规范的后果问题。如果适用第三国强制性规范的后果明显违反我国的社会公共秩序、公共政策或者法律的基本原则,那么任何第三国强制性规范将不应该得到适用,除非适用该第三国强制性规范是我国的一项国际义务。实际上,第三国强制性规范背后隐藏的是第三国的国家利益,特别是对国际经济活动的管理利益。而我国的社会公共秩序和公共政策实际上背后隐藏的是我国的国家利益。如果适用第三国强制性规范的后果明显违反我国的社会公共秩序,则意味着两国的国家利益存在明显的冲突,此时当然应该首先考虑保全我国的国家利益,放弃适用第三国强制性规范。当然,至于该特定的后果"明显"到什么程度才能视为违反我国的社会公共秩序、公共政策或者法律的基本原则,是法官或者仲裁员行使自由裁量权的部分。

第三,法官或者仲裁员在适用第三国强制性规范时,是否应考虑基于平等互惠原则而适用第三国强制性规范。互惠原则更被视为是国际经济法的一项基本原则,是平等互利原则的具体体现。[1] 平等互惠原则表现在国际经济法中第三国强制性规范的适用领域,就是法院地国在平等的基础上适用第三国的强制性规范;承认第三国强制性规范在法院地国的效力;如果某一外国与法院地国之间不存在互惠关系,当该外国明确表示不适用第三国强制性规范审理案件,也不承认第三国强制性规范在该外国的效力时,法院地国的立法或者司法机构就可以加以对等限制。这也是前文所述的"互惠说"理论的具体体现。虽然在第三国强制性规范的适用方面也坚持平等互惠原则,表面上看似乎阻碍了国际合作,影响了第三国强制性规范在全球范围内的适用,但是考虑目前各国的经济、政治利益存在比较大的差异,特别是各国对国际经济的管理制度方面还相差甚远,如果各国能够真正贯彻平等互惠原则,可以说是各国在国际经济法领域加强国际合作的一个积极反应。而且,这种平等互惠基础上的反应可以促使各国认识到消除冲突的可能性,为最终做到主权国家间在国际经济间的合作提供更多的机遇和可能性。在司法实践中,法院地国的法官或者仲裁员对于平等互惠标准的判断不应该过于严苛。首先,如果某一"第三国"在立法上明确规定了在一定条件下应该考虑适用第三国强制性规范,则可以认为该"第三国"给予了法院地国以平等互惠待遇。即使该"第三国"的法官或者仲裁员在历史上从未适用过法院地国在国际经济法领域中的强制性规

[1] 曾华群:《国际经济法导论》,法律出版社 1997 年版,第 194 页。

范,法院地国也不能因此而认为该“第三国”没有给予法院地国以平等互惠待遇。如前所述,对第三国强制性规范的适用本来就是一种例外的、相对罕见的情形,不能仅仅因为该“第三国”尚未适用过法院地国在这方面的强制性规范,就认为该“第三国”以后也无意适用法院地国的强制性规范。相反,如果法院地国在恰当的时机内率先适用了第三国强制性规范,则更加意味着法院地国有意真正落实平等互惠原则,以促进世界各国合作并加强对国际经济活动的管理。其次,如果无法确定该“第三国”在这方面是否给予了法院地国以平等互惠待遇,特别是在判例法国家,而该“第三国”在历史上的判例中从来没有否定过在一定条件下应该适用该法院地国在这方面的强制性规范,那么,法院地国应该推定该“第三国”已经给予了法院地国以平等互惠待遇。笔者之所以认为应该作这样的推定,是因为随着经济全球化趋势的日益加强,国际社会的主权国家对于国际经济的合作管理也一定会呈现加强的趋势。因此,各国在立法和司法层面承认第三国强制性规范在内国适用的可能性也必然会加大。可以说,各国对第三国强制性规范的适用的基本态度,在可以预见的将来是可以确定的。

第四章　当事人自选法原则

第一节　当事人自选法的理论

一、当事人自选法的理论来源

当事人自选法,是指国际民商事关系中的双方当事人合意选择的法律规范。当事人自选法的理论来源是“意思自治原则”,主要被用来解决有关国际合同领域的法律冲突问题。一般而言,当事人所选择的法律是指特定国家的国内法律规范。[1] 当然,也有学者认为,在国际私法中,与合同相关的“意思自治原则”一般是指当事人有权选择解释其合同条款的法律以及在发生法律纠纷时法院的管辖权。[2] 但是,随着国际私法理论和相关实践的不断发展,现在越来越多国家也会在国际合同领域以外的其他领域采用“意思自治原则”,如我国《涉外民事关系法律适用法》第 38 条规定:“当事人可以协议选择动产物权适用的法律。当事人没有选择的,适用法律事实发生时动产所在地法律。”[3] 另外,随着国际私法在实践层面的不断发展,国际私法在“意思自治原则”理论层面也有了一些新的发展。值得一提的是,随着国际民商事活动的发展,合同的国际性判断的难度在不断加大,因此,甚至有的国际条约对国际性不再作要求,如 1980 年《罗马公约》和 2008 年《罗马条例 Ⅰ》规定,不限制纯粹

---

〔1〕 Ulrich Drobnig, *The UNIDROIT Principles in the Conflict of Laws*, Uniform Law Review, Vol. 3: 2, p. 385 - 396(1998).

〔2〕 Fleur Johns, *Performing Party Autonomy*, Law and Contemporary Problems, Vol. 71:3, p. 243 - 272(2008).

〔3〕 法规应用研究中心主编:《最高人民法院　最高人民检察院司法解释与指导案例(商事卷)》,中国法制出版社 2016 年版,第 1152 页。

的国内合同当事人选择外国的实体法作为合同的准据法，但是当事人选择的实体法不得限制内国法中的强制性规范的适用。

二、意思自治原则的意义

国际私法学界普遍认为，有关意思自治原则的系统、全面的理论最初是法国的查理士·杜摩兰提出来的。正是基于此，在西方国家的国际私法学界，杜摩兰甚至被称为“当事人意思自治之父”。他认为，既然国际合同的当事人有权利自由缔结国际合同，那么就更加有权利选择适用于国际合同的准据法。杜摩兰的学说代表了新兴商人阶级的利益，也符合当时社会经济发展的客观要求，所以在当时他的理论就产生了极大的影响力，以至于后来很多的国家立法和司法都体现了他的理论。这种理论给封建制法律制度严格的属地性给予了严厉的打击。

笔者认为，在经济全球化趋势日益加强的情况下，意思自治原则也有了新的意义：

第一，允许国际合同的当事人选择准据法，进一步促进了国际社会商品经济的发展。经济全球化，是指世界经济活动超越国界，通过对外贸易、资本流动、技术转移、劳务活动等，实现国际资源优化配置的过程。经济全球化是当代世界经济的重要特征之一，也是世界经济发展的重要趋势。经济全球化给人们带来了巨大的机遇和挑战。一方面，经济全球化促进了贸易和投资自由化、便利化，推动了全球经济的增长和繁荣；另一方面，经济全球化也加剧了各国之间的经济差距和不平等，增加了经济发展的不确定性和风险。在应对经济全球化带来的挑战时，各国需要加强合作，共同推动全球经济的稳定和发展。这包括加强国际经济政策协调、推动贸易和投资自由化便利化、加强国际金融监管、推动全球治理体系改革等。同时，各国也需要积极探索适合本国国情的经济发展模式，提高自身的竞争力和创新能力，以更好地应对经济全球化带来的各种各样的挑战。根据马克思的政治经济学的观点，经济基础决定上层建筑，上层建筑反作用于经济基础。经济基础的发展变化决定上层建筑的产生、变化和发展。经济基础是占统治地位的生产关系的总和，包括生产资料的所有制形式、阶级结构和作为上层建筑核心的国家。经济基础决定上层建筑的产生、性质和变革，是上层建筑产生和变革的经济根源和社会经济基础。经济基础与上层建筑之间的关系为内容与形式的关系。上层建筑决定于经济基础,又对经济基础具有反作用。因此,经济基础和上层建筑之间存在密切关系,但它们的相互作用决定了社会的发展和变化。而在国际贸易领域中,毫无疑问,国际私法有关的法律制度属于上层建筑的范畴。制度是实现某一社会文明的实际机制。[1] 具体到国际私法中的意思自治原则,该原则实际上是把本来应该完全属于国家的权力,让渡一部分给私人,赋予了他们不完全的选择法律的权力。因此也有学者反对这种学说,如日本学者折茂丰在其著作《国际私法各论》就引用了20世纪初德国的一种学说:为了承认当事人所指引的准据法,就必须适用一个法律来判断当事人选择合同准据法的这种选择行为的有效性。如果这种法律就是当事人选择的法律,这就陷入的循环;相反,如果这种法律必须是法院地法或者行为地法,这种由当事人选择法律的行为就变得毫无意义。而主流的学界的看法是,每个人都是自己利益的最佳守护者。每个人的利益是一个个体所关心的、需要维护的权益,对于这个权益的保护是每个人都应该考虑的事情。同时,社会的公正、稳定和繁荣也与每个人息息相关。但是,并不能将每个人都等同对自己利益的最强烈关注者。每个人都是有社会责任感、情感和道德观念的个体,应该考虑自己的行为对社会和他人的影响,而不是仅仅关注自己的利益。在处理个人利益和社会责任之间的问题时,需要保持平衡和理性思考。作为理性的国际合同的当事人,他们必定考虑有关国际合同领域的方方面面,从而合意选择他们认为最合适的并且对双方当事人都公平合理的准据法。因此,从促进国际社会商品经济的角度而言,特别是在全球化的经济趋势不可逆的情况下,这种国际私法原则确实更加有利于当事人达成国际合同,促进各国间的经济交往。事实上,冲突规范的一项重要功能就是维护洲际或者国际体制的良好运行,协调各法域之间的关系、便利相互间的民商事往来。[2]

第二,允许国际合同的当事人选择准据法,赋予了"契约自由"更加深刻的理论意义。契约自由是私法自治的核心内容,鼓励合同双方自由地达成合同。契约自由原则兴起于19世纪并且在19世纪得到了充分的发展,主要是因为19世纪中期,市场经济得到了快速发展,德国、法国、瑞士等欧洲大陆国家先后完

---

〔1〕 Capella Giannattasio & Arthur Roberto, *Foundations of a Critical Sociological Analysis of International Legal Institutions: Negativity and Politics in the Methodology of International Legal Studies in Brazil*, Revista Brasileira de Estudos Politicos, Vol. 116:1, p. 113 – 158(2018).

〔2〕 张潇剑:《评柯里的"政府利益分析说"》,载《环球法律评论》2005年第4期。

成了技术革命。契约自由原则是近代私法的核心原则之一,它体现了近代私法对个人本位和社会本位的价值选择。契约自由原则,包括缔约自由、选择相对人自由、选择决定合同标的和内容自由、选择决定合同方式的自由、合同变更和解除的自由。在民事契约的缔结、履行、解释以及合同相对人的确定等民事法律关系的各个环节中,民事主体可以按照自己的意志在法律允许的范围内自由决定,并充分表达自己的利益和愿望,以实现私法自治,从而满足私人生活自由的需求。但是,契约自由原则并不意味着所有事务都由当事人自己处理而无须任何监督。由于契约关系关涉当事人之间权利义务的分配,所以需要对当事人的意思表示是否真实和合法等进行必要监督,从而保证契约的公平性和公正性。此外,国家也有权在当事人需要的时候通过立法的形式或者民事纠纷的具体裁判方式进行合理的干预。同时,也需要在公法和私法之间找到一种平衡,从而实现社会的整体利益和社会公平正义,达到实现"善治"的和谐社会目的。因此,契约自由并不意味着绝对的自由,而是在一定的范围内有限度的自由。随着技术革命的发展,各国的经济自然而然就得到快速增长,而私主体之间的合同数量和类型也不断增长。为了在法律层面进一步鼓励市场经济的增长,"契约自由"理论就得到了更加充分的发展。传统的契约自由理论包含的内容主要有:其一,缔约的自由,即私主体有决定是否和他人缔约合同的权利,没有任何其他主体可以强迫其订立或者不订立合同。其二,选择与谁缔结合同的自由,即私主体可以选择缔结合同的对象,通常私主体会选择各方面实力都比较强的市场主体和自己缔结合同,因为这样合同当事人违约的可能性会大幅下降。其三,选择合同条款的自由,即除法律规定的强制性规范以外,私主体有权利决定合同的具体条款的内容,如当事人可以通过合意方式决定合同的标的、价格、数量、交付方式和时间、交易的货币类型等。这种自由是合同法的基本原则之一,也是市场经济的基本要求。在签订合同时,双方应该充分了解合同条款的含义和适用范围,并根据自己的利益和需求进行选择。如果双方对合同条款存在分歧或争议,可以通过协商、调解或仲裁等方式解决。当然,选择合同条款的自由并不是绝对的。在一些特定情况下,合同条款可能会受到法律、法规或行业标准的限制,或者受到公序良俗的约束。在这种情况下,双方在选择合同条款时需要遵守相关规定,不得违反法律法规或公序良俗。总之,选择合同条款的自由是合同法的基本原则之一,但同时也需要遵守相关规定和公序良俗。在签订合同时,双方应该充分了解合同条款的含义和适用范围,并根据自己的利益和需求进行选择。其四,解除合同的自由,即私主体在特定的情形下有解除合同的自由。总体而言,解除合同的类型可以分成两种:一是当事人合意解除合同,这种情况是完全符合“契约自由”原则的基本精神的,因为当事人既然可以合意成立合同,当然也就有权利通过合意的方式解除合同;二是当事人之间出现了可以解除合同的法定情况,如出现不可抗力、合同主要目的不能实现等。而意思自治原则的出现,无疑赋予了“契约自由”新的甚至是不同层次的含义,因为国际合同的当事人不仅可以合意选择国际合同具体的权利义务条款,法律甚至赋予了他们选择国际合同的准据法的权利,同时当事人也需要非常注意他们所选择的准据法的具体内容,因为不同的准据法所调整国际合同带来的后果是大不相同的,如在当事人可以解除合同的事由这一项,不同的国家的法律或者国际惯例的规定很有可能是不一样的。例如,《德国民法典》第 313 条第 3 款,[1] 而我国《民法典》第 563 条规定,在特定情形下,当事人可以解除合同。[2] 可见,如果中德双方当事人达成了国际合同,此时,选择不同的准据法就出现大不相同的法律后果。仅从解除合同这一项,中德双方相关的法律规范就不大相同。根据我国合同法,合同的当事人,不管是不是遭受损失一方,在履行合同的过程中出现了不能实现目的的情形,都可以要求解除合同。但是,如果是依据《德国民法典》,即使是合同已经不可能继续履行下去,也只有受损害方才拥有解除合同的权利。

第三,允许国际合同的当事人选择准据法,有利于传播先进的民商事立法和理论。不同的国家之间,往往会采取不同的民商事理论。大多数情况下,并不能说哪一套民商事理论整体上具有更优性,如《法国民法典》和《德国民法典》就在各自的国家得到恰当的适用,它们的存在分别使各种类型的民商事关系在民商事领域内井井有序地运行着。但是,笔者要强调的是,某一国的民商事法律制度有可能在调整某一特定的民商事关系中具有明显的优势或者明显

---

[1] 《德国民法典》第 313 条第 3 款规定:“合同的调整为不可能或者不能苛求当事人一方调整合同的,受到不利益的一方当事人可以解除合同。对于继续性债务关系,以终止的权利代替解除权。”参见《德国民法典》,杜景林、卢谌译,中国政法大学出版社 2014 年版,第 81 页。

[2] 《民法典》第 563 条规定:“有下列情形之一的,当事人可以解除合同:(一)因不可抗力致使不能实现合同目的;(二)在履行期限届满前,当事人一方明确表示或者以自己的行为表明不履行主要债务;(三)当事人一方迟延履行主要债务,经催告后在合理期限内仍未履行;(四)当事人一方迟延履行债务或者有其他违约行为致使不能实现合同目的;(五)法律规定的其他情形。以持续履行的债务为内容的不定期合同,当事人可以随时解除合同,但是应当在合理期限之前通知对方。”

的更合理性,如《德国民法典》中关于亲属关系的法律规范就体现出极高的合理性和先进性。在以往强调严格的属地性的情况下,各国的民商事立法和理论通常仅在其本国内发生作用,但是,自从“意思自治原则”的理论和相关立法在世界各国得到认可时起,就改变了这一局面。尤其是在经济全球化不断向纵深发展的今天,国际民商事主体的财力得到了大幅度增强,国际民商事的交往更加频繁,国与国之间的自然人和法人有了更多交流的机会。国际合同作为国际民商事交往的一个极为重要的载体,里面往往会有载有双方或者多方当事人合意选择的准据法,因此各国的民商事理论和立法也有了更多的、向外国传播的机会。其实,不仅仅是当国际合同进入司法程序或者准司法程序,由专业的司法人员判断应该如何适用准据法来调整国际合同时,外国的民商事理论和立法才得以在内国得到传播。即使是国际合同从来没有进入司法程序或者准司法程序,国际合同的双方当事人聘请的律师或者法务人员也应该对国际合同中约定的准据法十分清楚。从这个角度而言,外国的民商事立法同样可以在内国得到卓有成效的传播。

第四,允许国际合同的当事人选择准据法,有利于国际惯例的传播。国际惯例作为国际私法的法律渊源之一,是指国际社会为了调整国际民商事关系而编纂的具有法律约束力的法律文件。这些国际惯例是在长期的商业或贸易实践中形成的,用于解决国际商事问题的实体法性质的国际惯例。这些惯例不是法律,不具有普遍的法律拘束力,但按照各国的法律,在国际贸易中都允许当事人有选择适用国际贸易惯例的自由,一旦当事人在合同中采用了某项惯例,它对双方当事人就具有法律拘束力。如在海商法领域的《约克·安特卫普规则》就是非常典型的国际惯例。有些国家的法律还规定,法院有权按照有关的贸易惯例来解释双方当事人。国际商事惯例具有普遍适用性,但不同于国际条约之于缔约方及其国民,也不同于国内法中的某些强制性规定,它对有关国家和国民不具有当然的法律约束力,也就是说它不具有直接的普遍法律约束力。但它仍然处于不断地发展演变之中,随着现代科学技术不断进步和国际民商事交往的飞跃发展,其变化速度在加快。在国际商业或贸易的各个领域中,存在许多惯例。例如,在涉及国际货物买卖方面,重要的国际贸易惯例有国际私法协会制定的《1932 年华沙—牛津规则》、国际商会制定的《国际贸易术语解释通则 2000》、《国际保理业务惯例规则》,这些国际商事惯例通常是为了解决具体的商业问题而形成的,如贸易术语、支付方式、保险责任等。这些惯例的内容是确定性的,而且得到了国际社会的广泛认可,可以在商业实践中反复使用。因此,了解和熟悉这些国际商事惯例对于从事国际贸易的人来说是非常重要的。总体来说,适用国际惯例调整国际合同的方式有两种:第一种是国际海商关系的当事人"依法选定"国际惯例,这里的"依法"的含义包含了国际法律规范和国内法律规范;第二种是司法机构依法适用国际惯例来调整国际海商关系,而这里的"依法"主要是指国内法律规范,如我国原《民法通则》第142条第2款的相关规定。[1] 而允许当事人选择国际惯例作为准据法带来的一个很大的好处是,有利于先进的国际惯例及其包含的法学理论在全世界范围内传播。笔者之所以这么认为,是因为目前的国际社会编纂的国际惯例里,与国际社会的主权国家的国内法相比,有一部分的国际惯例实际上代表该领域的最高水平或者较高水平。例如,前文提到过的《约克·安特卫普规则》已经更新到了第4版,可以说,在共同海损方面的立法,该国际惯例的大部分规则和其所蕴含的法学理论值得深入学习研究。既然国际海商界普遍认为该套规则具有最强的合理性和科学性,那么从事国际海上运输的当事人选择这套规则的可能性就理应大大增强。这套国际惯例自然而然就越来越得到广泛的传播。

第五,弥补传统法律不足。传统的法律体系可能存在一些漏洞或不足之处,当事人可以选择适合自己案件特点的法律进行适用,以弥补传统法律的不足之处。传统法律可能在以下情况下出现不足之处:法律适用难度大,有时候,传统法律的适用难度比较大,尤其是在涉及复杂案件或特殊群体时,由于语言、文化、历史等原因,可能难以找到合适的法律依据。法律体系不健全,如果一个国家的法律体系不健全,可能存在一些法律空白或者法律漏洞,这时候传统法律可能无法应对新出现的问题和情况。法律空白通常是指在法律上存在一些未被明确规定或未被完全涵盖的领域。这些领域可能涉及一些复杂或新兴的问题,或者由于某些原因,法律尚未对其进行规范。在法律空白的情况下,不同的人可能会有不同的理解和做法。一些人则可能会根据习惯、道德、公平正义或其他原则来行事。在有的国家,可能还需要依靠法院的判决或其他权威机构来填补法律的空白。法律空白并不意味着无法解决某些问题或无

---

〔1〕 我国原《民法通则》第142条第2款规定:"中华人民共和国法律和中华人民共和国缔结或者参加的国际条约没有规定的,可以适用国际惯例。"法规应用研究中心主编:《最高人民法院 最高人民检察院司法解释与指导案例(商事卷)》,中国法制出版社2016年版,第44页。

法进行某些行为,而是需要更加谨慎地考虑和权衡各种因素,以确保法律适用的公正性和合理性。同时,随着法律的不断发展,许多法律空白也可能会得到填补,以更好地保护人们的权益和促进社会的发展。有些法律条款规定得不够具体明确,可能会导致司法实践中的分歧和争议。法律规定落后于时代发展,随着社会的不断发展和变化,有些法律规定可能已经落后于时代的发展,无法适应新的社会需求和挑战。在这些情况下,当事人可以选择适合自己案件特点的法律进行适用,以弥补传统法律的不足之处。

第二节 当事人自选法的适用和限制

一、意思自治原则的适用

虽然意思自治原则得到了国际社会绝大多数国家的认可和采用,但是不同的国家对该理论的采用作出了不同程度的规定。所以,在具体的国际合同关系中,当事人必须考虑其国际合同涉及的有关的法律规范的具体规定。而在本节中,笔者主要讨论欧盟的最新立法《罗马条例Ⅰ》所涉及的有关意思自治原则的法律规范,以期有所启示。

(一)当事人协议选择法律的时间

在意思自治原则适用的过程中,首先遇到的问题就是,国际合同当事人协议选择合同的时间。对于这一问题,国际社会的学者对此有不同看法。但是,总体而言,国际社会对于这一问题的认识越来越趋于开放,即对此施加的限制越来越少。如《罗马条例Ⅰ》第3条第2款的规定。[1] 根据《罗马条例Ⅰ》的最新立法,欧盟的成员国认为,对于当事人选择法律的时间方面,不应该给予任何的限制,从而使国际合同的当事人可以在签订国际合同时选择准据法,也可以在国际合同签订后协议变更其准据法。《罗马条例Ⅰ》之所以这样规定,主要是因为意思自治原则的基本精神就是鼓励国际合同的当事人自主地约定准据法。合同的当事人即使当初约定准据法,而过后发现该准据法的适用并不能合理地调整双方的合同关系,那么允许双方通过合意的方式更改该准据法,

---

〔1〕《罗马条例Ⅰ》第3条第2款明确规定:"当事人可在任何时候以协议变更其合同所适用的法律,无论以前适用的法律系根据本条选择的结果或是依本条例其他规定的结果。合同订立后,当事人的任何关于法律适用的变更,不得损害第11条规定的合同形式效力,也不得对第三人的权利造成不利影响。" Regulation (EC) No. 593/2008 of the European Parliament and of the Council of 17 June 2008 on the Law Applicable to Contractual Obligations.

也是一种鼓励当事人大胆地约定准据法的方式。那么进一步说，为了更好地鼓励双方当事人约定准据法，立法者就不应该在时间方面给予当事人太多的限制。当然，虽然《罗马条例Ⅰ》认为，在选择准据法的时间上不应该加以任何的限制，但是在协议变更国际合同的准据法时还是应该加以适当的限制的，即当事人所作出的关于准据法的变更，不得有损《罗马条例Ⅰ》第11条第5款所规定的关于合同形式的效力，也不得对第三人的权利造成不利影响。其合理性在于：第一，就整体而言，与实质要件相比，国际合同的形式要件在整个国际合同关系中处于次要地位，为了增强国际合同关系的稳定性，在司法实践中应该尽可能地认定国际合同的形式要件是有效的。为了达到这种目的，国际私法学界普遍认为不应该在认定合同的形式要件方面加以严格立法，司法人员可以适用多国的法律规范认定其形式的有效性，如合同缔结地法、一方当事人的住所地法和标的物所在地法等。而从《罗马条例Ⅰ》第11条第5款的规定可以看出，立法者也是倾向尽可能使得国际合同在形式上是有效的，因为在准据法的选择上《罗马条例Ⅰ》第11条第5款赋予了司法人员足够多的选项，使国际合同在形式上是无效的可能性降到很低。为了尽可能地维持这种国际合同形式的有效性，即使国际合同的当事人协议变更了合同的准据法，也不得因此而影响《罗马条例Ⅰ》第11条第5款中所认定的国际合同的效力。第二，当事人协议变更的法律，不得影响国际合同第三人的权利。此处所说的国际合同第三人，不是指国际合同的当事人，其不直接参与到国际合同关系中来，但是又与该国际合同有一定程度的间接联系。有学者认为，合同第三人主要包括以下几种情况：合同内容涉及第三人、合同权利义务转移时的第三人、合同担保的第三人、合同履行中的第三人、合同违约责任的第三人、因合同行为其权益受到侵害的第三人。[1] 而根据《罗马条例Ⅰ》第3条第2款的规定，当事人协议变更的准据法不得对合同第三人产生不利影响。该法律规范至少包含以下几层含义：其一，国际合同当事人协议变更的法律可以给合同第三人带来更多的权利或者利益，并且没有增加其义务或者负担。当然，合同第三人完全有权利放弃新的准据法赋予他的权利或者利益。这种情况下，合同第三人不能用《罗马条例Ⅰ》第3条第2款对抗国际合同当事人协议变更准据法的行为。其二，国际合同当事人协议变更的法律没有给合同第三人带来任何的权

[1] 郭明瑞：《试论合同第三人的法律地位和法律特征》，载《中国法学》1986年第1期。

利和利益,但是也没有增加合同第三人的任何的义务或者负担,或者说与国际合同当事人原来选定的准据法相比,协议变更的准据法对第三人权利义务状态没有丝毫的变更。这种情况下,合同第三人也不能用《罗马条例Ⅰ》第3条第2款对抗国际合同当事人协议变更准据法的行为。其三,国际合同当事人协议变更的法律给合同第三人带来了不利的影响,既增加了合同第三人的义务或者负担,又削减了其权利或者利益。此时,合同第三人完全可以援用《罗马条例Ⅰ》第3条第2款对抗国际合同当事人协议变更准据法的行为。第四,国际合同当事人协议变更的法律给合同第三人带来了两方面的影响,即增加了合同第三人的权利或者利益,同时又增加了其义务或者负担。此时,合同第三人仍然可以援用《罗马条例Ⅰ》第3条第2款对抗国际合同当事人协议变更准据法的行为。值得注意的是,按照立法者的立法意图可以推定,《罗马条例Ⅰ》第3条第2款仅仅是为了最大限度地保护合同第三人的既得利益,而不是否定国际合同当事人协议变更法律的权利。因此,即使国际合同的当事人协议变更的法律对合同第三人产生了不利影响,也仅仅是对合同第三人产生不利影响的法律规范不发生法律效力(除非合同第三人同意),而剩余的当事人协议变更的法律规范仍然有效。这种情况就是国际私法理论上所称的复合的法律选择,即国际合同的不同部分分别用不同的法律规范去调整,除去对合同第三人产生不利影响的法律规范(这部分国际合同由原来当事人选定的准据法调整),剩下的国际合同部分由当事人协议变更的法律规范调整。

(二)当事人所选法律的范围

当事人所选择法律的范围问题,是指双方当事人所合意选择的合同准据法是有关国家的实体性规范,还是有关国家包括冲突规范在内的整个法律体系。值得说明的是,在国际私法领域,引起学界和司法界强烈关注的案件是“福尔果案”,该案引起了有关反致和转致问题的大讨论。[1] 目前,大多数的国家的国内立法和国际条约都主张应该在国际合同关系领域完全排除反致制度,从而直接规定当事人之间合意选择的法律规范是指实体性规范。《罗马条

---

〔1〕 Cass. 24. 6. 1878 and 22. 2. 1882, D. 1879. 1. 56 and 1882. 1. 301. Kropholler, Internationalse Privatrecht, 2004, S. 164.

例Ⅰ》也是基本上肯定了排除反致制度的做法,[1]中国2010年《涉外民事关系法律适用法》第15条中也作出了类似规定。[2] 很明显,我国的立法者同样认为,在国际合同领域,当事人合意选择的法律规范仅仅限于有关国家的实体性规范,从而明确排除了反致制度。值得特别注意的是,《罗马条例Ⅰ》第20条规定了例外条款,即"本条例另有规定的除外"。那么,此处的"另有规定"是指哪一或者哪些规定? 这是值得研究的地方。《罗马条例Ⅰ》第9条就属于"另有规定"的范围,其中第3款规定:"应在其境内或已在其境内履行合同之债的国家,其优先性强制规则也可被赋予效力,但该强制性规定不得使合同的履行归于非法。"[3]这条法律规范意味着即使国际合同的当事人选择了特定国家的法律规范,但如果该国家的国际私法规范承认合同履行地国(法院地国以外的国家)"优先性强制规则"的法律效力,则实质上承认了反致制度的效力。

当然,承认国际合同当事人选择的有关国家的法律规范包括了这个国家的冲突规范仅仅是一种例外的情形,只有在少数的国际合同领域中可能出现这样的情况,如国际投资合同领域和国际保险合同领域。而国际社会绝大多数的国家都认同国际合同的当事人选择的准据法仅仅包括了有关国家的实体性规范。而根本原因在于,国际合同关系在通常情况下,都不会涉及一个国家的社会、政治、文化、历史传统等,因为国际合同通常都只涉及国际合同当事人的私人利益。另一个原因是,国际合同的当事人们往往就是他们各自利益的最佳守护者,他们之间的合意选择的法律规范已经是最适合他们的合同的法律。如果承认反致制度,则意味着排除当事人选择国际合同准据法的意志,承认有关国家的立法机构的意志。

(三)意思自治原则的限制

1. 从所选法律的性质上加以限制

从所选法律的性质上限制意思自治原则的适用,主要是规定国际合同双

---

〔1〕《罗马条例Ⅰ》第20条明确规定:"凡适用依本条例确定的任何国家的法律,系指适用该国现行的法律规范而非适用其国际私法规则,但本条例另有规定的除外。" Regulation (EC) No. 593/2008 of the European Parliament and of the Council of 17 June 2008 on the Law Applicable to Contractual Obligations.

〔2〕《涉外民事关系法律适用法》第15条规定:"涉外民事关系适用的外国法律,不包括该国的法律适用法。"法规应用研究中心主编:《最高人民法院 最高人民检察院司法解释与指导案例(商事卷)》,中国法制出版社2016年版,第1151页。

〔3〕Regulation (EC) No. 593/2008 of the European Parliament and of the Council of 17 June 2008 on the Law Applicable to Contractual Obligations.

方当事人只能就国际合同所涉及的有关国家的任意性规范进行选择，而有关国家的强制性规范是不允许国际合同当事人合意选择的，特别是不允许他们合意选择排除的。如上文提到的《罗马条例Ⅰ》第9条第1款规定："优先性强制规则是指，一国认为在维护其诸如政治、社会或者经济组织等公共利益方面至关重要而必须遵守的规则，以至于对属于其适用范围的所有情况，不论根据本条例适用于合同的是何种法律，他们都必须予以适用。"该条第2款规定："本条例的任何规定均不得限制法院地法中优先性强制规则的适用。"该条第3款规定："应在其境内或已在其境内履行合同之债的国家，其优先性强制规则也可被赋予效力，但该强制性规定不得使合同的履行归于非法。在决定是否赋予这些规定以强制性效力时，应考虑其性质、目的以及适用或不适用该规则产生的后果。"也就是说，根据《罗马条例Ⅰ》这一规定，《罗马条例Ⅰ》的缔约方完全有权力制定相关的法律来确定什么法律规范是"优先性强制规则"，甚至法律规范应该再赋予司法人员一定的权力来确定什么才是"优先性强制规则"。如果国际合同关系涉及"优先性强制规则"时，不允许双方当事人因为自主选择了其他的法律规范而排除它们。

2. 从选择空间上加以限制

从选择空间上限制意思自治原则的适用，是指各有关国家的法律规定，国际合同关系的双方当事人只能选择与该国际合同有实际联系的国家的法律作为其准据法。历史上，有些国家在私法判例中确立了"合理联系"或者"合理利益"原则来限制当事人选择准据法，即当事人选择的法律必须和合同具有"合理联系"或者"合理利益"，如瑞士联邦最高法院就曾经坚持认为当事人选择的法律必须和合同具有"合理利益"。目前，除中国等少数国家外，大多数的国家都认为国际合同关系的当事人不能选择与他们的国际合同关系没有任何关系的国家的法律作为其准据法。我国2012年最高人民法院《关于适用〈中华人民共和国涉外民事关系法律适用法〉若干问题的解释(一)》第7条规定："一方当事人以双方协议选择的法律与系争的涉外民事关系没有实际联系为由主张选择无效的，人民法院不予支持。"[1]由此可见，在我国，国际合同关系的双方当事人完全有权利选择和他们的国际合同没有任何关系的法律作为其准据法。

---

〔1〕 法规应用中心主编：《最高人民法院　最高人民检察院司法解释与指导案例(商事卷)》，中国法制出版社2016年版，第1111页。

但是,中国这种立法是比较少见的,只有英国等少数几个国家和中国的立法相似,而其他大多数的国家或者国际条约都认为当事人在法律选择上应该受到空间的限制,如《1994年美洲国家间国际合同法律适用公约》第7条的规定。[1] 值得注意的是,即使在中国,也不是所有的国际合同在当事人的法律选择上都不受空间的限制的,如我国《民法典》第467条规定。[2] 《民法典》的该法律规定表明,这3类国际合同的当事人只能选择由中国的法律对它们进行调整。当然,这种类型的国际合同(严格限制当事人选择法律)是少数的。通常而言,只有涉及法院地国家的重大经济利益或者公共利益的国际合同才可能在法律选择方面受到如此严格的限制。

笔者认为,在法律选择的空间方面,国内法或者国际条约都不应该给予国际合同的当事人过多的限制。理由主要有以下几点:第一,意思自治理论的发展风起云涌。在国际私法领域,当事人意思自治理论的核心就在于鼓励国际合同的当事人自主约定国际合同可以适用的法律规范,而不是尽可能地限制该权利的行使。即使当事人选择的法律规范与他们之间的国际合同是没有任何关系,也不应该成为妨碍法律选择的因素,因为无论被选择的法律规范和相关的国际合同有联系还是没有联系,只要合同的当事人共同认为某一套或者两套法律制度有利于合理调整他们之间的国际合同,就完全符合意思自治理论的核心。第二,国际合同的当事人应该是各自利益的最佳守护者。作为理性和睿智的国际合同的当事人一定会尽可能选择能够合理调整他们之间的合同关系的法律规范。假设有两套法律制度,A法律制度和国际合同有密切联系,但是A法律制度所属国的立法者的立法水平低下,导致A法律制度在调整国际合同时一定会出现不尽如人意的情况,而B法律制度是来自世界上民商事立法水平最先进的国家,但是B法律制度和该国际合同没有任何关系,如果仅仅因为不能选择和国际合同无关的法律,而认为当事人选择B法律制度的行为无效,甚至继而判定应该适用A法律制度,显然是不利于国际民商事交往

---

[1] 《1994年美洲国家间国际合同法律适用公约》第7条规定:"合同受当事人选择的法律支配。当事人的此种选择的协议必须是明示的,或者在没有明示时,必须是当事人的行为和合同条款所明显表示的。所作的选择可与整个合同或只与合同的一部分相关。当事人选择特定法院并不必然包括对合同准据法的选择。"刘卫翔:《1994年美洲国家间国际合同法律适用公约》,载《外国法评议》1995年第2期。

[2] 《民法典》第467条规定:"本法或者其他法律没有明文规定的合同,适用本编通则的规定,并可以参照适用本编或者其他法律最相类似合同的规定。在中华人民共和国境内履行的中外合资经营企业合同、中外合作经营企业合同、中外合作勘探开发自然资源合同,适用中华人民共和国法律。"

的健康发展。第三,限制国际合同的当事人选择法律的情况通常发生在个人利益和国家利益或者公共利益发生冲突的情况。正如前文所述,自从意思自治原则被提出之日起,许多学者都认为,应该对该原则加以一定的限制。笔者发现,这种限制性的法律规范之所以往往集中在国际投资合同领域、国际劳务合作领域和国际保险合同领域等,显而易见,是因为上述几类合同有可能不仅涉及私主体的利益,还与主权国家特别是法院地国家的公共利益甚至是国家利益息息相关。这意味着,立法者也认为,与当事人选择的法律是否和他们之间的国际合同有联系相比,与当事人选择的法律是否和相关国家的公共利益或者国家利益有联系才是更加值得考量的因素。第四,即使法院地的法律适用法对某一类国际合同在法律空间的选择范围上给予了严格的限制,也未必会起到限制当事人选择法律的权利。事实上,如前文所述的我国《合同法》第126条第2款的规定,也仅仅是我国国内的司法机构会承认它的绝对法律效力。外国的司法机构是否承认它的法律效力,完全取决于它们的国内立法或者它们所参加的国际条约。这意味着,假如国际合同的当事人约定外国法并且在外国提起诉讼,那么即使一方当事人提出应该适用《民法典》,外国的司法机构也很有可能不承认该法律规定的法律效力。第四,随着中国民商事法律规范的日益成熟和完善,在可预见的未来,一定会有越来越多的国际合同当事人在国际贸易中选择中国的法律作为调整他们国际合同的准据法,即使他们之间的国际合同与中国没有任何联系。那些认为只能选择与国际合同有联系的国家,往往是对内国的法律制度的信心不足,因为如果允许国际合同的当事人选择与他们国际合同关系没有任何联系的国家的法律,那么作为理智的当事人很有可能会选择一套非常完善的法律制度作为准据法,特别是在本国的民商事法律制度不是很完善的情况下。从我国角度来说,改革开放以来,在一大批优秀的民商事学者的努力之下,我国的民商事法律制度得到了飞速的发展,各种相关的法律制度可以说是比较完善了。在这种情况下,即使对法律选择空间不加以限制,我国的公民仍然很有可能会主动选择我国的法律制度来调整他们的国际合同。第五,要求国际合同当事人必须选择有"联系"或者"密切联系"的法律一定会带来更多的问题。众所周知的是,在判断当事人选择的法律是否和国际合同有联系时,往往需要通过法官的自由裁量权来判断。事实上,法官在作出这种判断时,必须通过考量国际合同的方方面面,甚至要考虑当事人的方方面面,然后才能判断该国际合同是否与他们选择的法律规范具有联系或者密切联系。而这种考虑必然会涉及很多复杂的法律技术。从减轻司法人员裁判压力的角度考虑,也不应该在法律选择空间上对当事人的权利作过多的限制。

3. 从公共政策和政府利益上加以限制

从公共政策和政府利益上限制意思自治原则的适用,是指根据各国法律的规定,国际合同关系当事人基于意思自治原则去选择准据法时,不能违反根据法律本应作为合同准据法的国家的公共政策和政府利益。意思自治原则,是指在不违反相关国家的公共利益的前提下,当事人可以自由地选择适用于他们之间的法律规范。[1] 值得注意的是,那些早已大大落后于社会发展的立法计划而制定出来的法律,其“立法意图”究竟能多大程度上体现州政府的利益就更加令人怀疑。[2] 而根据《罗马条例Ⅰ》第7条第4款的规定,如果该国际公约的成员方在某些风险规定了强制保险义务,则不再适用包括《罗马条例Ⅰ》第3条在内的法律规范。

此外,在现代国际私法实践中,有越来越多的国家把对国际民商事关系中弱方当事人的保护作为一项很重要的公共政策。在现代的民商事交往中,特别是资本导向性的市场经济中,居于强势的一方当事人往往会将有利于其的法律强加于处于劣势的一方。在美国的司法审判实践中,如果在这种合同中约定了准据法,法院一般认为双方当事人约定是无效的。而在《罗马条例Ⅰ》中更是专门列举几种特殊的国际合同,如国际保险合同、国际雇佣合同和国际消费合同等。

值得一提的是,维护内国的公共政策和政府利益的一个极为重要的制度是公共秩序保留制度。在实践中,许多国家的法院对公共政策机制之调整范围理解得比较宽泛,即它并不仅仅局限于排除外法域某一规定的适用,亦应包括内法域法院对来自外法域法院的判决和境外仲裁机构的裁决,以及在外法域制成的法律文件诸如公证文件等的拒绝承认和执行。[3] 而《罗马条例Ⅰ》第21条仅规定:“凡依本条例规定所适用的任何国家的法律,仅在其适用明显地违背法院地国的公共秩序时,方可予以拒绝适用。”所以,如果国际合同关系中

---

〔1〕 Nishitanti, *Mancini und die Parteiauton omie im Internationlen Privatrecht*, Heidelberg, 1998, p. 221.

〔2〕 张潇剑:《评柯里的“政府利益分析说”》,载《环球法律评论》2005年第4期。

〔3〕 张潇剑:《国际私法上的公共政策机制之剖析》,载《法学评论》2005年第4期。

的双方当事人合意选择了某一外国的法律作为合同的准据法，而该外国法的适用损害内国的公共秩序，同样可以排除这一外国法的适用。

二、不能适用意思自治原则时合同准据法的确定

在具体的国际合同关系中，由于方方面面的原因，经常会出现当事人不能有效地选择国际合同准据法的情况。如前所述，当事人的选择违反了内国的公共政策或者政府利益，或者当事人在订立合同时由于疏忽大意而忘记了约定法律适用条款。对于这一问题的解决，各国的国内法和参加的国际条约同样作出了不同规定，而且重点规定了当事人没有作出法律选择该如何适用法律的问题。

根据《罗马条例Ⅰ》的规定，在国际合同的当事人未作法律选择时，主要有如下两种不同的解决方式。

1. 通过冲突规范直接确定合同的准据法

在采用这种解决方式时，根据《罗马条例Ⅰ》的规定，仍然需要满足一定的条件，即"在不影响第5条至第8条规定的条件下"，因为该条例规定的第5条至第8条分别对国际运输合同、国际消费合同、国际保险合同和国际雇用合同规定了更特殊的法律适用方式。在《罗马条例Ⅰ》第4条第1款的规定中，在当事人没有选择适用于合同的法律的情况下，区分了不同品质和不同类型的国际合同，并分别规定了不同的冲突规范。[1] 采用这种立法方式，当国际合同的当事人没有约定应该适用的准据法时，司法机关就可以依据上述的冲突规范，很快并且很便捷地确定国际合同应该适用的法律规范。这是采用这种立法方式的最大好处。但是，如果只是采取这种单一的立法方式也很容易导致

---

〔1〕《罗马条例Ⅰ》第4条第1款规定，如果当事人未依第3条规定选择适用于合同的法律，在不影响第5条至第8条规定的条件下，合同准据法依照如下方式确定：(1)货物销售合同，应适用卖方的惯常居所地国法；(2)服务合同，应适用服务提供者的惯常居所地国法；(3)不动产物权合同或不动产租赁合同，应适用不动产所在地国法；(4)尽管有第3项的规定，供私人暂时使用连续不超过6个月的不动产租赁合同，如果租赁人是自然人且与出租人在同一国家有惯常居所，则应适用出租人的惯常居所地国法；(5)特许经营合同，应适用特许经营人的惯常居所地国法；(6)分销合同，应适用经销商的惯常居所地国法；(7)通过拍卖方式订立的货物销售合同，如果拍卖发生地能够确定，则应适用拍卖发生地国法；(8)在多边体系下订立的合同，如果依照非自由裁量规则和单一的法律，该多边体系能集结或便利集结在《第2004/39号(欧共体)指令》第4条第1款第17项所指的金融市场中的众多第三人买卖利益，则应适用该单一法律。Regulation (EC) No. 593/2008 of the European Parliament and of the Council of 17 June 2008 on the Law Applicable to Contractual Obligations.

司法人员在裁判处理法律适用问题时,出现僵化和不够灵活的问题,也无法适应日益复杂的国际合同关系发展的需要。

2. 根据合同中的有关情况推定应该适用的法律

这种解决方式要求司法机关和仲裁机构,在国际合同当事人没有约定相关的准据法时,可以根据国际合同中的有关情况去推定应该适用于合同的法律。而对于这种推定,《罗马条例Ⅰ》第4条又存在两款不同的规定。

第一,司法机关行使自由裁量权,认定国际合同与另一个国家有更加密切的联系,即《罗马条例Ⅰ》第4条第3款的规定。[1] 根据该条法律规范,司法人员必须首先把注意力放在第1款和第2款的冲突规范所指定的国家的法律。如果存在其他的、与该国际合同有密切联系的国家,司法人员必须把这些国家一一列举出来,然后从中选择与该国际合同有最密切联系的国家的法律。

第二,冲突规范无法直接确定国际合同的准据法时,司法机关可以自由裁量与该国际合同有最密切联系的国家的法律,即《罗马条例Ⅰ》第4条第4款的规定。[2] 根据这条法律规范,同样地,司法人员必须先把注意力放在第1款和第2款的冲突规范所本应该指定的国家的法律。当然,这里指的是抽象意义上的法律,并不是具体的法律,因为在这种情况下,具体意义的法律是无法确定的。或者说,司法人员穷尽了一切办法仍然无法确定第1款和第2款的冲突规范所本应该指定的国家的法律。

对于第一种做法,实际上能够完美地发挥了最密切联系原则的灵活性的同时,又对它的不确定性作出了科学的限制。通过仔细阅读《罗马条例Ⅰ》第4条第3款的规定就可以知道,司法人员在衡量某一国与国际合同的联系,是否与冲突规范所指向的国家具有更加密切的联系时,有两点是十分关键的。其一,司法人员必须从国际合同的"整体情况"考察其与某一国的联系。"整体情况"的措辞意味着其含义的广泛性,至少包括但不限于以下的因素:国际合同当事人的住所、国籍、营业地以及合同订立地、合同履行地、合同标的物所在地等。而且,仅仅考虑上述因素还不够,司法人员还要分别考虑每一种因素在国

---

[1] 《罗马条例Ⅰ》第4条第3款规定:"如从整体情况看,合同明显与第1款或第2款所指定国家以外的另一个国家有更加密切联系,则适用该另一国的法律。" Regulation (EC) No. 593/2008 of the European Parliament and of the Council of 17 June 2008 on the Law Applicable to Contractual Obligations.

[2] 《罗马条例Ⅰ》第4条第4款规定:"如根据第1款或第2款不能确定应适用的法律,则合同应适用与其有最密切联系的国家的法律。" Regulation (EC) No. 593/2008 of the European Parliment and of the Council of 17 June 2008 on the Law Applicable to Contractual Obligations.

际合同中起到的作用的大小,然后通过量化的方式把同一种联系的因素相加,最终才能确定国际合同与哪一国的法律具有最密切的联系。其二,司法人员在认定国际合同与某一国法律具有更加密切的联系时,这种联系必须是明显的。从"明显"这一措辞可以看出,立法者认为,不应该让司法人员轻易认定某一国的法律比原冲突规范指定国的法律与国际合同具有更加密切的联系。甚至可以认为,司法人员在认定适用另一国的法律时,必须在判决书中作出相当充分的说理。实际上,这相当考验司法人员的法学功力。

对于第二种做法,实际上它仍然是强调司法人员必须穷尽一切办法依据《罗马条例Ⅰ》第4条第1款和第2款的规定确定准据法,确实无法确定相关法律时,才能行使自由裁量权判断与该国际合同有最密切联系的国家的法律。对于这一种做法,可以说是比较符合现代国际私法的发展趋势。特别是近几十年来许多国家的国际私法典都会以最密切联系原则作为意思自治原则的重要补充,如我国《涉外民事关系法律适用法》第2条的规定。[1]

---

〔1〕《涉外民事关系法律适用法》第2条规定:"本法和其他法律对涉外民事关系法律适用没有规定的,适用与该涉外民事关系有最密切联系的法律。"法规应用研究中心主编:《最高人民法院 最高人民检察院司法解释与指导案例(商事卷)》,中国法制出版社2016年版,第110页。

第五章　最密切联系法原则

第一节　最密切联系法的理论

一、最密切联系法的理论来源

最密切联系法，是指应该以与国际合同有最密切联系国家的法律作为合同的准据法的原则。最密切联系法的理论来源是"最密切联系原则"，与意思自治原则一样，也是目前国际社会解决国际合同法律冲突、确定国际合同准据法的一个非常重要的原则。但是，随着国际私法理论和相关实践的不断发展，"最密切联系原则"已经延伸到了其他的领域，如我国《涉外民事关系法律适用法》第39条的规定。[1] 另外，随着国际私法理论的不断发展，国际私法在"最密切联系原则"的理论层面也有了一些新的发展。

二、最密切联系法的意义

国际私法学界普遍认为，以里斯为代表的一些美国学者全面、系统地提出了最密切联系原则的理论。他们认为，法院在处理案件时，应该适用与案件事实和当事人有最密切联系的那个地方的法律，并且把这种理论编纂到了1971年出版的美国《重述》之中。在《重述》中，里斯的"最密切联系原则"得到了充分运用，运用到了各种不同的类型的冲突规范中，使其更加具有灵活性。由于这种理论明显地提高了法律适用方面的灵活性和弹性，以致后来绝大多数的

---

〔1〕《涉外民事关系法律适用法》第39条规定："有价证券，适用有价证券权利实现地法律或者其他与该有价证券有最密切联系的法律。"法规应用研究中心主编：《最高人民法院　最高人民检察院司法解释与指导案例（商事卷）》，中国法制出版社2016年版，第1152页。

国内立法和国际条约都体现了这种理论。

笔者认为,在国际私法理论和实践日益发展的情况下,最密切联系原则也有了新的意义:

第一,最密切联系法作为兜底性的法律适用条款,它可以覆盖所有的国际民商事关系的法律适用,起到了"查漏补缺"的作用,如《涉外民事关系法律适用法》第2条的规定。[1] 在全球经济日益发展的今天,有可能会涌现出一些全新的国际民商事关系,而任何一个国家的立法者都是有历史局限性的,不可能预见到所有新型的国际民商事关系并且及时将相关的法律适用问题规定到位。此时,在法律没有规定具体的法律适用时,由司法人员根据案件的具体事实和各方面的因素,确定与之有最密切联系的国家的法律最具有合理性。最密切联系原则之所以在国际私法领域具有崇高的地位,一定是在解决相关的法律冲突问题时体现了它极高的合理性和科学性。

第二,法律推定一部分的国际合同与特定的国家有最密切联系,很大程度上降低了最密切联系原则的不确定性和不可预见性。自从最密切联系原则被系统提出之日起,它所带来的灵活性和不确定性就像是一个硬币的两面,无法分开。但是,随着国际私法理论的进一步发展,该难题得到了很好的解决,既最大限度地体现了最密切联系原则的精神和意义,又在合理的范围内限制了这种不确定性,如《罗马条例Ⅰ》第4条第3款的规定。[2] 从法律规范的含义来看,立法者已经推定了与8种类型国际合同相对应的、有最密切联系的国家的法律。在一般情况下,立法者的推定是科学合理的,毕竟立法者在草拟立法草案时已经尽可能地考虑了国际合同的方方面面。司法人员在审理相关案件时,在一般情况下只需要按照法律早已推定好的实体法规范来调整相关的国际合同关系。可以说,这种立法模式已经最大限度地降低了伴随在最密切联系原则中的不确定性,有利于增强国际合同关系中的当事人对于法律适用方面的可预见性。

第三,最密切联系原则的科学性已经突破了一般的冲突法意义。随着国

---

[1] 《涉外民事关系法律适用法》第2条规定:"本法和其他法律对涉外民事关系法律适用没有规定的,适用与该涉外民事关系有最密切联系的法律。"法规应用研究中心主编:《最高人民法院 最高人民检察院司法解释与指导案例(商事卷)》,中国法制出版社2016年版,第1150页。

[2] 《罗马条例Ⅰ》第4条第3款规定:"如从整体情况看,合同明显与第1款或第2款所指定国家以外的另一个国家有更加密切联系,则适用该另一国的法律。" Regulation (EC) No. 593/2008 of the European Parliament and of the Council of 17 June 2008 on the Law Applicable to Contractual Obligations.

际私法的发展,越来越多的学者注意到了最密切联系原则的科学性,并且将这种科学性运用到了其他领域,如国际民事诉讼领域。值得说明的是,国际民事诉讼理论和实践的发展也离不开经济全球化。全球经济的一体化创造了越来越多的全球诉讼。[1] 在国际民事诉讼领域的管辖权方面,专属管辖就强调一国法院对与其本国以及本国国民的根本利益具有密切联系的诉讼案件具有专属管辖的权限。在国际社会中,国际合同的当事人也会因为管辖权条款发生纠纷,特别是在当事人选择的管辖权条款涉及国家的公共政策或者公共利益时更是如此,如美国法院判决的"西部壳牌有限公司诉斯特奇有限公司案"就涉及类似争议。[2] 专属管辖的权限侧重民商事案件与有关国家及其国民的根本利益的联系程度,特别是强调内国法院对于那些与其国家及其国民根本利益密切相关的诉讼案件。显然,对于那些和内国具有最密切联系的、并不涉及内国公共利益的案件,立法者是不会把它们列入专属管辖的范围的。

第二节 最密切联系法的适用和限制

一、最密切联系原则的适用

最密切联系原则在解决国际合同的法律适用问题时,主要可以在两个方面起到重大作用。第一,司法人员运用手中的权力认定与国际合同具有最密切联系的国家的法律,并且适用该法律调整国际合同;第二,根据相关的冲突规范的指引,特定的国际合同应该适用当事人的国籍国法,但当事人具有双重国籍或者无国籍,此时司法人员可以采用最密切联系原则认定其国籍,并且适用其国籍国法调整国际合同。自从《涉外关系法律适用法》颁布以后,有的著作和论文认为,该部立法是以"最密切联系原则"作为整部法律的总体指导原则。该法第 2 条规定:"涉外民事法律适用的法律,依照本法确定。其他法律对涉外民事关系法律适用另有特别规定的,依照其规定。本法和其他法律对涉外民事关系法律适用没有规定的,适用与该涉外民事关系有最密切联系的法律。"显然,该法对"最密切联系原则"的定位是补充选择的指导原则,而不能

---

[1] Slaughter Anne-Marie, *Judicial Globalization*, Virginia Journal of International Law, Vol. 40:4, p. 1103 - 1124(1999).

[2] Shell v. R. W. Sturge, Ltd., No. 94 - 3,119, United States Court of Appeals for the Sixth Circuit, 55 F. 3d 1227; 1995 U. S. App. LEXIS 13911; 1995 FED App. 0176P (6th Cir.), May 1, 1995, Argued, June 8, 1995, Decided, June 8, 1995, Filed.

认为是该法的总体指导原则。虽然“最密切联系原则”不是该法总体指导原则,但是该原则所体现出来的价值取向应该得到充分的尊重,如有利于国际民商事活动的顺利开展、有利于我国法院适用国内法和外国法的稳定和高效、有利于我国作出的判决得到外国法院的承认与执行、有利于实现法律人所追求的公平正义等价值、有利于维护与实施国际民商事交往的秩序与规范等,但遗憾的是这些价值似乎并没有在具体的法律规范中体现出来。

(一)与国际合同具有最密切联系的法律

就某一特定的国际合同关系而言,它所强调的是整体上应将与国际合同具有最密切联系的国家的法律作为国际合同关系的准据法。而该系属公式之所以被认为具有很强的灵活性,是因为对于到底应该以哪一个国家的法律作为准据法,该原则没有具体的规定,而根据该原则的精神和意义,也不应该对此作出具体规定,只能由司法人员根据具体的情况去推定。

1.适用最密切联系原则确定准据法的问题

适用最密切联系原则确定国际合同的准据法的主要问题在于:第一,它赋予了审判人员过大的自由裁量权,如果完全由审判人员来确定与国际合同具有最密切联系国家的法律,有可能造成审判人员自由裁量权的滥用的问题。赋予司法人员过大的自由裁量权存在以下弊端:容易导致司法资源浪费。如果司法人员的自由裁量权过大,就可能存在重复审判、久拖不决、过度依赖司法解释等情况,从而浪费司法资源、影响司法效率。容易滋生腐败。如果司法人员的自由裁量权过大,就可能存在滥用职权、徇私舞弊、收受贿赂等腐败行为的风险,从而损害司法的公信力。容易导致司法不公。由于不同司法人员的法律理念、价值观、经验等因素的差异,如果赋予过大的自由裁量权,就可能导致不同的司法人员在处理相同或相似案件时,作出不同的判决结果,从而影响司法的公正性和权威性。因此,在立法中,应该严格控制司法人员的自由裁量权的范围和幅度,并加强监督和制约机制,以确保司法公正、廉洁和高效。第二,确定与特定的国际合同具有最密切联系国家的法律,一定会涉及非常复杂的法律技术,如何把所有与国际合同相关的合同因素列举出来是一个不容易解决的问题。德国学者马丁·沃尔夫认为,“为了探求与合同有最密切联系的,因而当事人在订约时大概会同意适用的法律,审判员必须仔细研究特定案件的一切情况”。[1] 实际上,要想仔细研究特定案件的一切情况是需要耗费极大的时间精力的,审判人员至少应该考虑以下因素:国际合同的缔结地、国际合同的履行地、国际合同的标的物所在地、国际合同当事人双方的营业地、住所地、国籍和案件的管辖权。第三,在确定了与国际合同有密切联系的所有要素以后,审判人员如何在各种要素之间进行取舍和量化并最终确定一套与国际合同有最密切联系的国家法律也是一个难题。

2. “特征履行说”

为了解决上述关于最密切联系原则的几个问题,不同国家的学者提出了不同的理论,如合同要素分析法,[2]而其中影响力最大的是“特征履行说”。该学说的核心观点是:应该以国际合同其中一方当事人的一个特征履行行为为标准确定国际合同的准据法。“特征性履行方法”自从在欧洲《罗马公约》中得到全面贯彻以来,已经成为大陆法国家合同法律适用上除“当事人意思自治”外最基本的方法。[3] 如我国 2007 年《法律适用若干问题的规定》第 5 条就很好地体现了“特征履行说”理论。[4] 但是,虽然特征履行说理论在我国的立法中得到了很好的体现,但是还有个别的国际合同关系没有被考虑,如国际海上运输合同、国际海难救助合同和国际混合合同,上述 3 类国际合同中,到底哪一方当事人的哪一个履行行为是特征履行行为?在确定了有关国际合同的特征履行行为以后,是以该特征履行行为当事人的属人法,还是以该特征履行行为

---

〔1〕 谢石松:《国际私法学》,高等教育出版社 2017 年版,第 149 页。

〔2〕 邵景春:《国际合同法律适用论》,北京大学出版社 1997 年版,第 118 页。

〔3〕 杜涛:《国际私法原理》,复旦大学出版社 2014 年版,第 228 页。

〔4〕 2007 年《法律适用若干问题的规定》第 5 条明确规定:“当事人未选择合同争议应适用的法律的,适用与合同有最密切联系的国家或者地区的法律。人民法院根据最密切联系原则确定合同争议应适用的法律时,应根据合同的特殊性质,以及某一方当事人履行的义务最能体现合同的本质特性等因素,确定与合同有最密切联系的国家或者地区的法律作为合同的准据法。(一)买卖合同,适用合同订立时卖方住所地法;如果合同是在买方住所地谈判并订立的,或者合同明确规定卖方须在买方住所地履行交货义务的,适用买方住所地法。(二)来料加工、来件装配以及其他各种加工承揽合同,适用加工承揽人住所地法。(三)成套设备供应合同,适用设备安装地法。(四)不动产买卖、租赁或者抵押合同,适用不动产所在地法。(五)动产租赁合同,适用出租人住所地法。(六)动产质押合同,适用质权人住所地法。(七)借款合同,适用贷款人住所地法。(八)保险合同,适用保险人住所地法。(九)融资租赁合同,适用承租人住所地法。(十)建设工程合同,适用建设工程所在地法。(十一)仓储、保管合同,适用仓储、保管人住所地法。(十二)保证合同,适用保证人住所地法。(十三)委托合同,适用受托人住所地法。(十四)债券的发行、销售和转让合同,分别适用债券发行地法、债券销售地法和债券转让地法。(十五)拍卖合同,适用拍卖举行地法。(十六)行纪合同,适用行纪人住所地法。(十七)居间合同,适用居间人住所地法。如果上述合同明显与另一国家或者地区有更密切联系的,适用该另一国家或者地区的法律。”最高人民法院:《司法业务文选》,载《法律出版刊》2007 年第 30 期。

的行为地法为该国际合同的准据法？笔者将在下面的章节对这两个问题作出具体的讨论。另外，还有一个问题也是值得注意的，即"特征履行说"并不是可以适用于所有的国际合同，因为有的国际合同的"特征性"是无法判断的，或者说国际合同的双方当事人的履行行为都没有"特征性"。例如，有的国际合同双方履行的义务都是支付金钱的义务，典型的就是兑换货币的国际合同，双方的履行行为都不具有"特征性"，此时"特征履行说"是没有办法合理地解决问题的。

二、与当事人具有最密切联系的国籍

以国籍作为自然人属人法的连结点，可能产生的最大问题就是国籍冲突问题。在国际私法领域，国籍冲突是指一个自然人具有两个或者两个以上国家的国籍，或不具有任何一个国家的国籍，分别可以称为国籍的积极冲突和消极冲突。对于自然人国籍消极冲突问题的解决，一般都是以自然人的住所地国家的法律或者居所地国家的法律为其属人法。但也有学者认为，住所这一事实从国际法的角度决定了个人的地位，与公民身份没有必然联系。[1] 而对于自然人国籍积极冲突的解决，如果自然人所具有的两个或者两个以上的国籍中，其中一个国籍是内国国籍，一般是以内国国籍优先。但是，如果自然人所具有的两国或者两个以上的国籍都是外国国籍，国际社会的解决办法则是不尽相同的。随着国际交往的日益复杂化，国籍冲突现象在相当长时期内将会逐步增加，其原因主要有两个：第一，国籍确定的主权原则。主权不是授予，而是行使权力。[2] 在确定国籍领域，没有国际法意义上的法律规范，每个国家都有完全的权利按照自己的意愿来制定本国的国籍法，以此来确定谁是或者不是她的国民。第二，国际立法的发展。在第二次世界大战之后，有相当一部分国家根据形势的变化对本国的国籍法作出修改，修改后的国籍法最大的特点就是国家在更大范围内承认当事人的双重国籍。目前世界上已有93个国家

〔1〕 Boyd Winchester, *Citizenship in Its International Relation*, American Law Review, Vol. 31:4, p. 504 – 513(1897).

〔2〕 Maria del Angel Iglesias Vazquez, *Globalization*, *Legal Globalization*, *Global Law and Private International Law*, Cuadernos de Derecho Transnacional, Vol. 9:1, p. 215 – 235(2017).

承认了双重国籍。[1] 值得注意的是，根据我国《国籍法》第 3 条的规定，[2] 我国并不承认中国公民拥有双重国籍，但是承认自然人具有两个或者两个以上外国国籍。

目前，在自然人具有两个或者两个以上外国国籍时，有的学者提出应该用“最密切联系原则”来解决国籍的积极冲突问题。这种方法为许多学者所倡导，也为许多国家的立法和司法实践所采纳。[3] 可以说，最密切联系原则是国际私法传统法律选择方法与现代法律选择方法的融合与折中，是国际私法发展史上的里程碑。[4] 我国《涉外民事关系法律适用法》第 19 条的规定，[5] 也在很大程度上体现了最密切联系原则。当然，这条法律规定所指的自然人是指外国人。提倡采用最密切联系原则确定当事人国籍的学者逐渐发现，由于国籍冲突现象的日益复杂，不同案件中的自然人的最密切联系地可能不太相同，如有的当事人可能与经常居所地有最密切联系，有的自然人可能与住所有最密切联系，有的自然人可能与行使政治权利地有最密切联系，有的自然人可能与出生地有最密切联系。当事人在哪一国出生，在哪一国设定惯常居所或住所，在哪一国行使政治权利，在哪一国从事业务活动，以及其内心倾向哪一国等因素，都应加以考虑。[6] 涉及具体案例，就要“考虑到各种因素，其重要性亦因案件不同而各异”。[7] 所以，通过国家立法直接规定自然人与某一国家或者地方存在最密切联系已经变得和现实生活明显不符。明确规定自然人与经常居所地，或者住所，或者行使政治权利地有最密切联系这一做法已经无法适应国际民商事关系发展的客观需要。因此，提出直接规定一个概括性的、开放性的灵活的法律适用原则，即直接规定“自然人具有两个或者两个以上外国国

---

[1] 肖永平、郭明磊：《全球化视野下的双重国籍——兼论我国国籍法的弊端与对策》，载《武汉大学学报(哲学社会科学版)》2006 年第 5 期。

[2] 《国籍法》第 3 条规定：“中华人民共和国不承认中国公民具有双重国籍。”

[3] 李浩培：《国籍问题的比较研究》，商务印书馆 1979 年版，第 23 页。

[4] 姜茹娇、王娇莺：《论国际私法中法律选择方法的价值追求——兼论最密切联系原则的勃兴与修正》，载《比较法研究》2003 年第 3 期。

[5] 《涉外民事关系法律适用法》第 19 条规定：“依照本法适用国籍国法律，自然人具有两个以上国籍的，适用有经常居所的国籍国法律；在所有国籍国均无经常居所的，适用与其有最密切联系的国籍国法律。自然人无国籍或者国籍不明的，适用其经常居所地法律。”法规应用研究中心主编：《最高人民法院　最高人民检察院司法解释与指导案例(商事卷)》，中国法制出版社 2016 年版，第 1151 页。

[6] 韩德培主编：《国际私法》，北京大学出版社、高等教育出版社 2007 年版，第 62 页。

[7] David Harris, *Cases and Materials on International Saw*, 15th *ed.*, Sweet & Maxwell, 1998, p. 590.

籍时,适用与自然人有最密切联系的国家的法律”是更合理的做法。我国《涉外民事关系法律适用法》第19条规定:“依照本法适用国籍国法律,自然人具有两个以上国籍的,适用有经常居所的国籍国法律……”该规定有其不合理的地方,因为其强行推定经常居所地国与当事人具有最密切联系。这意味着大大地缩小了最密切联系原则的适用范围,并不利于灵活地解决当事人的国籍冲突问题。

同时,对这一原则的适用还存在其他一些问题。在这一原则的具体适用过程中需要对各种不同的因素进行综合考察,并在此基础上确定与当事人有最密切联系的国籍。这容易导致在确定准据法问题上的主观随意性,同时容易导致法律适用结果的不确定性和不可预见性,进而会影响有关争议的公正处理。此外,在适用这一原则的过程中,还赋予了有关方面太大的自由裁量权,使自然人国籍的确定太多地依赖有关方面的主观意识。所以甚至有学者认为,作为一项一般原则,“真实联系”颇有价值,但是在与特殊问题的关系上,这项原则可能引起太多问题,是提出了问题而不是提供了解决办法。[1]

笔者认为,在立法上可以适用最密切联系原则来解决国籍的冲突问题。如前所述,在自然人属人法领域发生国籍积极冲突时,“适用与当事人有最密切联系的国籍国法律”是一条概括性的、开放的且可以灵活适用的冲突规范。就一般的情况而言,最密切联系原则强调的是自然人与某一不特定国家或者地方之间所存在的客观联系。而就某一具体案件中特定的自然人而言,它强调该特定的自然人肯定与各有关国家或者地方中的某一特定国家或者地方之间存在最密切联系。而至于该具体案件中特定的自然人究竟和哪一个国家或者地方有最密切联系,这一原则本身不应该作出明确的规定,只能由特定案件的裁判者根据特定的自然人的有关实际情况去推定。这种国籍与事实相符且基于有关个人与其国籍所涉及国家之间有较强的实际联系。[2]

国际法院在“诺特波姆案”中就利用了最密切联系原则来解决国籍的冲突问题。[3] 在该案例中,当事人是一位在危地马拉从事商业活动的德国商人,通过观察形势,他发现危地马拉和德国的国际关系有可能发展成敌对国关系,于是他申请加入了列支敦士登国国籍,意图避免危地马拉当局认为他是敌对国

---

〔1〕［英］伊恩·布朗利:《国际公法原理》,曾令良等译,法律出版社2003年版,第446页。

〔2〕［英］伊恩·布朗利:《国际公法原理》,曾令良等译,法律出版社2003年版,第443页。

〔3〕See Nottebohm Case, Judgment, ICJ.

公民。但是,危地马拉当局最终仍然认为,其是敌国公民并将其予以逮捕。列支敦士登为了保护本国公民,就在国际法院起诉。国际法院确定了其对此案享有管辖权。国际法院和法庭尽管拥有强制管辖权,但是这不能和国内法院中的强制性管辖权相提并论。[1] 国际法院认为,诺特波姆在取得列支敦士登的国籍之后,他在列支敦士登没有永久居所,也没有打算在那里定居,从来没有打算把他的全部产业或者部分产业转入该国,因此,国际法院依据最密切联系原则,有充分的理由认为诺特波姆的有效国籍是德国国籍,而不是列支敦士登国籍。

对于最密切联系原则在国籍冲突领域的具体适用,在目前国际社会的有关立法和司法不尽相同。特别是裁判者究竟应该怎么行使自己的自由裁量权的问题,以法律赋予法官或者仲裁员多大程度的自由裁量权为标准,可以具体分成 3 种不同做法。

第一,实行完全的自由裁量。实行完全的自由裁量,意味着在法律规范中笼统地规定"自然人拥有两个或者两个以上国籍时,适用与自然人有最密切联系的国籍国法律",至于究竟应该怎么确定最密切联系地,国家的立法不作进一步规定。根据 1987 年《瑞士联邦国际私法》第 23 条第 2 款的规定:"除本法另有规定外,如果一个人具有几个国籍,为确定应该适用的法律,只以与之有最密切联系的那个国家的法律为准。"[2]

第二,实行有限的自由裁量。实行有限的自由裁量,意味着在法律规范中规定了最密切联系原则的同时,也明确规定了连结点和适用法律的范围,而由有关的裁判者在这一范围之内来确定特定的当事人的国籍,这种做法在一定程度上增加了法律适用的确定性。这一范围有:住所、经常居所地、出生地、行使权利地、主要活动地和主要利益所在地等。这种做法比较好地避免了前文所提到的最密切联系原则可能导致的不确定性、主观随意性和不可预见性。但是,它的不足之处也是相当明显的,即毕竟它还是确定了一个范围,在特定范围内寻找一个"最密切联系地"。它无法解决可能发生的有关当事人与其规定的国家或者地方以外的其他国家或者地方有更密切的联系的问题。从本质上来说,这种做法违背了最密切联系原则的基本精神和本质所在。

---

[1] Adam Wisniewski, *International Courts and Legalism in International Law*, Polish Review of International and European Lawm, Vol. 5:1, p. 9 - 36(2016).

[2] 张庆元:《国际私法中的国籍问题研究》,武汉大学 2009 年博士学位论文,第 64 页。

第三,实行不完全的自由裁量。实行不完全的自由裁量,意味着在法律规范中规定最密切联系原则的同时,也为适用这一原则提供一些指导性的规范,要求裁判者在一般情况下必须按照这些指导性的规范去确定自然人的国籍,进而确定自然人的属人法。而只有在特殊情况下,裁判者才能认为自然人与另外一个国家或者地方与该自然人有最密切的联系,并且适用这个国家或者地方的法律作为当事人的属人法。例如,在立法中规定:(1)如果当事人拥有两个或者两个以上国籍时,则适用与当事人有最密切联系的国籍国法律。(2)可以推定当事人的经常居所地国与当事人有最密切联系。(3)如果当事人在所有的国籍国都没有经常居所地,可以推定当事人的主要利益所在地与当事人有最密切联系。(4)从整体情况看,如果当事人与另一个国籍国有更加密切的联系,则可以放弃第2款、第3款的推定。这种做法既能够兼顾最密切联系原则所体现的灵活性和开放性,又能够在最大限度上避免主观随意性、不可预见性和不确定性,应该是一种比较科学的做法。目前,我国立法倾向采取不完全的自由裁量的方法,即在外国人拥有双重国籍或者多重国籍时,适用与当事人有最密切联系的国籍国法律并且推定当事人的经常居所地与当事人有最密切联系。但是,我国的立法没有考虑当事人的经常居所地和最密切联系地并不一致的情况,立法也没有赋予裁判者认定"自然人与另一个国家或者地方与该自然人有最密切联系"的权力。因此,我国立法机关有必要对相关的法律规范做出修改,赋予有关方面更多的自由裁量权。

第三节 最密切联系原则的限制

一、从保护弱方当事人上加以限制

"弱方当事人"通常是指在争议解决过程中,相对强势一方当事人而言,处于相对弱势地位的一方当事人。在民事诉讼中,弱方当事人通常是指经济条件、社会地位、法律知识等方面相对较弱,需要法律保护的一方。在某些情况下,弱方当事人可能是消费者、劳动者、弱势群体等,他们在争议解决中可能面临更多的困难和挑战,需要得到更多的法律保护和支持。在仲裁中,弱方当事人通常是指权利容易受到侵害的一方,他们需要得到更多的关注和保护。保护弱方当事人的原因主要有以下几点:

防止权利滥用。保护弱方当事人可以防止强者对弱者的权利滥用。在某些情况下,强者可能会利用其优势地位对弱者进行不当的限制或压迫,这违反了公平和正义的原则。社会稳定。保护弱方当事人有助于维护社会的稳定。当弱势群体的权益受到侵害时,如果不能得到有效的法律保护,可能会导致社会的不满和不稳定。公平正义。法律应当保护所有当事人的合法权益,无论其身份、地位或实力,弱方当事人往往在实力、资源和信息方面处于不利地位,因此更需要法律的保护,以实现社会的公平和正义。推动社会进步。保护弱方当事人有助于推动社会的进步。弱势群体往往也是社会变革和进步的动力之一,为其提供法律保护可以激发其积极性和创造力,推动社会的进步和发展。促进和谐社会。保护弱方当事人是构建和谐社会的必要条件。一个和谐的社会应该关注弱势群体的权益,为其提供必要的帮助和支持,以实现社会的共同发展。从国际私法理论的发展史来看,越来越多的国家把保护国际民商事关系中的弱方当事人的利益作为一项重要的公共政策,但是不同的国家的立法会把这种公共政策蕴含在不同的法律规范当中,如《罗马条例Ⅰ》第8条关于国际雇佣合同的法律规范就非常准确地体现了这种理念。[1] 该条法律规定一定程度上是对最密切联系原则的限制,因为根据《罗马条例Ⅰ》第8条第4款的规定,[2]司法人员完全有权力认定除第2款和第3款以外的其他国家与国际合同具有最密切的联系并且适用该国(本章称为“第三国”)的法律来调整国际合同。但是,如果第2款或第3款的规定所指向的国家存在“不得通过协议减损”的强制规则,则应该适用第2款或第3款中的“不得通过协议减损”的强制规则,而不再适用与该国际雇佣合同具有最密切联系的第三国的法律。

二、从维护公共利益上加以限制

从维护公共利益上限制最密切联系原则的适用,是指各有关国家的法律规定,司法人员基于最密切联系原则去判断与国际合同有最密切联系的国家的法律时,不能违反其本应作为合同准据法的国家的公共利益。美国的法院适用更好的方法来处理选择法律的问题,接受了很多法律学者提出的学说,如

---

〔1〕《罗马条例Ⅰ》第8条第1款规定:“个人雇佣合同应适用当事人根据第3条规定所选择的法律。但该法律选择的结果,不得剥夺未作法律选择时依本条第2款、第3款和第4款规定应适用的法律中那些不得通过协议加以减损的强制规则给予受雇人提供的保护。” Regulation (EC) No. 593/2008 of the European Parliament and of the Council of 17 June 2008 on the Law Applicable to Contractual Obligations.

〔2〕《罗马条例Ⅰ》第8条第4款规定:“如从整体上看,合同明显与本条第2款或第3款所指国家以外的另一个国家具有更密切联系,则适用该另一国的法律”。Regulation (EC) No. 593/2008 of the European Parliament and of the Council of 17 June 2008 on the Law Applicable to Contractual Obligations.

柯里的"利益分析说"。[1] 而在现代的国际私法理论当中,越来越多国家把强制保险制度作为维护公共利益的一项非常重要的政策,如《罗马条例Ⅰ》第7条第4款。[2] 该法律规定是对最密切联系原则的一种限制,因为根据《罗马条例Ⅰ》第7条第2款的规定,[3]原则上保险人的惯常居所地国是与国际保险合同有最密切联系的国家,但是司法人员可以行使自由裁量权,认定其他的国家与相关的国际保险合同有最密切联系。无论司法人员是直接依据法律的推定适用保险人的惯常居所地国法,还是行使法律赋予他的自由裁量权认定其他的最密切联系法,都不影响成员方关于强制保险义务的法律规范的适用。这也就意味着,在最密切联系国法与成员方关于某类合同规定了强制保险义务的法律相冲突时,将适用相关的强制保险义务的法律。

三、从法律规范性质上加以限制

从法律规范的性质上对限制最密切联系原则的适用,是指在案件事实涉及了具有优先效力的强制性规范时,即使这类规范与案件不具备最密切联系,仍然应该适用具有优先效力的强制性规范,如《罗马条例Ⅰ》第9条第1款。[4] 但是,《罗马条例Ⅰ》本身并没有具体规定什么法律规定具有优先强制效力,意味着各成员方的立法机构可以各自认定具体的优先性强制规则。从《罗马条例Ⅰ》的措辞来看,法院地的优先性强制规则具有绝对的效力。

优先性强制规则也是对适用最密切联系原则的限制之一,因为当最密切联系国家的法律与优先性强制规则发生冲突时,特别是与法院地国家的优先

---

〔1〕 Friedrich K. Juenger, *Private International Law or International Private Law*, The King's College Law Journal, Vol. 5, p. 45 - 62(1994).

〔2〕 《罗马条例Ⅰ》第7条第4款规定:"如果成员方对某些风险规定了强制保险义务,则对于承保此类风险的保险合同适用下列另行规定:只有在保险合同符合课加强制保险义务的成员方有关该保险的特别规定时,该保险合同才具有承担保险义务的效力。如果风险所在地国法与课加强制保险义务的成员方法彼此冲突,则后者优于适用。" Regulation (EC) No. 593/2008 of the European Parliament and of the Council of 17 June 2008 on the Law Applicable to Contractual Obligations.

〔3〕 《罗马条例Ⅰ》第7条第2款规定:"当事人没有选择准据法时,保险合同适用保险人惯常居所地国法。如从整体上看,合同明显与另一国有更密切联系,则适用该另一国的法律。" Regulation (EC) No. 593/2008 of the European Parliament and of the Council of 17 June 2008 on the Law Applicable to Contractual Obligations.

〔4〕 《罗马条例Ⅰ》第9条第1款规定:"优先性强制规则是指,一国认为在维护其诸如政治、社会或者经济组织等公共利益方面至关重要而必须遵守的规则,以至于对属于其适用范围的所有情况,不论根据本条例适用于合同的是何种法律,他们都必须予以适用。" Regulation (EC) No. 593/2008 of the European Parliament and of the Council of 17 June 2008 on the Law Applicable to Contractual Obligations.

性强制规范发生冲突时,《罗马条例Ⅰ》认为应该适用优先性强制规范。根据《罗马条例Ⅰ》第5条第3款的规定,[1]司法人员运用该法律规定认定某一国(非法院地国)与国际运输合同具有最密切联系并且适用该国的法律的前提是,法院地国不存在这方面的优先性强制规范,或者其优先性强制规范与该非法院地国的法律并不冲突。

---

〔1〕《罗马条例Ⅰ》第5条第3款关于国际运输合同规定:"为进行法律选择时,如从整体上看,合同明显与第1款或第2款所指国家以外的另一个国家具有更密切联系,则适用该另一国的法律。" Regulation (EC) No. 593/2008 of the European Parliament and of the Council of 17 June 2008 on the Law Applicable to Contractual Obligations.

分　论

第六章 国际海上货物运输合同的法律适用

海上运输主要可以区分为两种，即海上货物运输和海上游客运输。由于国际的游客运输的数量很小，而且在国际航空业日益发达的今天，越来越少的乘客会选择海上航行的方式跨国出行，而笔者在本章也只讨论海上货物运输。目前，因为海上运输的方式具有成本低和运输量大这两个显著的特点，所以大量的国际的货物运输都是通过海上运输的方式完成的。亚洲及太平洋经济社会委员会指出交通基础设施和服务在加强区域经济合作和提高区域一体化方面的重要作用，并赞扬成员方为发展本区域交通运输部门所采取的举措以及秘书处所做的努力。[1] 但是，由于国与国之间的调整海上货物运输的法律规范大不相同，在该领域形成大量的法律冲突的现象是不可避免的。为了缓解这种法律冲突现象，国际社会做出了不懈的努力，并且相继推出了一系列在国际上相当有影响力的国际条约，即《海牙规则》、《修改统一提单若干法律规定的国际公约议定书》（以下简称《维斯比规则》）、《联合国海上货物运输公约》（以下简称《汉堡规则》）和最新的《鹿特丹规则》等。虽然 2008 年联合国大会批准通过《鹿特丹规则》，但是由于目前尚没有达到 20 个缔约方批准的最低生效要件，在可以预见的不久的将来，该公约生效的可能性是比较大的。另外，《鹿特丹规则》的起草毕竟是聚集了一批国外较有影响力海商法专家学者和实务人员进行的，在一定程度上代表了一部分学者和实务者对海商法未来的发展的基本态度。对于该公约作适当的研究，也有利于国内法学界与国际法学界对话的展开。因此，笔者将在下文主要对该国际条约的适用范围进行探讨。

---

〔1〕 Economic and Social Commission for Asia and the Pacific, E/2012/39 - E/ESCAP/68/24:15.

国际法和国内法,是作为两个平行而又不相同的体系而存在。[1] 虽然这些国际条约使国与国之间的法律冲突减少了,但是,毕竟没有将法律冲突的现象完全消灭,而剩余的法律冲突问题就仍然需要通过冲突规范指向的国内法来解决。笔者将结合我国国内法存在的相关的法律空白,对此提出适当的立法建议。国际法和国内法,是作为两个平行而又不相同的体系而存在。

第一节　国际海上运输合同的法律冲突

国际海上运输合同属于国际合同中的一种,它是指承运人收取一定的费用,按照合同的约定通过海上运输的方式,将托运人的货物从一个港口运到另一个港口。海上运输合同主要围绕承运人和托运人的权利义务展开,相关的法律规范也尽可能将两者的权利义务基本上维持在一个平衡的状态。随着运输合同的形成和提单的签发,出现了一些责任,这些责任大部分依赖承运人,但货主也对承运人负有重要责任。[2] 总体而言,其在国际贸易领域起到的作用是不可忽视的。国际海上运输合同的作用主要表现在以下几个方面:明确当事人的权利和义务。国际海上运输合同明确了买卖双方的权利和义务,确保了货物能够安全、及时地到达目的地。降低遭遇风险的可能。通过签订国际海上运输合同,买卖双方可以降低在运输过程中可能面临的风险,如货物损失、延误等。促进国际贸易。国际海上运输合同是国际贸易中不可或缺的一环,有助于促进国家之间的贸易往来和经济发展。保障货物运输的顺利进行。国际海上运输合同可以保障货物运输的顺利进行,防止纠纷和经济损失的发生。规范运输过程。国际海上运输合同规范了货物的装运、运输、交付和支付等环节,确保整个运输过程有明确的指导和约束。而各个国家对国际海上运输合同所做出的规定又是各不相同的,从而就发生了国际海上运输合同的法律冲突问题,而较为明显的法律冲突包括以下五个方面。

一、承运人责任期间的法律冲突

责任期间,是指海上运输合同的承运人必须依据法律规范对托运人的货

---

〔1〕 Ion Galea, *A New Perspective on the Relation between International Law and Domestic Law Based on the Rule of Law*, Analele Universitatii din Bucuresti: Seria Drept, Vol. 1, p. 72 – 85(2016).

〔2〕 Dewey Villareal, *Carrier's Responsibility to Cargo and Cargo's to Carrier*, Tulane Law Review, Vol. 45:4, p. 770 – 780(1970 – 1971).

物负强制性义务的期间。海上运输合同的承运人责任期间的规定在不同的法系的国家、同一法系的不同国家之间甚至同一国家的不同时期都存在不同的规定,从而在承运人责任期间上发生了法律冲突。主要是因为以下几方面的差异。贸易习惯。不同的贸易习惯也会影响承运人的责任期限。例如,有些国家更倾向使用海运提单,而有些国家则更倾向使用多式联运单据,这两种单据在承运人的责任期限上有所不同。法律体系。不同国家的法律体系不同,对承运人的责任范围和责任期限有不同的规定。例如,一些国家采用"船舷法则",即在货物装到船上时,风险就转移到买方,承运人的责任期限仅限于货物在船上的期间;而另一些国家则采用提单法,规定承运人的责任期限可以延伸到货物到达目的地后的某个时期。保险制度。保险制度的不同也会影响承运人的责任期限。在一些国家,保险公司通常会要求货物在一定时间内得到承运人的保障,因而承运人的责任期限通常会根据保险公司的要求进行确定。运输方式。不同的运输方式需要不同的承运人责任期限。例如,对于海上运输,承运人的责任期限通常较长;而对于航空运输,由于货物的风险通常在货物交付时转移,因此承运人的责任期限相对较短。具体来说,承运人责任期间的法律冲突主要集中在责任期间的起止。例如,根据我国《海商法》第 46 条的规定:"承运人对集装箱装运的货物的责任期间,是指从装货港接收货物时起至卸货港交付货物时止,货物处于承运人掌管之下的全部期间。集装箱化使多式联运甚至门到门服务切实可行,以满足现代货物贸易的要求。[1] 承运人对非集装箱装运的货物的责任期间,是指从货物装上船时起至卸下船时止,货物处于承运人掌管之下的全部期间。在承运人的责任期间,货物发生灭失或者损坏,除本节另有规定外,承运人应当负赔偿责任。"[2]可见,我国《海商法》中明确区分了集装箱运输和非集装箱运输的责任期间。对于集装箱运输,承运人的责任期间是从"装货港接收货物时起至卸货港交付货物时止";而对于非集装箱运输,承运人的责任期间是从"货物装上船时起至卸下船时止"。在海上货物运输领域,交货往往是一个非常重要的时间节点,交货与否会导致当

---

〔1〕 Hu James Zhengliang & Sun Siqi, *A Study on the Updating of the Law on Carriage of Goods by Sea in China*, Australian and New Zealand Maritime Law Journal, 2016, Vol. 30:1, p. 116.

〔2〕 法规应用研究中心主编:《最高人民法院　最高人民检察院司法解释与指导案例(商事卷)》,中国法制出版社 2016 年版,第 109 页。

事人之间大不相同的权利义务状态。交货通常意味着转移对货物的实际控制。[1] 立法者对不同的货物分别规定不同的责任期间是合理的,因为集装箱本身就具有了一定的保护货物的功能。相对而言,承运人借助集装箱可以较容易地保护货物的质量,所以法律规定承运人从港口接收货物起就应该开始对货物负责也并不为过。而非集装箱运输就不具备该特点,如果法律强制性要求承运人从港口接收货物起就应该保证货物不变质,那么对承运人的保护义务的要求就过高了,特别是一些散装的货物,让承运人从港口开始就保证其质量一直维持在较高水平是相当困难的。《德国商法典》则规定:"承运人依一个正常承运人之方式装载、卸载、理舱、平舱和运输。从接受货物起至交货时止期间内产生任何损失,承运人应承担赔偿责任。除非承运人能够证明一个正常的承运人不能避免此种损失。"[2]

二、承运人免责制度的法律冲突

承运人的免责制度,是在对货物运输途中货物发生了灭失、损害等,导致了收货人损失,由于法律规定了在特定情况下可免除承运人的赔偿责任,承运人对此可以不负赔偿责任。规定承运人免责制度的原因是为了平衡不同利益方之间的权益,并促进海上运输行业的发展。首先,承运人免责制度也有助于维护公共利益。如果承运人需要承担全部责任,那么他们可能会通过提高运费或降低服务质量等方式来转嫁风险,这将对整个社会造成不利影响。而承运人免责制度可以避免这种不正当竞争行为,确保运输市场的稳定发展。其次,由于海上运输存在很高的风险,规定承运人免责制度可以防止承运人因过失或意外事件导致货物损失而承担全部责任,从而避免其因过失而遭受重大损失。这有助于保护承运人的利益,并鼓励更多的人从事海上运输行业。此外,规定承运人免责制度还可以鼓励承运人采取更加积极的措施来保障货物的安全和运输的可靠性。如果承运人知道他们可以免除某些责任,他们可能会更加注重提高运输安全性,从而降低货物损失的风险。事实上,各国在这方面的法律冲突也是比较多的,国际社会所形成的国际条约也在这方面作出了不同的规定。总体来说,不同的国家采取了不同的立法,可以具体分成两大类

---

〔1〕 Chang-Joon Kim, *Recent Developments in Maritime Law of Korea* 2009 - 2010, Asian Business Lawyer, Vol. 8:11, p. 25 - 48(2011).

〔2〕 王国华:《海事国际私法(冲突法篇)》,北京大学出版社 2009 年版,第 82 页。

型,即不完全过失责任制和完全过失责任制。例如,《韩国商法典》第 789 条第 3 款规定:“前款规定不适用于船长、海员、引航员及其他船舶雇佣人的因驾驶或管理船舶的行为或因船舶火灾而发生的损害。但因船舶所有人的故意或者过失而产生的火灾除外。”[1] 而该条文中的“前款规定”是关于对承运人免除责任的规定。这意味着韩国采取的是完全过失责任制。毫无疑问,这种立法是有利于托运人的利益的,因为在漫长的海上航行中,在船长、海员、引航员以及其他船舶雇佣人因为管理船舶不当而导致货物损害时,可以要求承运人承担赔偿责任,就在很大程度上加重了承运人的义务,甚至有可能导致一部分的承运人退出航运业。目前,在国际社会中,依据《维斯比规则》第 4 条第 2 款第 b 项的规定免除其他相对人的责任,引起了英国法院的注意,如在英国法院判决的嘉能能源公司一案中就体现了这种关注。[2] 而我国《海商法》第 51 条第 1 款则规定:“在责任期间货物发生的灭失或者损坏是由于下列原因之一造成的,承运人不负赔偿责任:(一)船长、船员、引航员或者承运人的其他受雇人在驾驶船舶或者管理船舶中的过失”,可见,我国采取的是不完全责任过失责任制,这种立法是有利于承运人利益的。与完全责任过失责任制相反,在漫长的海上航行中,在船长、船员、引航员或者承运人的其他受雇人管理船舶不当而导致货物受到损害时,托运人不可以要求承运人承担赔偿责任,就在很大程度上减轻了承运人的义务,间接鼓励更多的人加入航运业中。

三、承运人赔偿责任限制的法律冲突

承运人赔偿责任限制制度,是指承运人因为自己的过失而造成托运人一定的损失,可以将其责任限制在一定金额范围内的制度。规定承运人责任限制制度的原因主要是为了平衡不同利益方之间的权益,保护承运人的利益,并促进海上运输行业的发展。首先,承运人责任限制制度也有助于维护公共利益。如果承运人需要承担过高的赔偿责任,那么他们可能会通过提高运费或降低服务质量等方式来转嫁风险。其次,海上运输是一种高风险的行业,船舶在海上遭遇的风险多种多样,如天气、海象、海盗等,这些风险都可能导致船舶损坏、货物损失等后果。如果对承运人的责任不加以限制,那么一旦发生货

---

[1] 张忠晔主编:《各国和地区海商法比较》,人民交通出版社 1994 年版,第 71 页。

[2] Glencore Energy UK Ltd. and another v. Freeport Holdings Ltd., Queen's Bench Division (Commercial Court), [2018] All ER (D) 75 (Jan); [2017] EWHC 3348 (Comm), 21 December 2017.

损、货差等事故，货主就有可能向承运人提出巨额索赔，导致承运人面临巨大的经济压力。因此，规定承运人责任限制制度可以防止承运人因过失或意外事件导致货物损失而承担过高的赔偿责任，从而保护承运人的利益。此外，规定承运人责任限制制度还可以鼓励承运人采取更加积极的措施来保障货物的安全和运输的可靠性。如果承运人知道他们只需要承担一定范围内的赔偿责任，那么他们可能会更加注重提高运输安全性，采取更加有效的措施来预防事故的发生，从而降低货物损失的风险。责任限制制度的起源是模糊的。[1] 现在世界上有很多地方，船舶所有人责任限制额定得很低，不只是印度尼西亚如此。今后，船方如要取巧，只需在提单中写上以这些地方的法律和管辖权为准，出了大事故后，完全承认责任，只要求去这种地方享受船东责任限制，那货方也无能为力。[2] 实际上，承运人赔偿责任限制制度可以对承运人起到很好的保护作用，因为在国际海运中，承运人所要运载的货物量巨大，如果不采取承运人赔偿责任限制制度，则承运人完全有可能因为其一次的过失就导致航运公司的破产。随着时间的推移，越来越多的主体可以享受到责任限制，而不仅仅是船东，责任限制的主体还应该解释为其他人。[3] 从保护国际海运业的角度来看，各国普遍从立法上确立了承运人赔偿责任限制制度，但是各国在此立法上却发生了异常激烈的冲突。通常而言，海运业发达的国家，为了更好地保护其本国的海运业，会倾向设置相对低额的赔偿责任限制；而海运业欠发达的国家，则会倾向设置相对高额的赔偿责任限制。《英国 1924 年海上货物运输法》第 4 条第 5 款规定："不论是承运人或者是船舶，对货物或与货物有关的灭失或损害，于每包或每单位超过 100 英镑或其等值的其他货币时，在任何情况下，都不负责。但是，托运人于货物装运前已将其性质和价值加以声明，并已在提单上注明者，不在此限。该项声明如被载入提单，即应成为表面证据，但不应对承运人具有约束力或证据性质。经承运人、船长或承运人的代理人与托运人协议，得在本款所载数额之外另行确定一个最高数额，但此最高数额不

〔1〕 MacKenzie Alan, *Limitation of Liability as a Risk Allocation Mechanism in Maritime Law*, Australian and New Zealand Maritime Law Journal, Vol. 29:1, p. 1 - 7(2015).

〔2〕 杨良宜：《外贸及海运诈骗货物索赔新发展》，大连海运学院出版社 1994 年版，第 183 页。

〔3〕 Wolff Vesna Skorupan, *Persons Entitled to Limitation of Liability for Claims Deriving from the Contract on Carriage of Goods by Sea*, Zbornik Pravnog Fakulteta Sveucilista u Rijeci, Vol. 28:2, p. 973 - 1016(2007).

得低于上述数额。”[1]

我国《海商法》第56条第1款规定：“承运人对货物的灭失或者损坏的赔偿限额，按照货物件数或者其他货运单位数计算，每件或者每个其他货运单位为666.67计算单位，或者按照货物毛重计算，每公斤为2计算单位，以二者中赔偿限额较高的为准。但是，托运人在货物装运前已经申报其性质和价值，并在提单中载明的，或者承运人与托运人已经另行约定高于本条规定的赔偿限额的除外。”[2]可见，我国《海商法》计算赔偿限制时采用的计价单位是“计算单位”，此处的计算单位是指国际货币基金组织的特别提款权。而根据《海商法》第277条的规定，“其人民币数额为法院判决之日、仲裁机构裁决之日或者当事人协议之日，按照国家外汇主管机关规定的国际货币基金组织的特别提款权对人民币的换算办法计算得出的人民币数额。”采用特别提款权的最大优势在于，这种计算方式被国际社会所普遍知晓甚至接受，国际海上运输合同的当事人可以比较容易地估算出承运人具体的赔偿限额。

四、托运人解除合同的法律冲突

在国际海上运输合同中，各国法律规范普遍赋予了合同当事人法定的解除合同的权利。通常而言，法定解除权是指由法律直接规定解除合同的条件。各国海商法在一定条件下赋予海上运输合同的当事人解除合同的权利，特别是当合同当事人遇到了不可抗力或者其他的不可归责于任何一方当事人的因素，导致了海上运输合同无法继续履行时，立法者都会赋予他们法定解除权。赋予当事人法定解除权的意义在于：法定解除权是在符合法律规定的情况下赋予当事人的一项权利，能够避免因一方违约导致合同无法履行的情况发生，保护了当事人的合法权益。法定解除权能够平衡合同当事人的利益，避免因一方违约而造成另一方损失过大的情况发生，有利于维护市场经济的公平和秩序。法定解除权能够促进资源的合理配置，避免因合同无法履行而造成的资源浪费。而笔者在这里讨论的仅仅是属于托运人的法定解除权，即在船舶开航之前，托运人可以要求解除合同的权利。事实上，各国的海商法在这方面的法律冲突并不罕见，而各国在这方面的法律冲突主要表现在对行法定解除

---

〔1〕 王国华：《海事国际私法（冲突法篇）》，北京大学出版社2009年版，第55页。

〔2〕 法规应用研究中心主编：《最高人民法院　最高人民检察院司法解释与指导案例（商事卷）》，中国法制出版社2016年版，第1092页。

权所应该支付的费用不一致。根据《希腊海商法》第156条的规定,“在有运输合同情况下,如果租船人在装货后宣布解约,租船人应支付半数运费,并且还要支付装货、卸货以及其他重新装载的货物的费用,租船人还须赔偿由于这种延迟或其他情况造成的损失。”[1]

五、海上运输合同与提单的关系的法律冲突

目前,学界和实务界对于关于提单性质、功能和效力的讨论很多,因为提单是国际海上运输领域非常重要而且作用巨大的载体。海运提单是一种具有凭证和运输单据作用的运输单据,是承运人或其代理人签发给托运人的,是承运人所签署的运输契约上的主要证明。它既代表承运人接收、装船、运输和保管货物的责任,还代表托运人已将货物权利转移给承运人的凭证。海运提单也是承运人和托运人之间运输合同的证明。而本章讨论的是国际海上运输合同,因此此处讨论的主要是海上运输合同和提单的关系问题。海上运输合同和提单的关系主要包括以下几点:其一,提单是承运人接收货物或货物装船的收据,表明货物已由承运人接收或者装船。其二,提单是海上货物运输合同成立的证明,但不是合同本身。国际海上集装箱货物运输合同成立于货主或其代理向承运人订舱,承运人确认订舱后,货主按规定对货物进行装箱、报检通关等。而提单是在货物装船后取得的,或者说提单是在合同履行的过程中取得的。但是订舱单、订舱确认书不一定约定了承托双方之间的权利、义务,而提单背面的条款却约定了,而且法律承认提单是解决集装箱货物运输争议的依据。其三,提单是承运人保证凭以交付货物和可以转让的物权凭证,承运人要按提单的规定凭提单交货,谁持有提单,谁就可以提货。而关于该问题,不同国家的法律对此有不同的规定,从而可能产生法律冲突。例如,《德国商法典》第656条规定:“一、提单是承运人和收货人之法律关系的证明。二、提单是承运人按照第643条第八项和第660条之规定接收货物的证据。即使提单转让给第三人,仍应该认为承运人已按643条第八项接收货物。三、第二款不适用于下列情况:1. 根据第646条之规定,提单有补充成分。2. 货物有包装或其他容器,并在提单上注明‘内容不详’或类似备注。”[2]由此可见,依据德国

[1] 张忠晔主编:《各国和地区海商法比较》,人民交通出版社1994年版,第125页。
[2] 张忠晔主编:《各国和地区海商法比较》,人民交通出版社1994年版,第97页。

的法律，提单可以证明承运人和收货人之间存在法律关系，但是该法律规定没有规定能证明当事人之间是什么类型的法律关系，是合同关系还是物权关系？而《希腊海事私法典》第170条规定："合同签发后的提单，构成所有对货物有利害关系人之间以及这些人与保险人之间的合同凭证。"[1]希腊的立法者是明确认为，提单是能够起到证明当事人之间存在合同关系的作用。通过比较两国的立法可知，当事人很有必要了解不同国家关于提单的法律规定，因为依据不同国家的法律，司法人员对当事人之间关系有不同认定，从而导致不完全相同的法律后果。

第二节　国际货物运输合同的准据法

一、国际统一实体法的适用

（一）《鹿特丹规则》的成因

经济上的原因。其一，在国际航运发展初期，科学技术不像今天成熟，因此人们抵御海上风险的能力较为薄弱，在海上遭遇难以抵抗的风险的可能性也比较大。但是，随着科学技术的发展日新月异，建造大型船舶的技术日益成熟，进一步提高了船舶抵御海上风险的能力。生产力的发展必然导致船货双方的利益格局发生新的变化，为了继续维持船货双方的利益达到基本平衡的状态，国际社会要求颁布新的国际条约的呼声日益提高。其二，降低国际贸易的交易成本。《鹿特丹规则》的诞生背景是国际货物运输规则的不统一，这极大增加了国际贸易的交易负担。因此，国际社会呼吁对国际货物运输规则进行全球统一。其三，谋求国际贸易运输法律的统一化。随着世界经济全球化和国际经贸、航运多元化发展趋势的加深，需要有一个统一的国际公约来规范全球的国际贸易运输法律。其四，为了适应国际货物运输方式的变化。随着集装箱多式联运的发展，承运人负责全程运输的门到门运输越来越普遍。过去的国际货物运输公约往往仅调整船至船或港到港运输，无法满足现代运输方式的需求。

法律上的原因。由于经济基础发生变化，《海牙规则》和《维斯比规则》在一定程度上无法完全适应新的经济形势，国际社会要求颁布新的国际海上运输的国际公约的呼声越来越高。现有海上国际货物运输的法律制度不统一，

---

〔1〕 张忠晔主编：《各国和地区海商法比较》，人民交通出版社1994年版，第97页。

未能充分考虑到现代运输做法,包括集装箱化、门到门运输合同和使用电子运输单据。[1] 为了适应新的经济形势,《鹿特丹规则》增添了相关电子运输记录和批量运输合同等法律规范;《鹿特丹规则》考虑了国际货运的实际需要,涵盖了以前各公约未加以管制的一些问题,同时消除了其中发现的一些含糊之处。[2] 另外,值得特别注意的是,《鹿特丹规则》进一步提高了承运人的赔偿责任限额。这是众多航运大国不乐意看到的。

(二)《鹿特丹规则》的适用

和许多国际条约一样,《鹿特丹规则》也规定了基本的适用范围,相关的规定主要集中在条约第二章的第 5 条和第 7 条当中。[3]

笔者认为,这两条适用范围规范至少体现了以下的特点:

第一,强调运输合同必须具有国际性。在起草《鹿特丹规则》时,国际贸易法委员会一致认为该公约是用来调整国际运输,而纯粹的国内运输则应该交由各国国内法调整。但是,对于国际性的界定,委员之间出现了两种不同的观点,一种观点强调交货地和收货地必须处于不同的国家;另一种观点强调装运港和卸货港必须处于不同的国家。实际上,无论采取哪一种观点,委员的意图是相当明显的,即将纯粹的国内运输合同排除出去。而最终贸易法委员会同时接受了两种观点。值得说明的是,与国际运输相比,国内水路运输涉及政府的更多干预,对外开放的范围更有限。[4] 事实上,在一般情况下只要规定装运港和卸货港处于不同的国家就能够体现运输合同的国际性,因为该公约调整的绝大多数的国际运输合同都是纯粹的海上运输合同。而公约之所以要求同时满足交货地和收货地也处于不同的国家,是为了将两种极为特殊的情况排

〔1〕 United Nations A/RES/63/122/2009, p. 8.

〔2〕 Pandele Adina Laura, *The International Carriage of Goods by Sea. A Comparative Study of Uniform Regulations*, Contemporary Readings in Law and Social Justice, Vol. 9:2, p. 259 – 265(2017).

〔3〕《鹿特丹规则》第 5 条规定:(1)除须遵循第六条的规定外,本公约适用于收货地和交货地位于不同国家且海上运输装货港和同一海上运输卸货港位于不同国家的运输合同,条件是运输合同约定以下地点之一位于一缔约方:收货地;装货港;交货地;或卸货港。(2)本公约的适用不考虑船舶、承运人、履约方、托运人、收货人或其他任何有关方的国籍。《鹿特丹规则》第 7 条规定:"虽有第 6 条的规定,如果收货人、控制方或持有人不是被排除在本公约适用范围之外的租船合同或其他运输合同的原始当事人,本公约仍然在承运人与此等当事人之间适用。但是,如果当事人是根据第六条被排除在外的运输合同的原始当事人,本公约在此等原始当事人之间不适用。"参见[瑞]亚历山大 · 凡 · 基格勒:《2008 年鹿特丹规则》,郭萍等译,法制出版社 2016 年版,第 334 页。

〔4〕 James Zhengliang Hu & Layna Cairong Zheng, *Developments of Maritime Law in China in* 2010 – 2013, Asian Business Lawyer, Vol. 13:79, p. 79 – 100(2014).

除出该公约的适用范围：一是整个运输过程具有国际性，但是海运路段不具有国际性。例如，将货物用卡车经过短途运输从温哥华（加拿大）运到西雅图（美国），然后又将其通过海运的方式运往檀香山。二是起点和终点在同一个国家，但是海运部分具有国际性。例如，用卡车将货物从西雅图运到温哥华，再通过海上运输到檀香山。

第二，强调国际运输合同与缔约方具有低程度的联系。根据《海牙规则》第10条的规定，“本公约和各项规定，适用于在任何缔约方所签发的一切提单”。可见，该公约仅仅把注意力放在了装货港，并且只适用于装货港所在国为公约缔约方的情形。而《鹿特丹规则》则只要求与缔约方具有非常低程度的联系，即只要求收货地、装货港、交货地或者卸货港之一在缔约方所在地即可。公约之所以这样规定，目的就是尽可能地扩大公约的适用范围。另外，值得注意的是，因为公约正式将多式联运合同纳入了公约的调整范围之内，所以仅仅规定装货港或卸货港之一在缔约方内的情形是不够的，还必须把收货地和交货地也纳入其中。

而《鹿特丹规则》第7条的规定则主要体现了立法者的两个目的：其一，《鹿特丹规则》的立法者为了延续《海牙规则》、[1]《维斯比规则》和《汉堡规则》其中合理的法律规范，在排除相关的班轮运输中的租船合同的同时，将与之有关的、持有提单的第三人纳入公约的调整范围之内。通常而言，租船合同包括航次租船合同、定期租船合同和光船租赁合同。与此同时，为了明确该第三人所包含的类型，公约还通过列举的方式将其明确化，即“第三人”是指下列三种人：收货人、控制方和持有人。这种做法改变了以往公约中“第三人”法律地位不明确的情形。而具体到司法实践中，司法人员也不必通过行使自由裁量权的方式来认定相关“第三人”的具体内涵。其二，《鹿特丹规则》的立法者为了尽可能扩大该公约的适用范围，一定程度上运用了较广泛的立法方式，即把“班轮运输中使用船舶或者其中任何舱位的其他合同的第三人”也纳入公约的调整范围。班轮运输中“使用船舶或其中任何舱位的其他合同”，是指除租船合同之外，出租人与承租人之间就班轮或其中任何舱位的使用而签订的合

---

〔1〕《海牙规则》第1条第b项规定：“‘运输合同’仅适用于以提单或任何类似的物权证件进行有关海上货物运输的合同；在租船合同下或根据租船合同所签发的提单或任何物权证件，在它们成为制约承运人与凭证持有人之间的关系准则时，也包括在内。”吴兆麟主编：《中国海上维权法典——国际海事公约篇》（第5卷　海上运输），大连海事大学出版社2012年版，第4页。

同,包括班轮经营人之间互相租用船舶、舱位和箱位达成的经营合作协议,也包括班轮经营人与无船承运人(Non-Vessel-Operating Common Camer, NVOCC)之间租用班轮的部分箱位的协议。[1]

(三)《鹿特丹规则》适用范围的限制

和许多国际条约一样,就《鹿特丹规则》适用范围内的事项而言,在一般情况下适用该公约就排除了其他实体性规范的适用。但是,公约明确列举了一系列的情况会排除该公约本身的实体性规范的适用,并且适用其他实体性规范。

第一,《鹿特丹规则》第 82 条规定,《鹿特丹规则》不影响其他非海运运输公约中有关规范承运人对货物灭失或者损坏的赔偿责任的规定的实施。[2] 第 82 条制定的目的是充分协调具有"海运 + "特性的《鹿特丹规则》与调整单一运输方式的其他公约之间的关系。[3] 公约在一定情况下承认其他非海运公约的优先效力也是很合理的做法。毕竟,作为一部主要用来调整海上货物运输的国际条约,该国际公约还是应该把主要的注意力放在海上运输部分,而试图通过一部公约统一多式联运制度是不可取的。事实上,在其他的非海运领域部分,也已经有了几部比较有影响力的国际条约,即 1956 年《国际公路货物运输合同公约》、1929 年《统一国际航空运输某些规则的公约》和 1999 年《统一国际航空运输某些规则的公约》等。国际条约之间产生冲突的情况并不罕见,就《鹿特丹规则》与上述的国际条约而言,可以产生冲突的情况就很多,如根据《国际铁路货物运输合同统一规则》第 1 条第 4 款的规定,[4] 该条款所列举的

---

〔1〕 胡正良、於世成、郏丙贵:《〈鹿特丹规则〉影响与对策研究》,北京大学出版社 2014 年版,第 32 页。

〔2〕《鹿特丹规则》第 82 条"管辖其他运输方式货物运输的国际公约"规定,本公约的规定概不影响适用在本公约生效时已生效的,规范承运人对货物灭失或损坏的赔偿责任的下列国际公约,包括今后对此种公约的任何修正:(1)任何管辖航空货物运输的公约,此种公约根据其规定适用于运输合同的任何部分;(2)任何管辖公路货物运输的公约,此种公约根据其规定适用于船载车辆不卸货的货物运输;(3)任何管辖铁路货物运输的公约,此种公约根据其规定适用于补充铁路运输的海上货物运输;(4)任何管辖内河航道货物运输的公约,此种公约根据其规定适用于不在内河航道和海上转船的货物运输。[瑞]亚历山大·凡·基格勒:《2008 年鹿特丹规则》,郭萍等译,法制出版社 2016 年版,第 357 页。

〔3〕 [瑞]亚历山大·凡·基格勒:《2008 年鹿特丹规则》,郭萍等译,法制出版社 2016 年版,第 304 页。

〔4〕《国际铁路货物运输合同统一规则》第 1 条第 4 款规定:"当国际货物运输过程是由一个包括海运或者内河水运的边境贸易运输作为补充的铁路运输完成的话,如果海运或者内河水路运输是为了履行公约第 24 条第 1 款所列的服务的话,那么这些统一规则将适用。"

这种情况同样符合《鹿特丹规则》的调整范围,但是由于有了第 82 条第 3 款第 c 项的规定,这种情况将属于优先由《国际铁路货物运输合同统一规则》来调整。

第二,《鹿特丹规则》第 83 条明确规定,该公约不影响其他国际条约或者国内法在船舶所有人责任限制方面的效力。该法律规范所指的责任限制是指海事赔偿责任限制,即在发生重大海损事故时,作为责任人的船舶所有人和救助人等可以根据法律规定,将自己的赔偿限额限制在一定的范围内。《鹿特丹规则》作为用来调整国际运输的国际公约,它的重心本来就应该侧重国际海商合同领域,不应该过多地关心国际海事领域。因此,该条法律规定主动地承认本公约概不影响船舶所有人责任限制的国际公约或者国内法的适用是具有比较强的合理性。事实上,在赔偿责任总限制领域,国际社会已经颁布了两个非常有影响力的国际条约,即《1957 年船舶所有人责任限制公约》和《1976 年关于海事索赔责任限制公约》。前者已经有 40 多个国家批准生效,成为国际社会上关于责任限制的第一个生效的国际公约。而后者与前者相比,它的内容更加完善,同时将责任限制的主体的范围扩大到海上救助人和责任保险人。在起草这两个国际条约时均集结了许多的该领域的专家学者。既然这两个公约的立法水平已经非常高,并且国际海运领域没有发生根本性的变化,那么《鹿特丹规则》在总的责任限制方面应与这两个公约做好衔接工作。而且,《鹿特丹规则》还提到了不影响国内法的适用。笔者对此存在的疑问是,这里的“国内法”是指法院地的关于总的责任限制的冲突法规范还是实体法规范?当然,有的时候并不存在这个问题,如我国《海商法》第 275 条的规定。[1] 此时,无论《鹿特丹规则》所指的国内法是冲突法还是实体法,其最终的法律适用结果是一致的。

第三,《鹿特丹规则》第 84 条明确规定,该公约不调整共同海损。[2] 公约之所以把共同海损排除在公约的调整范围,合理的理由在于:其一,《鹿特丹规则》主要是用来调整国际海上运输的国际条约,而共同海损是和海上运输有一

---

〔1〕《海商法》第 275 条规定:“海事赔偿责任限制,适用受理案件的法院所在地法律。”参见法规应用研究中心主编:《最高人民法院 最高人民检察院司法解释与指导案例(商事卷)》,中国法制出版社 2016 年版,第 1109 页。

〔2〕《鹿特丹规则》第 84 条明确规定:“本公约的规定概不影响有关共同海损理算的运输合同条款或国内法的规定。”参见[瑞]亚历山大·凡·基格勒:《2008 年鹿特丹规则》,郭萍等译,法制出版社 2016 年版,第 357 页。

定关系的行为,但是毕竟不是海上运输行为,因此《鹿特丹规则》的起草者无意将该行为纳入公约的调整范围之内。值得一提的是,此处的用词与《鹿特丹规则》第83条具有明显区别,第84条承认该公约概不影响有关的“运输合同条款”,而不再是“国际公约”的措辞。实际上,立法者已经意识到,在共同海损领域,最具有权威色彩的法律渊源并不是国际条约,而是作为国际惯例存在的《约克·安特卫普规则》。而对于该国际惯例的适用,最常见的适用方式是由当事人通过意思自治的方式在运输合同条款中进行明确的约定。其二,《鹿特丹规则》也提到了不影响国内法的适用。事实上,许多国家都是在参照《约克·安特卫普规则》的基础上制订了相关的国内法,因此,总体而言,《鹿特丹规则》的这条法律规范在很大程度上直接或者间接扩大了《约克·安特卫普规则》适用的可能性。

二、国内准据法的适用

目前,虽然在国际海上运输合同关系领域已经形成了几部非常有影响力的国际条约,但是在这些国际条约的适用范围以外,仍然需要通过国内实体规范来调整。当然,在国际海上运输合同领域,适用国内实体规范的重要性已经下降了很多。从各国的法律和实践来看,确定国内实体规范的适用,可以遵循不同的原则:

(一)当事人自选法

意思自治原则是国际合同法的基本法律适用原则,而作为国际合同中的重要组成部分,各个国家用来规范国际海上运输合同的国际私法立法一般也是以当事人自选法作为合同的准据法。但是,为了对意思自治原则作出一定的限制,事实上,各国对当事人选择法律的时间、方式、范围等问题都有或多或少的限制,如1969年《比卢荷关于国际私法统一法的条约》就作出了相应规定。[1] 值得注意的是,非条约缔约方的当事人选择了某一国际条约作为国际海上运输合同的准据法,这时应该怎么认定该国际条约的性质?例如,中国人

〔1〕 1969年《比卢荷关于国际私法统一法的条约》规定:“如果合同与某个特定的国家有明显联系,那么,合同当事人的意思就没有排除该国法律规范的效力;而由于该国法律规范的特殊性质和特殊主旨的缘故,它们排除了任何其他法律的适用。”参见邵景春:《国际合同法律适用论》,北京大学出版社1997年版,第71页。

和外国人共同选择了《海牙规则》作为他们之间国际海上运输合同的准据法,[1]中国的司法机构是否应该认同当事人对两套国际条约的选择?从中国的司法实践来看,中国的司法机构是允许国际海上运输合同的当事人选择《海牙规则》作为国际合同的准据法的,如在"中国人民保险公司浙江省分公司诉广州远洋运输公司和中国对外贸易运输总公司上海分公司海上货物运输合同及代理纠纷案"[2]、"粤海公司与仓码公司、特发公司等海上货物运输无单放货、提货、代理放货纠纷再审案"[3]和"杭州热联进出口股份有限公司诉吉友船务有限公司海上货物运输合同纠纷案"[4]中,中国的司法机构都认可了当事人对《海牙规则》的选择及其法律效力,但是中国的司法机构并没有对这一类型的国际条约的性质加以说明。实际上,与缔约方的当事人相比,对于非缔约方的当事人而言,相关的国际条约不具有严格的、绝对的法律效力。这种相对的法律效力仅仅因为当事人的选择而发生,与国际惯例的适用是类似的。如果非缔约方的当事人在国际合同中作出了不同于该国际条约的约定,应该以当事人的约定为准,而不应该以该国际条约中相关的规定为准。

(二)最密切联系法

最密切联系法的理论来源是"最密切联系原则"。适用这一原则解决法律冲突问题的情况有两种:第一种情况是把"最密切联系法"作为一种"当事人自选法"的补充;第二种情况是直接把"最密切联系法"作为国际合同准据法的基本原则,而不再是"当事人自选法"的补充。在国际海上运输合同领域,立法者和司法者至少应该注意到以下的运输合同要素:运输合同的缔结地、运输合同的履行地、货物所在地、承运人营业地、托运人营业地、承运人住所地、托运人住所地、承运人国籍、托运人国籍、船旗国和管辖权。根据我国《涉外民事关系法律适用法》第2条的规定,[5]在我国"最密切联系法"是作为补充性的法律适用法而存在的。而《法律适用若干问题的规定》中推定了17种国际合同与特定的国家的法律有最密切联系,但这17种国际合同中却不包括国际海上运输

---

[1] 中国并不是《海牙规则》的缔约国。

[2] 最高人民法院再审民事判决书,载《最高人民法院公报》1994年第1期。

[3] 最高人民法院再审民事判决书,载《最高人民法院公报》1997年第1期。

[4] 厦门海事法院民事判决书,(2010)厦海法商初字第353号。

[5] 我国《涉外民事关系法律适用法》第41条规定:"当事人可以协议选择合同适用的法律。当事人没有选择的,适用履行义务最能体现该合同特征的一方当事人经常居所地法律或者其他与该合同有最密切联系的法律。"

合同,所以一旦发生国际海上运输合同的当事人没有能够有效地对法律适用问题作出约定的情况,[1]就会出现无法可依的情形。因此,这是一个明显的立法空白。笔者将在下文对这一立法空白提出适当的立法建议。

(三)船旗国法

船旗法的理论来源是"属地主义原则",即认为船舶是船旗国领土的一部分。船旗国,是指船舶登记的国家。根据国际法和有关条约,船舶在船旗国登记并领取船旗国国籍,才能享有该国船舶的权益,并受船旗国管辖。船旗国过去曾经被各种当局视作海事准据法的唯一的明确的连结点。因此,拉弗勒尔于1898年曾经认为,船旗国法是用以管理和船舶、船长和船员的所有事项的唯一实用的和安全的准据法。[2] 然而,随着时代发展,船期国法作为国际合同的准据法暴露的问题越来越多,因此它的重要性在不断地下降。船旗国法作为国际海上运输合同的准据法存在的问题主要有以下两个:其一,当船旗所在国为多法域国家时,到底以哪个法域的法律规范作为合同关系的准据法?其二,当船舶没有在任何国家进行登记或者在多个国家都进行了登记时,到底应该以哪个国家作为其船旗国?船旗的另一个问题是,与方便旗相关的问题,船旗国可能无力控制该船。[3] 方便旗,是指一国的商船不在本国而在他国注册,不悬挂本国旗而悬挂注册国国旗。这种做法主要源于逃避本国的法令管制、减少税收的缴纳或工资等费用的支出等经济因素。在政治上,一国为了防止敌对国家的破坏或歧视行动,有时也会采用方便旗。在实践中,有些国家允许外国人所有的船舶悬挂其旗帜,于是,有些外国船舶为了逃避本国的税务和其他强制措施而购买这些国家的旗帜,这种船旗被称为方便旗。但由于悬挂方便旗的船舶与船旗国没有"真正联系",当发生问题时,方便旗很难发生作用。

(四)同一港口国法

港口国,是指港口所在国或者离岸码头所在国。[4] 它主要提供港口设施,

---

〔1〕 包括了当事人没有对国际租船合同的法律适用问题作出约定和当事人们对国际租船合同的法律适用作出的约定无效两种情形。

〔2〕 William Tetley, *The Law of the Flag, Flag Shopping, and Choice of Law*, Tulane Maritime Law Journal, Vol. 17:2, p. 139 - 184(1993).

〔3〕 William Tetley, *The Law of the Flag, Flag Shopping, and Choice of Law*, Tulane Maritime Law Journal, Vol. 17:2, p. 139 - 184(1993).

〔4〕 Ho-Sam Bang, *Recommendations for Polices on Port State Control and Port State Jurisdiction*, Journal of Maritime Law and Commerce, Vol. 44:1, p. 115 - 136(2013).

供各类船舶停泊、货物装卸等服务。港口国可以是一个国家,也可以是多个国家。港口国主要负责管理港口事务,包括船舶进出港口、货物装卸、船舶停泊等方面。实际上,港口国可以制定相关法律法规,规范船舶和货物的进出港口和装卸作业,保障港口安全和环保等方面的工作。此外,港口国还可以与有关方面合作,开展港口规划、建设、管理等方面的工作,促进港口经济的发展。同一港口国法的理论来源是“行为地法”,即国际海上运输合同的运输行为都集中在一个国家的港口,那么就适用该国家的法律调整相关的国际运输合同。“同一港口国”这一连结点具有极强的合理性,因为当国际海上运输合同的运输只涉及同一国家的港口时,该国家的法律与国际合同一定具有了最密切的联系,此时适用该国的法律来调整国际运输合同是最合适不过了。但是,现在采用这一连结点的立法并不常见,因为国际海上运输发展到今天,国际海上运输合同的履行地只集中在一个国家的港口的情形相当罕见。因此,“同一港口国”这一连结点的合理性主要集中在理论上,而不是国际海上运输实务上。

三、立法建议

如前所述,我国《法律适用若干问题的规定》中列举的17类国际合同并不包括国际海上货物运输合同,[1]意味着国内的司法机构不可能依据国内法找到关于推定与国际海上货物运输合同有最密切联系的国家的法律规范。笔者建议相关的立法部门在以后修改相关的法律规范时,应该明确规定与国际海上货物运输合同有最密切联系的国家的法律,以填补这一立法空白和避免不必要的纠纷,立法者在修改相关的法律规范时需要特别注意以下两方面的问题:

第一,在国际海上货物运输合同中,哪一方当事人的哪一履行行为是特征履行行为?“特征性履行”也被称为“特征性给付”或“特征性债务”理论。[2]在国际海上货物运输合同关系中,涉及的当事方主要指的是承运人和托运人。在国际海上货物运输合同中,承运人的运输行为是特征履行行为。理由如下:第一,从“国际海上货物运输合同”这一类型的合同名称可以看出,这一类合同的“主角”是运输方,否则该合同应该称为“国际海上运输委托合同”。第二,从

---

〔1〕 我国《海商法》第四章把航次租船合同识别为一种特殊的海上货物运输合同。

〔2〕 D'Oliveira & Hans Ulrich Jessurun, *Characteristic Obligations in the Draft EEC Obligation Convention*, American Journal of Comparative Law, Vol. 25:2, p. 303 - 331(1977).

“国际海上货物运输合同”约定的合同义务来看,承运人主要承担的是“运输义务”,而托运人承担的是“配合运输方”的义务和“支付费用”的义务,可见,与托运人所履行的义务相比,承运人所履行的义务更加能凸显国际海上货物运输合同的特征;而且,根据特征履行说,提供劳务等非金钱履行行为是特征履行行为。[1] 有的国家的法律也是采取这种立法方式,如1975年《德意志民主共和国关于国际民事、家庭和劳动法律关系以及国际经济合同适用法律的条例》第12条第1款第f项的规定。[2]

第二,确定了特征履行行为以后,是以该特征履行行为的行为地法还是该特征履行行为人的属人法作为准据法?在国际海上货物运输合同中,应该以该特征履行行为人的属人法作为准据法,理由如下:其一,承运人的属人法具有很强的确定性,特别是立法者以法人登记地法作为承运人的属人法时,可以最大限度地保障法律适用的稳定性。[3] 一旦承运人和托运人之间的国际海上货物运输合同对法律适用问题没有有效的约定,当事人双方都可以很准确地预测和辨识出该合同应该适用法人登记地法。其二,从国际海上货物运输合同所履行的义务来看,能体现合同特征的运输行为很有可能是在公海进行的,原则上任何一个国家的国内法律规范在公海内都没有法律效力,因此,这种情况下不具备适用行为地法的可能性。

[1] 李双元、欧福永主编:《国际私法学》,北京大学出版社2015年版,第268页。

[2] 1975年《德意志民主共和国关于国际民事、家庭和劳动法律关系以及国际经济合同适用法律的条例》第12条第1款第f项规定:“如果国际经济合同缔约人之间对于所适用的法律没有作出协议,对其合同应当分别适用下述各种人的主营业所所在地所依据的法律:(f)对于货物运输合同,运输人。”参见邵景春:《国际合同法律适用论》,北京大学出版社1997年版,第112页。

[3] 确定法人的属人法通常包括以下两种做法,即法人的国籍国法或者法人的住所所在地国法。

第七章 国际海上旅客运输合同的法律适用

第一节 国际海上旅客运输合同的法律冲突

国际海上旅客运输合同,是指承运人用适合于海上客运的船舶,将旅客及其行李从一个港口运输至另一个港口,而旅客支付相应的对价的合同。从承运人提供运输服务上看,国际海上旅客运输合同与海上货物运输合同并没有什么不同的地方。两种合同的不同之处在于运输的对象不同,一种运输的是人,一种运输的是货物。因此,理论上,基于这两种合同有很多的相同之处,而只有在涉及运输对象的规定才有不同之处。由于现代的运输方式已经主要是指空运等更快捷的方式,所以国际海上旅客运输的重要性已经大大降低。各个国家对国际海上旅客运输合同所作出的规定又是各不相同的,从而就发生了国际海上旅客运输合同的法律冲突问题,而较为明显的法律冲突包括以下四个方面。

(一)承运人责任限制的法律冲突

承运人责任限制是指在海上旅客运输合同中,承运人通常只承担有限责任,超过责任限额的则不用赔偿。承运人的责任限制主要包括以下方面:其一,承运人责任期间。在承运人责任期间,因货物灭失或损坏,货物的所有人、承运人的受雇人或代理人可以向承运人提出赔偿请求。其二,限额和限制因素。各国法律通常都规定了承运人应承担的货物赔偿限额,以及对承运人可免责的事由。因此,当发生货损的情况下,根据国家法律所规定的赔偿限额和各种限制因素,权利人可能会面临得不到应有赔偿的情况。但在实际操作中,如果能提供充分证据证明承运人过失或疏忽是导致货损的直接原因,货主仍然有可能在诉讼中获得胜诉权,要求承运人支付应得的赔偿。其三,托运人义务。在承运人责任期间,托运人有义务尽可能小心地搬卸、运输和保管货物,以防止货物的损失或损坏。如果货物在运输过程中出现损失或损坏,托运人也有权向承运人提出赔偿请求。根据我国《海商法》的规定,旅客人身伤亡,承运人的赔偿限额依照下列规定:(1)旅客人身伤亡的,每名旅客不超过46,666计算单位;(2)旅客自带行李灭失或者损坏的,每名旅客不超过833计算单位;(3)旅客车辆包括该车辆所载行李灭失或者损坏的,每一车辆不超过3333计算单位;(4)本款第(2)、(3)项以外的旅客其他行李灭失或者损坏的,每名旅客不超过1200计算单位。而《挪威海商法》第192条规定:"承运人在海上运输中,对每名旅客受到人身伤亡所需承担的赔偿限额于一次事故中不超过70万法郎"。《瑞典海商法》第21条则将限额规定为17.5万SDR。值得说明的是,SDR(特别提款权)是一个账面数字,体现的是货币篮子中每种货币的权重。其创设的初衷主要是用于弥补黄金等实物资产的不足,弥补传统货币(如美元)不足时的流动性。根据相关协定,在国际货币基金组织认缴份额时,可一次性转换为基金组织的货币(包括美元、欧元、英镑和日元)。它是在基金组织内部分配的,而不是可以自由转让的资产。在需要补充国际储备时,SDR可以作为资产配置的一部分。目前,SDR的使用仍然有限,主要用于支持国际货币基金组织成员临时性的外汇资金需求,或者作为补充国际储备的一种方式。同时,由于SDR并非真正的资产,因此不具备货币的职能,也不能用于购买商品或服务。可见,各国对承运人责任限制的规定往往都是不一样。需要指出的是,我国《海商法》的这一规定已经受到了来自方方面面的批评——责任限额太低,对旅客并不公平,没能实现双方权利义务的实质公正。

(二)乘客支付行李运费的法律冲突

乘客的行李,是指乘客出行时带上船的衣箱等物。乘客在乘坐轮船时,如果需要托运行李,通常需要支付行李费用。这个费用是由于乘客需要为超出免费行李额度的行李付费所产生的。不同轮船公司的行李费用可能有所不同,但通常都是根据乘客选择的轮船公司以及行李的重量、尺寸和数量来决定的。一般而言,大部分轮船公司都有的免费行李额,但如果乘客需要托运的行李超出了这个额度,就需要支付额外的费用。具体的费用计算方式也因轮船公司而异。因此,乘客在购买船票时,应该注意轮船公司的行李规定,以便更好地规划自己的行程和预算。而承运人是否要对运输的行李收取费用则各国规定不一致。根据《德国民法典》的规定,“根据运输合同之规定,旅客有权随身携带行李。若无其他协议,对该行李不需交付运费”。而根据《苏联海商法》的规定,“按照海上旅客运送合同,承运人负责把旅客送达目的地;如旅客交寄行李,也应将行李送达目的地,并交付有权领取行李的人。旅客应交付规定的乘船费,如交寄行李,还应支付行李运费”。根据《韩国海商法》的规定,“(行李的免费运输义务)关于旅客依照合同可以携带的行李,如果没有特别约定,船舶所有人不得另外要求给付运费”。可见,有的国家法律规定当事人可以通过约定的方式支付运费,而有的国家则规定承运人有免费运输乘客行李的义务。

(三)乘客携带违法货物的法律冲突

根据各国的法律规定,乘客有权利按照船旗国的法律或者合同的规定,将合法的货物或者行李携带上船,但是,对于乘客将违法的货物或行李携带上船所导致的后果,各国法律规定也是不一样的,由此导致了法律冲突。根据《日本商法典》第740条的规定,“(一)违反法令或不依照合同规定而装船的运输物品,船长可以随时将其卸去,如果卸去装货港恐怕对船舶或其他装货有可能带来危害时,也可以不卸去其货物。但是船长在运输这种货物时,可以请求按照货物装船地当时的同类运输物品的最高运输费给付。(二)前项规定,不妨碍船舶所有人和其他利害关系人请求损害赔偿”。而《挪威海商法》第180条则规定,承运人可禁止旅客携带可能对人员、船舶或其他财产造成危险或带来不便的行李。如果这些行李已携带上船但承运人并不知道其性质,承运人可以根据当时的环境卸下,使之无害或者销毁这些行李而无须对其损害承担任何责任。即使承运人知道行李的性质,不久将对人员、船舶或其他财产造成危险或带来不便而将行李留在船上是不合适的,这一规定也同样适用。《瑞典海商法》第180条则规定,承运人可以禁止旅客携带会带给船舶、人命及其他货物带来危险或带来明显不便的行李。如果未通知承运人行李的性质,这些行李就已装船,则承运人有权视情况将其置于岸上,返还无危险物品或销毁此行李,而不对因此造成的损失承担责任。如果在承运人知情的情况下行李被装船,只要能证明它对船舶、人命或其他货物带来危险或明显不便而不得放于船上,则也适用上述规定。值得说明的是,乘客携带违法物品登上轮船可能会对轮船、其他乘客以及船员造成以下危害:违反法律法规。乘客携带违法物品登上轮船可能违反了当地的法律法规,可能会导致法律纠纷。安全隐患。如果乘客携带的违法物品是易燃、易爆或危险品,可能会对轮船造成火灾、爆炸等安全隐患,危及船上人员生命安全,影响船上秩序。如果乘客携带的违法物品被其他乘客或船员发现,可能会引起恐慌、骚乱等不良影响,损害船公司利益。如果乘客携带的违法物品属于违禁品或假冒伪劣商品,船公司可能会遭受经济损失。因此,乘客在登上轮船前应该遵守当地的法律法规,不要携带违法物品,以确保自己和他人的安全,同时也维护了船公司和社会的利益。

(四)承运人的归责原则

承运人的归责原则,是指确定承运人承担法律责任的理由、标准或者根据。这一概念在司法实践和法学研究中都具有非常重要的作用。承运人归责原则的发展趋势是逐步改变传统的"过失责任"原则,向现代的"严格责任"原则靠拢,对承运人的严格责任不以过失为前提。越来越多的国家通过立法形式逐步放宽承运人的责任基础,缩小免责条件,严格对承运人的责任要求。海上货物运输领域中承运人的责任期间不断延长,从"船舷后到船舷前"发展为包括货物装船前和卸船后在内的全过程负责。根据《法国海商法》第 38 条的规定:"承运人对因沉船、碰撞、搁浅、爆炸、火灾和所有重大灾难所致旅客伤亡负责,除非他能证明该事故不是因他本人或者雇佣人员的过失所致。"而《日本商法典》第 590 条则规定:"旅客运输人如未经证明自己或其使用人关于运送已尽到相当的注意时,对旅客因运送所受的损害,不能免除赔偿责任。"《挪威海商法》第 191 条规定:"证明损害的程度以及证明造成损害的事件是在运输过程中发生的,其举证责任由索赔人承担。有关旅客死亡或人身伤害引起的损害,索赔人还负有义务证明承运人存在应承担责任的过失或疏忽。但是如果损害是由于船舶失事、碰撞、搁浅、爆炸或火灾所引起或者与这些原因有关,承运人则有义务证明他未曾出现过错或疏忽。如果旅客自带行李发生灭失或损害,应比照适用第二款规定。如果其他行李发生灭失或损害,承运人则将总是负有义务证明他未曾出现过错或疏忽。在发生延误的情况下,承运人有义务证明不是由于他应承担责任的过错或疏忽造成的。"可见,各国在这方面的规定大相径庭,有的国家规定由承运人承担举证责任,有的国家规定由索赔人承担举证责任,而日本的法律甚至规定运输人尽到了注意义务即可,言下之意应该是只要尽到了注意义务,即使运输人存在过错,也可以不承担赔偿责任。

第二节 国际海上旅客运输合同的准据法

一、国际统一实体法的适用

(一)《1974 年海上旅客运输及其行李运输雅典公约》的成因

为了统一各国海上旅客运输的法律,1957 年 10 月 10 日比利时布鲁塞尔第十届海洋法会议通过了《1957 年统一旅客运输某些法律规则的国际公约》。而后,在此公约的基础上,1961 年 4 月布鲁塞尔第十一届海洋法会议又通过了《1961 年统一海上旅客行李运输的国际公约》。由于《1961 年统一海上旅客行李运输的国际公约》规定的承运人对旅客运输人身伤亡赔偿责任限额过低等原因,该公约收效甚微。

为此,国际海事委员会(Comité Maritime International,CMI)于 1969 年又通过了一个公约草案,并在此基础上,政府间海事协商组织于 1974 年 12 月 2 日至 13 日在希腊雅典召开的国际法律会议上通过了《1974 年海上旅客及其行李运输雅典公约》(以下简称《1974 年雅典公约》)。该公约于 1987 年 4 月 28 日生效。参加该公约的国家有阿根廷、巴哈马、埃及、希腊、利比里亚、波兰、西班牙、瑞典、英国等十几个国家。我国第八届全国人民代表大会常务委员会第六次会议于 1994 年 3 月 5 日通过决定,我国加入该公约。1976 年通过的修订《1974 年雅典公约》中关于承运人责任限额的规定的议定书(以下简称《1976 年议定书》)于 1989 年 4 月 30 日生效。目前,《1976 年议定书》对我国生效。

(二)《1974 年雅典公约》的适用

《1974 年雅典公约》第 1 条第 9 款规定:"'国际运输'系指按照运输合同,其起运地和到达地位于两个不同国家之内,或虽位于同一国家之内,但根据运输合同或船期表,中途停靠港在另一国家之内的任何运输。"该公约第 2 条第 1 款规定:"本公约适用于下列条件下的任何国际运输:(a)船舶悬挂本公约某一缔约方的国旗,或在本公约某一缔约方国内登记,或(b)运输合同在本公约某一缔约方国内订立,或(c)按照运输合同,起运地或目的地位于本公约某一缔约方国内。"[1]

上述《1974 年雅典公约》的法律适用条款至少体现了以下两个特点:

---

[1] 载全国人民代表大会官网,http://www.npc.gov.cn/wxzl/wxzl/2000-12/28/content_3111.htm。

第一,强调旅客运输合同必须具有国际性。由于该公约的全称是《1974 年海上旅客及其行李运输雅典公约》,而从公约的全称来看是无法判断出来该公约是否仅仅适用于国际旅客运输的。为了避免对该公约的错误适用,该公约第 1 条就明确规定了只调整国际运输。这里的"国际性"仅仅是指在履行国际运输合同的过程中,履行地位于两个国家以上。值得一提的是,在通常的国际法理论中,只要主体、客体或者内容中有其中一个因素具有国际性,即可以认为该合同具有"国际性"。而在《1974 年雅典公约》中,由于它是专门用来调整国际旅客运输的国际公约,该公约仅仅专注于"客体"这一因素。也就是认为,即使旅客和运输公司属于不同的国家,也不能因此认为该合同是国际合同。另外,如果运输合同的起运地和目的地都在同一个国家,中途经过了其他国家但是没有在其他国家做任何的停留,该运输合同仍然不能被认为具有国际性。最后,《1974 年雅典公约》认为,根据"运输合同或船期表"中途停靠其他国家才属于国际运输合同,也就意味着:如果某一船舶由于各种意外的原因,比如海啸、强热带风暴或船舶故障等,被迫停靠在某一外国港口,而该外国港口并不属于"运输合同或船期表"约定范围内的地点,则该运输合同仍然不具有于国际性。综上分析,《1974 年雅典公约》对"国际性"认可的范围并不算太大。

第二,该公约可以适用的范围也不大,因为必须在确定相关的合同具有"国际性"的前提之下,然后才能考量公约第 2 条第 1 款的规定。根据公约第 2 条第 1 款的规定,无论是船旗国、合同签订地还是合同履行地(包括起运地和目的地),只要上述地点的其中一个位于缔约方领土内,即要适用该公约来调整国际海上旅客运输。这意味着,即使船舶的船旗国不属于缔约方,只要合同签订地、合同的起运地或合同的目的地中的其中一个在缔约方的领土内,该公约即可适用。实际上,该规定体现的是国际法中的"条约必守原则",只有与《1974 年雅典公约》的缔约方有一定关系的国际运输合同才可以适用该条约。

(三)《1974 年雅典公约》适用的限制

和很多国际公约一样,一般而言,就《1974 年雅典公约》适用范围内的事项而言,适用该公约就排除了其他实体规范的适用。但是,在以下的几种情况下,该公约排除了本身的实体规范的适用,承认了其他实体规范的适用:

该公约第 2 条第 2 款规定:"虽有本条第 1 款的规定,如根据有关以另一运输方式运输旅客或行李的任何其他国际公约的规定,本公约所述运输应受该公约规定的某种民事责任制度的约束,则在这些规定强制适用于海上运输的范围内,本公约不适用。”显然,《1974 年雅典公约》在民事责任方面的适用表现出了一定的克制。如果某一缔约方加入了其他的关于运输旅客和行李的国际公约(注意:该国际运输主要不是船舶运输,应该是航空、铁轮或者公路运输,但是其中涉及部分海上运输),且该国际公约在民事责任方面不同于《1974 年雅典公约》,则应该适用该国际公约的规定,而不是《1974 年雅典公约》的规定。而且,这种适用还是强制性的。笔者认为,《1974 年雅典公约》这样的规定是有待商榷的,因为其他国际公约关于民事责任的规定是否可以强制适用于某一国际运输,应该由该国际公约本身的规定来决定的,而不应该由《1974 年雅典公约》来决定,这似乎有越俎代庖的嫌疑。如果《1974 年雅典公约》的立法者为了表达本公约的克制,可以把“强制”一词改成“优先”,这样才是合理的。

该公约第 6 条规定:“如经承运人证明,旅客的死亡或人身伤害或其行李的灭失或损坏系因该旅客的过失或疏忽所造成或促成,则受理案件的法院可按该法院地的法律规定,全部或部分免除承运人的责任。”根据该规定,如果由于乘客自身的过失造成人身或者行李的损失,可以依据法院地的实体性规定调整。适用法院地法的前提是,法院地法全部或者部分免除承运人的责任。一方面,《1974 年雅典公约》无意处理乘客自身过失造成的损失;另一方面,公约认为这种情况下至少可以部分免除承运人的责任,毕竟由于乘客过失导致损失仍然要求承运人承担全部责任的国内立法不太可能出现。

该公约第 7 条第 1 款规定:“承运人对每一旅客的死亡或人身伤害所承担的责任,在任何情况下,不得超过每次运输 700,000 金法郎。如果按照受理案件的法院地的法律,损害赔偿金是以分期付款的方式偿付,则这些付款的等值本金价值不得超过所述的限额。”根据该款规定,法院地的实体性规范可以规定以分期付款的方式偿还金额,且这种规定优先适用。

该公约第 7 条第 2 款规定:“虽有本条第 1 款的规定,本公约任何当事国的国内法在承运人为该国国民时仍可规定每一旅客的更高赔偿责任限额。”该规定意味着公约至少不妨碍当事国的国内法为旅客规定更高的赔偿限额,体现出了很强的人道主义精神,因为更高的赔偿限额的直接受益者就是旅客。但是这样的规定是不利于鼓励国际旅客运输业的发展的,因为过高的赔偿限额意味着船公司必须要准备更多的资金用于应对意外事故,要提高运输费用,用更多的费用为乘客购买海上保险。

该公约第 16 条第 3 款规定:“有关时效期间的中止和中断的事由应受受理

案件的法院地法律的制约，但在任何情况下，在旅客离船之日或应离船之日起三年后（以迟者为准），不得根据本公约提起诉讼。”根据该规定，在一定条件下（在旅客离船之日或应离船之日起 3 年内），应该根据法院地法有关中止和中断的规定来审理案件。中止和中断是诉讼时效的两个技术性措施。值得注意的是，根据我国《民法典》，中断的时间最长不能超过 20 年。这是与公约很不一致的地方。

根据该公约第 20 条的规定，在下列情况下，对核事故造成的损害，根据本公约不产生任何责任：（1）按照 1964 年 1 月 28 日补充议定书修正的 1960 年 7 月 29 日《核能方面第三方责任巴黎公约》或 1963 年 5 月 21 日《核能损害民事责任维也纳公约》的规定，核设施的经营者对此种损害负责，或（2）根据管辖此种损害责任的国内法，核设施的经营者应对此种损害负责，但此种国内法应在各方面和上述两个公约同样有利于可能遭受损害的人。可见，在上述两种情况下国际海上旅客运输合同的旅客遭遇核损害，并不属于《1974 年雅典公约》的调整范围。

二、国内准据法的适用

在国际海上旅客运输领域虽然已经有了影响力很大的国际公约，但在这些国际统一实体规范的适用范围以外，有关的国际海上旅客运输合同关系仍然需要通过冲突规范指向国内实体规范来调整。当然，在很大程度上，在国际海难救助领域，适用国内实体规范的重要性已经远不如前了。

从各国的法律和实践上看，确定国内实体规范的适用，可以遵循不同的原则。总体来说，主要有以下几个原则：

（一）当事人自选法

当事人自选法的理论来源是“当事人意思自治原则”。作为一项基本原则，“当事人意思自治原则”在国际合同领域得到了广泛的接受，而且当事人选择法律也得到了各国法律或者司法实践的承认。[1] 因此，当法院地国的法院把国际海上合同关系识别为国际合同关系的一种时，当事人的共同意志将对

〔1〕 Peter Nygh, *Autonomy in International Contract*, Clarendon Press, 1999, p. 8.

法律适用问题的解决起到决定性的作用,如《海商法》第 269 条的规定。[1]

(二)最密切联系法

最密切联系法的理论来源是"最密切联系原则"。在国际海上旅客运输领域,立法者和司法者至少应该注意到以下的运输合同要素:运输合同的缔结地、运输合同的履行地、船舶所在地、承运人营业地、承运人住所地、承运人国籍、旅客国籍、船旗国和管辖权。例如,《俄罗斯民法典》第 1211 条第 2 款和第 3 款规定:"2. 若法律、合同条款或合同性质或整体的实际情况无其他规定,则履行对合同内容有重大意义的义务的当事人住所地或主要活动场所地国法视为与合同有最密切联系地国法。3. 若法律、合同条款或对合同性质或整体实际情况无其他规定,下列当事人则视为履行对合同内容有重大意义义务的当事人:(6)旅客运送合同中的运送方。"而《涉外民事关系法律适用法》中推定了几类合同与特定的国家的法律有最密切联系,但这些国际合同中却不包括国际海上旅客运输合同,所以一旦发生国际海上旅客运输合同的当事人没有能够有效地对法律适用问题作出约定的情况,[2]就会出现无法可依的情形。因此,这是一个明显的立法空白,笔者将在下文对这一立法空白提出适当的立法建议。

(三)合同履行地法

合同履行地法的理论来源是"行为地法",[3]即国际海上旅客运输合同受合同履行地国家的法律调整。在合同争议中,合同履行地是一个重要因素,因为不同的履行地点可能导致不同的法律适用和管辖权问题。根据《民事诉讼法》和相关司法解释的规定,合同履行地的确定应当以合同的实际履行地点为准,如果合同没有实际履行,则应当根据合同约定的履行地点来确定。此外,如果合同对履行地点没有约定或者约定不明确,则可以根据合同的其他条款或者交易习惯来确定履行地点。在确定合同履行地点时,应当遵循公平、合理

---

[1] 《海商法》第 269 条规定:"合同当事人可以选择合同适用的法律,法律另有规定的除外。合同当事人没有选择的,适用与合同有最密切联系的国家的法律。"参见法规应用研究中心主编:《最高人民法院　最高人民检察院司法解释与指导案例(商事卷)》,中国法制出版社 2016 年版,第 1109 页。

[2] 包括了当事人没有对国际租船合同的法律适用问题作出约定和当事人对国际租船合同的法律适用作出的约定无效两种情形。

[3] 最初源于古罗马法中有关"场所支配行为"的原则。罗马法相关的最初的法学家和法典编纂者只会在一般的法律原则的背景下考虑海商法的问题和事项。See Atamer Kerim, *Sources of Roman Maritime Law in the Digest*, Banka ve Ticaret Hukuku Dergisi, Vol. 26:4, p. 63 – 134(2010).

和合法原则,以保护当事人的合法权益和维护法律的公正。这种立法形式的最大问题在于,承租人通过船舶运输旅客,有可能意味着承租人很可能要去往多个国家的港口,那么此时究竟哪一个国家才是“合同履行地”?当然,如果承租人只是去往一个国家的港口搭乘,就不会存在这种问题,但是这种情况毕竟是少数。例如,《1940 年关于国际通商航行法的条约》第 25 条规定:“在同一国家不同港口之间履行的租船合同和货物运输合同或旅客运输合同,不考虑船舶的国籍,均适用该国的法律。”

三、立法建议

(一)关于《法律适用若干问题的规定》的立法空白及其建议

我国《法律适用若干问题的规定》中列举了 17 种不同类型的国际合同,并且推定与 17 类合同有最密切联系的国家的法律,但是这 17 类合同并不包括国际海上旅客运输合同,意味着国内的司法机构不可能在国内法中找到关于推定与国际海上旅客运输合同有最密切联系的国家的法律规范。笔者建议,相关的立法部门在以后修改相关的法律规范时,应该明确规定与国际海上旅客运输合同有最密切联系的国家的法律,以填补这一立法空白和避免不必要的纠纷,使法官或者仲裁员在审理案件时能够有法可依,并保护相关当事人的合法权益。笔者认为,立法者在修改《法律适用若干问题的规定》时需要特别注意以下两方面的问题。

第一,在国际海上旅客运输合同中,哪一方当事人的哪一履行行为是特征履行行为?“特征性履行”也被称为“特征性给付”或“特征性债务”理论。[1]在国际海上旅客运输合同关系中,涉及的当事方主要是指承运人和乘客两大类。在国际海上旅客运输合同中,应该把承运人的运输行为视为特征履行行为。理由如下:(1)从“国际海上旅客运输合同”这一类型的合同的名称可以看出,这一合同的“主角”是运输方,否则该合同应该称为“国际海上旅客合同”;(2)从“国际海上旅客运输合同”约定的合同义务来看,承运人主要承担的是“运输和保证乘客安全的义务”,而被乘客承担的是“支付价款”的义务,可见,与乘客所履行的义务相比,承运人承担的义务更加能凸显国际海上旅客运输

[1] D'Oliveira & Hans Ulrich Jessurun, *Characteristic Obligations in the Draft EEC Obligation Convention*, American Journal of Comparative Law, Vol. 25:2, p. 303 - 331(1977).

合同的特征；而且，根据“特征履行说”，提供劳务等非金钱履行行为为特征履行行为。[1]

第二，确定了特征履行行为以后，是以该特征履行行为的行为地法还是该特征履行行为人的属人法作为准据法？在国际海上旅客运输合同中，应该以该特征履行行为人的属人法作为准据法，理由如下：其一，承运人的属人法具有很强的确定性，特别是立法者以法人登记地法作为承运人的属人法时，可以最大限度地保障法律适用的稳定性。一旦承运人和乘客之间的国际海上旅客运输合同对法律适用问题没有约定，当事人双方都可以很准确地预测和辨识出该合同应该适用承运人登记地法。其二，从国际海上旅客运输合同的履行来看，能体现合同特征的运输行为很有可能是在公海进行的，原则上任何一个国家的国内法律规范在公海都没有法律效力，因此，这种情况下不具备适用行为地法的可能性。

（二）关于建立强制责任保险的立法建议

笔者认为，《1974 年雅典公约》建立强制保险制度对于保障各方当事人的利益是非常有必要的。从新闻中可以看到，国内外各种客轮的大型灾难时有发生，如韩国的“岁月”号邮轮触礁并导致沉没等。仅仅通过提高赔偿限额的方式并不足以保障乘客的利益，因为承运人的赔偿能力毕竟是有限的，甚至很多船公司常年处于亏损的状态，一旦发生大型事故，承运人未必有足够的资金用于赔偿。此时，建立强制保险制度显得非常有必要。强制保险包括财务担保，在保障海上旅客利益的前提下，应允许海上旅客运输经营人自身提供充分可靠的物的担保，银行或者其他金融机构出具的书面保证，具有偿付能力的第三人提供的物的担保甚至保证等。[2]《1974 年雅典公约》仅仅要求实际承担运输义务的承运人承担强制保险义务。而在一些情况下，承运人未必是实际承担运输义务的一方，因此立法者应该在立法中特别排除无实际承担义务的运输方的强制保险义务，即在立法中加入一点：如果承运人不是实际承担运输义务的机构，由实际承担运输义务的承运人承担强制保险义务。

---

〔1〕 参见李双元、欧福永主编：《国际私法学》，北京大学出版社 2015 年版，第 268 页。

〔2〕 参见陈绮：《中国海上旅客运输法完善的动因、问题与建议》，载《大连海事大学学报（社会科学版）》2017 年第 5 期。

第八章 国际租船合同的法律适用

第一节 国际租船合同的法律冲突

国际租船合同属于国际合同中的一种，是指船舶出租人向承租人提供约定的、配备或者不配备船员的船舶，由承租人在约定的期间内按照约定的用途使用，并向出租人支付租金的合同。[1] 值得一提的是，对于租船人来说，选择船舶租用亦要很小心，一般而言，租船人所处的地位是较船东有利的，因租船人孑然一身，对船东毫无保障，而船东却起码有一条船在各地行走，若有钱债解决不了，租船人可随时扣押船舶作赔偿保证。故要租船最理想是租用由原船东(real shipowner)租出的船舶，因为只有与原船东发生的纠纷才可以扣押他名下的资产，若租用二船东(deponent shipowner)租出的船，发生纠纷却不可扣押船舶，因为该船根本不属于二船东。[2] 按照目前的国际贸易现实而言，国际租船合同在国际贸易领域起到的作用是不可忽视的。国际租船领域的现状可以从以下几个方面来分析：市场规模。随着全球贸易和航运业的发展，国际租船市场规模不断扩大。根据相关数据，全球租船市场总规模约为数十亿美元，其中，油轮、集装箱船和散货船是主要的租船类型。未来发展趋势。随着环保意识的提高和新能源技术的应用，未来国际租船市场将更加注重环保和节能方面的需求。同时，随着数字化和智能化技术的发展，国际租船市场也将更加注重数字化转型和智能化运营方面的提升。租船市场影响因素。国际租船

---

〔1〕 本章中的国际租船合同，是指狭义上的合同，即出租的用于海上航行的船舶，而不包括用于内河航行的船舶。

〔2〕 参见杨良宜：《提单》，大连海运学院出版社 1994 年版，第 21 页。

市场受到多种因素的影响,包括全球经济形势、贸易状况、航运业政策、船舶供求关系、燃料价格、保险费用等。这些因素的变化都会对租船市场产生影响,从而影响租船价格和租赁期限等方面。租船方式。长期租赁和短期租赁是国际租船市场的两种主要方式。长期租赁通常为一年以上,这种方式的优点在于稳定性强,但灵活性较差。短期租赁则是在较短时间内租赁船舶,通常为几天、几周或几个月,这种方式的优点在于灵活性较强,但稳定性较差。竞争格局。国际租船市场竞争激烈,各大航运公司、船舶管理公司、经纪公司等都在争夺市场份额。一些大型航运企业通过兼并收购等方式扩大规模,而一些小型企业则通过专业化、特色化的服务来获得市场份额。而各个国家对国际租船合同所做出的规定又是各不相同的,从而就发生了国际租船合同的法律冲突问题,而较为明显的法律冲突包括以下四个方面。

一、定期租船合同定义的法律冲突

定期租船合同的定义,是指立法者对定期租船合同的含义作出界定,通常包括了定期租船合同的内涵和外延两个方面。租船合同的内容主要包括以下几个方面:船舶管理。合同中需要明确船舶的管理方式,如船长、船员、船舶维修、保养等。船舶的描述。包括船舶的名称、吨位、长度、类型、船旗、船级、设备等。租船期限和租金。合同中需要明确租船的期限、租金支付方式、租金计算方式等。船舶用途。合同中需要明确船舶的使用目的,如运输货物、运输方式等。货物装卸。合同中需要明确货物的装卸方式、装卸时间、费用等。保险。合同中需要明确船舶的保险情况,是否由出租方或承租方负责保险,以及保险金额和保险范围等。违约责任。合同中需要明确双方违约后的责任和赔偿方式。解决争议的方式。合同中需要明确解决争议的方式,如仲裁或诉讼等。总之,租船合同的内容需要根据具体的租船目的和要求进行详细约定,以确保双方的权利和义务得到保障。事实上,各国对定期租船合同的定义往往是不一样的,就导致了一定程度的法律冲突。例如,《荷兰商法典》第 453 条第 2 款规定:“定期租船是指一方(出租人)确保将约定的船舶提供给另一方(租船人),由租船人根据其目的用于规定时间内的海上航运,并支付按时间计算租金的合同。”[1]

---

〔1〕 屈广清:《涉外海事关系法律适用法立法研究》,人民出版社 2016 年版,第 614 页。

二、交付船舶时间的法律冲突

交付船舶,是指出租人将约定的船舶在一定时间内交付该承租人的行为。确定船舶交付时间在航运领域具有重要意义,主要表现在以下几个方面:确定承运人的责任期间。船舶交付时间通常被视为船舶运输的开始,因此也是确定承运人责任期间的重要依据。避免纠纷。如果船舶交付时间不明确,可能会引发纠纷和争议。因此,确定船舶交付时间有助于减少纠纷,维护双方利益。保障货主的权益。船舶交付时间的确定可以确保货主及时获得货物运输服务,从而保障其权益。总之,船舶交付时间的确定对于航运领域的运作和管理具有重要意义,可以确保货主和承运人的权益得到保障,同时也有利于促进航运市场的稳定和发展。《荷兰商法典》第460条第1款规定:"定期租船合同一旦签订,出租人即应将船舶交付租船人支配,并且在合同期间保持不变;船舶应处于适航状态,装备和定员恰当,并适合于合同规定的目的。"[1]在出租人交付的时间方面,荷兰的法律规范体现了出租人交付船舶的不拖延性,即出租人应该在准备好了交付船舶的前提下,再和承租人签订定期租船合同,以便出租人的行为满足法律规范的要求。而1994年《瑞典海商法》第52条规定:"出租人应当在约定的时间和地点将船舶置于定期承租人的控制之下。交船时,出租人应当保证期租合同中规定的船舶状态、相关文件、人员配备、伙食以及其他租船合同中规定的为满足通常海上运输所要求的装备。"[2]可见,《瑞典海商法》鼓励租船合同的当事人自由地约定交付船舶的时间。事实上,定期租船合同一般都会约定一个"解约日"。出租人只需要在解约日到来之前把船舶交付给承租人即可,否则,承租人很有可能会行使自己的法定解除权。承租人解除合同的权利是绝对的,无须考虑没有及时交船是出租人的过失还是其他原因造成的。[3] 要求出租人在约定的期限内交付船舶,否则承租人有权解除合同是合理的,因为在海上运输领域,出租人的延期交付很有可能给承租人带来巨大损失,即使承租人继续履行租船合同,也有可能出现托运人与承运人之间合同目的无法实现的情形。例如,承租人承租的船舶是用于运输月饼的,而月饼这种食物具有非常强的节日色彩,如果因为出租人的延迟交付导致承租人

---

〔1〕 屈广清:《涉外海事关系法律适用法立法研究》,人民出版社2016年版,第615页。

〔2〕 屈广清:《涉外海事关系法律适用法立法研究》,人民出版社2016年版,第615页。

〔3〕 参见郭瑜:《海商法教程》,北京大学出版社2012年版,第191页。

无法在中秋节之前就把该批货物运输到特定的港口,那么承租人要求解除合同并且赔偿损失是非常合理的。

三、交还船舶的法律冲突

交还船舶,是指在租期届满后,承租人按照合同约定的时间、地点和条件,将船舶还给承租人的行为。而这个环节涉及的各国的法律冲突主要在于最后航次,即承运人在租期届满之前,在不违反法律规范的前提下,可以安排最后一个航次。例如,一个 6 个月的期租合约,在最后的 10 天,租船人要船再走一个估计须 15 天才能完成的航次,这仍然是“合法的”。因为一个 6 个月的期租合约往往允许有 10 天左右的补充期,而该最后的航次并未超出补充期,换言之,租船人仍是在合理的租约内使用该船,船东不能拒绝去跑此航次。[1] 总体而言,各国的法律都是倾向于从保护承租人的利益出发,允许承租人安排最后一个航次,只是不同的国家对此作出的限制不同。1994 年《瑞典海商法》第 69 条规定:“即使可能因此而超过约定的还船期限,出租人亦应当允许船舶继续进行新的航次。但是,如果超期的时间长于合理的预计时间或已就还船约定了固定的期限,则上述规定不适用。”[2] 从《瑞典海商法》可以看出,其中立法者作出的限制有两点:超期还船的时间不能超过合理的预计时间;当事人已经就还船事项约定了固定期限。至于什么才是“合理的预计时间”,不同国家的司法实践也是不一样的。在美国,“合理的预计时间”通常是指承运人安排最后一个航次时,最后一个航次结束时所超出的时间将短于不安排该航次所能提前的时间。而我国《海商法》第 143 条规定:“经合理计算,完成最后航次的日期约为合同约定的还船日期,但可能超过合同约定的还船日期的,承租人有权超期用船以完成该航次。超期期间,承租人应当按照合同约定的租金率支付租金;市场的租金率高于合同约定的租金率的,承租人应当按照市场租金率支付租金。”可见,我国《海商法》没有对最后航次作出过多的限制,仅仅要求承租人应该支付一定的超期费用即可。[3] 实际上,我国《海商法》也应该对最后一个航次作出更多限制。

---

〔1〕 参见杨良宜:《租约》,大连海事大学出版社 1994 年版,第 25 页。

〔2〕 参见屈广清:《涉外海事关系法律适用法立法研究》,人民出版社 2016 年版,第 616 页。

〔3〕 参见法规应用研究中心主编:《最高人民法院 最高人民检察院司法解释与指导案例(商事卷)》,中国法制出版社 2016 年版,第 1099 页。

四、救助报酬的法律冲突

救助报酬,是指承租人在使用船舶的过程中参与了海难救助并且获得报酬时,承租人与出租人应该如何分配该救助报酬。海难救助的报酬是根据不同情况而定的:如一次成功的救助任务,救助人员可以获得被救助货物价值的25%左右以作为奖励。如果海难发生的位置在深海区,救助难度大,救助报酬的比例可能会更高。还有一种酬劳是“中途接护”的劳务费,这个费用通常比较高,但是具体数额还要根据合同来确定。需要注意的是,除报酬外,其他的费用,如返程的费用、船舶的维修费用等,都是由获救者自己承担的。按照国际公约和各国国内法普遍的做法,如果救助人对陷于危险中的船舶加以救助并且取得一定的救助效果,那么救助人有权获得一定的救助报酬。而租船领域的情况就更加复杂一些,原因是船舶的使用权在承租人手里,而船舶的所有权则属于出租人,而且船长和船员也很有可能是由出租人雇佣的。救助行为本身包含的风险巨大,有可能给参与救助的船舶带来灭顶之灾。在“Tojo Amaru(1971)案”中我们可以看出,在救助过程中偶一不慎而造成被救助财产的任何损失,对方可以以侵权罪而事后起诉作为反索赔(Counter-claim)的。[1] 1994年《瑞典海商法》第68条规定:“出租人依据第16章第6条第2款所得的纯救助报酬余额的三分之一,应当归期租承租人所有。”[2]

我国《海商法》第139条规定:“在合同期间,船舶进行海难救助的,承租人有权获得扣除救助费用、损失赔偿、船员应得部分以及其他费用后的救助款项的一半。”[3]这一规定表明,我国法律已经确认了承租人参与救助报酬分配的权利,但是鉴于很多国家的法律没有明确规定这个问题,当承租人租用外国船舶时,为了安全起见,应该充分利用当事人意思自治原则,争取在租船合同中订立这一条款,从而在海难救助发生时使自己的救助报酬请求权得到具体的保障。[4] 从上述国家关于救助报酬的规定可以看出,国际社会普遍认可承租人有权获得一定的报酬,而存在冲突的地方在于承租人可以获得的份额的多或少。

---

〔1〕 参见杨良宜:《租约》,大连海事大学出版社1994年版,第122页。

〔2〕 屈广清:《涉外海事关系法律适用法立法研究》,人民出版社2016年版,第616页。

〔3〕 法规应用研究中心:《最高人民法院 最高人民检察院司法解释与指导案例(商事卷)》,中国法制出版社2016年版,第1099页。

〔4〕 参见傅延中:《海商法论》,法律出版社2007年版,第297页。

第二节　国际租船合同的准据法

一、国内准据法的适用

目前,国际租船合同关系领域没有形成国际统一实体法条约,使调整这类合同关系的主要依据为各国的国内实体性规范。从各国的法律和实践上看,确定国内实体规范的适用,可以遵循不同的原则。总体来说,主要有以下几个类型的准据法。

(一)当事人自选法

当事人自选法的理论来源是"当事人意思自治原则"。作为一项基本原则,"当事人意思自治原则"在国际合同领域得到了广泛的接受,而且,当事人选择法律也为各国法律或者司法实践所承认。[1] 因此,当法院地国的法院把国际租船关系识别为国际合同关系时,当事人的共同意志将对法律适用问题的解决起到决定性的作用,如我国《海商法》第 269 条的规定。[2] 当然,法官应该依据哪个国家的法律来识别相关的国际租船合同关系,也是一个问题。有学者认为,人民法院在审理相关的涉外民商事纠纷时,应该依据我国的法律来定性相关的法律事实。[3]

(二)最密切联系法

最密切联系法的理论来源是"最密切联系原则"。在国际租船合同领域,立法者和司法者至少应该注意到以下的租船合同要素:租船合同的缔结地、租船合同的履行地、船舶所在地、出租人营业地、承租人营业地、出租人住所地、承租人住所地、出租人国籍、承租人国籍、船旗国和管辖权。而《法律适用若干问题的规定》中推定了 17 种合同与特定的国家的法律有最密切联系,但这 17 种国际合同却不包括国际租船合同,所以一旦发生国际租船合同的当事人没有能够有效地对法律适用问题作出约定的情况,[4] 我国的司法人员只能适用

---

〔1〕 Peter Nygh, *Autonomy in International Contract*, Clarendon Press, 1999, p. 8.

〔2〕《海商法》第 269 条规定:"合同当事人可以选择合同适用的法律,法律另有规定的除外。合同当事人没有选择的,适用与合同有最密切联系的国家的法律。"参见法规应用研究中心主编:《最高人民法院　最高人民检察院司法解释与指导案例(商事卷)》,中国法制出版社 2016 年版,第 1109 页。

〔3〕 参见张潇剑:《国际私法论》(第 2 版),北京大学出版社 2008 年版,第 166 页。

〔4〕 包括当事人没有对国际租船合同的法律适用问题作出约定和当事人们对国际租船合同的法律适用作出的约定无效两种情形。

《法律适用若干问题的规定》第5条第2款第5项的规定,[1]把国际租船合同视为一般的国际动产租赁合同。

我国的立法在这方面有所欠缺,即当司法人员根据我国《海商法》第4章的规定,把航次租船合同识别为一种特殊的海上货物运输合同时,一旦发生当事人国际航次租船合同的当事人没有能够有效地对法律适用问题作出约定的情况,司法人员就没有办法依据《涉外民事关系适用法》所指向的法律规范来调整相关的国际航次租船合同,因为《涉外民事关系适用法》中的推定的合同种类中,并不包括国际海上货物运输合同。

(三)货物装运港法

货物装运港所在地法的理论来源是"行为地法",[2]即国际租船合同受货物装运港所在地国家的法律调整。例如,《1928年关于国际私法的布斯塔曼特法典》第285条规定:"租船合同,如果不是附意合同,应适用货物装运港所在国的法律;履行合同的行为应适用合同履行地法。"[3]这种立法形式最大的问题在于,承租人通过租船的方式运输货物,往往意味着承租人很可能要去往多个国家的港口承揽货物,那么此时究竟哪一个国家才是"货物装运港所在地"?当然,如果承租人只是去往一个国家的港口承揽货物,就不会存在这种问题,但是这种情况毕竟是少数。

(四)同一港口国法

同一港口国法的理论来源同样是"行为地法",即国际租船合同的运输行为都集中在一个国家的港口,那么就适用该国家的法律调整相关的国际租船合同,如《1940年关于国际通商航海法的蒙得维的亚条约》第25条的规定。[4]

---

[1] 《法律适用若干问题的规定》第5条第2款第5项规定:"动产租赁合同,适用出租人住所地法。"最高人民法院:《司法业务文选》,载《法律出版刊》2007年第30期。

[2] 最初源于古罗马法中有关"场所支配行为"的原则。罗马法相关的最初的法学家和法典编纂者只会在一般的法律原则的背景下考虑海商法问题和事项。See Atamer Kerim, *Sources of Roman Maritime Law in the Digest*, Banka ve Ticaret Hukuku Dergisi, Vol. 26:4, p. 63 – 134(2010).

[3] [加]威廉·泰特雷:《国际冲突法——普通法、大陆法及海事法》,刘兴莉译,法律出版社2003年版,第691页。

[4] 《1940年关于国际通商航海法的蒙得维的亚条约》第25条规定:"关于履行同一国家港口之间运输的租船合同,和货物运输合同或旅客运输合同,不考虑船舶的国籍,均适用该国的法律。可能产生的诉讼归上述国家的法院或法庭管辖。"参见[加]威廉·泰特雷:《国际冲突法——普通法、大陆法及海事法》,刘兴莉译,法律出版社2003年版,第695页。

二、立法建议

出租人的适航义务,是指出租人必须确保出租的船舶能够安全收受、载运和保管货物。出租人承担适航义务的意义在于确保船舶在航行过程中符合安全标准,保障承租人的利益和安全。具体来说,出租人承担适航义务的意义,包括维护市场秩序。出租人承担适航义务可以保证船舶市场的公平竞争和秩序,避免因船舶不适航而导致的纠纷和损失。保障承租人的货物安全。出租人提供的船舶必须符合适航标准,以确保承租人的货物在运输过程中不会受到损害。保护出租人的利益。出租人作为租赁合同的另一方当事人,应当履行合同义务,确保船舶符合约定的安全标准。如果船舶在航行过程中出现问题,出租人需要承担相应的责任和赔偿义务。可以认为,出租人承担适航义务是保障承租人、出租人自身和社会公共利益的重要措施之一。我国《海商法》第47条规定了承运人的适航义务,但是这并不意味着出租人应该承担同样的适航义务。根据我国《海商法》的规定,定期租船合同被规定在第6章"船舶租用合同"中,那么第4章第47条有关船舶适航的规定是否可以适用于第6章,不无疑问。[1] 承运人的适航义务和出租人的适航义务是不能相提并论的,尤其是在光船租赁关系中,出租人当然没有"妥善配备船员"的义务。[2] 在前文提到过的"甲轮定期租船合同纠纷案"的双方当事人就因为出租人的"适航义务"而发生激烈的纠纷。

在"甲轮定期租船合同纠纷案"中,出租人把一艘甲轮定期出租给承租人,租期为20个月加减30天由承租人选择。后承租人向出租人发函表示,以甲轮不适航状态长期得不到改善为由提出解除合同。"不适航"是基于船主有责任确保船舶合理地适合于海上航行的说法。[3] 双方因为甲轮是否"不适航"而发生了激烈的纠纷。而仲裁庭也注意到,我国《海商法》或其他法律没有对"不适航"作出明确的定义。

为了避免出租人与承租人发生上述案件类似的争议,我国《海商法》应该针对此类争议作出特别的规定或者颁布相应的司法解释,明确规定出租人的

---

〔1〕 郭萍:《租船实务与法律》,大连海事大学出版社2014年版,第178页。

〔2〕 《海商法》第47条规定,承运人必须保证相关船舶妥善配备船员。参见法规应用研究中心主编:《最高人民法院　最高人民检察院司法解释与指导案例(商事卷)》,中国法制出版社2016年版,第1091页。

〔3〕 Koerting & Stephen & Nova Scarred, *The Implications of International Ferry's Floating Jurisdiction on the Law of the Sea, the Lands, and the Flag*, Ocean and Coastal Law Journal, Vol. 21:1-2, p. 197-220 (2016).

“适航义务”,那么当出租人和承租人签订的国际租船合同没有对此作出明确的约定时,不会发生无法可依的情形。笔者认为,立法者在修改我国《海商法》或者颁布相应的司法解释时,应该特别注意以下三个方面的问题:

(一)船舶适航的含义问题

船舶适航的含义问题,是指出租人应该保证船舶的哪几方面处于适航的状态?学界关于船舶适航的含义有不同说法,总体而言存在以下两种:

其一,“广义说”。“广义说”主张,出租人不仅应该确保船体、船壳和机器设备处于适航状态,而且应该确保有关船舶配备了合适的船员以及适合装运货物。根据这一学说,出租人要承担三个方面的义务,可以简称为“适船”、“适船员”和“适货”的义务。“广义说”最大的优势在于,它最大限度地涵盖了国际租船合同中出租人的适航义务,较为科学地保障了承租人的合理利益,最大限度地规避了承租人在海上可能遭遇的不适航风险。而它的劣势在于,它并没有考虑到国际光船租赁合同存在不同于国际定期租船合同的内容,即在国际光船租赁合同中,出租人根本不需要承担“适船员”的义务,出租人只需要把一艘或多艘“适船”和“适货”的船舶交付给承租人使用即可。

其二,“狭义说”。“狭义说”主张,出租人仅仅有确保船体、船壳和机器设备处于适航状态的义务,即“适船”义务。当然,仅就“适航”义务而言,司法实践对它的具体含义也不相同。“狭义说”根本无法适应当前的国际租船市场的实际情况,也和国际合同法的基本理论相违背。因为无论是国际定期租船合同还是国际光船租赁合同,承租人把一艘或者多艘船舶租下来,主要就是为了承载货物。而根据“狭义说”,出租人甚至不需要承担“适货”的义务。这与国际租船市场的基本做法是不符的。另外,一般的国际合同法理论也认为,国际合同当事人必须要承担合同的基本义务。而在国际租船合同中,出租人确保出租的船舶适合于承载特定的货物,毫无疑问属于出租人的基本义务之一,相关的船舶中存储货物的场合应当满足租期内约定货物安全运输的需要。在“适货”方面,这里应该区分两种情况讨论:在出租人明确知道或者应该知道承租人将使用该船承载特定的货物时,出租人是负有确保出租的船舶适合承载该特定货物的义务。在出租人不知道或者不应该知道承租人将使用该船承载特定货物时,并不需要承担该义务;如承租人临时决定用出租的船舶承载鲜活海鲜,出租人并没有义务提供适当的具有冷藏功能的储存仓。

因此,立法者在修改《海商法》或者颁布相关的司法解释时,应该采取广义说为理论基础,特别是在修改有关定期租船合同的法律规范时,更加应该要求出租人全面承担“适船”“适货”“适船员”的义务。这不仅是理论上更具有合理性,而且也符合国际航运市场的实际做法。然而,在修改有关光船租赁合同的法律规范时,就应该相应地把“适船员”的义务排除在外。

(二)船舶适航的程度问题

船舶适航的程度问题,是指出租人应该保证船舶适航到什么程度?学界关于船舶的适航程度问题,也存在两种不同的说法:

第一,“谨慎处理说”。[1] “谨慎处理说”主张不要求出租人在船舶适航问题上(包括了“适船”“适船员”“适货”)做到尽善尽美,只要求它做到合理,能够抵御航次中通常出现的或者能合理预见的风险,并在这个范围内承担责任。根据这一学说,出租人只要主观上做到了“谨慎合理”的程度即可,但是,“谨慎合理”毕竟是对出租人主观状态的一个描绘,而所有的主观状态都是需要结合一定的客观事实才能加以认定的。这必须在具体案件中结合具体案情才能知道。[2] 例如,在“Union of India V. N. 诉 Breeder Amsterdam 1962 劳依氏案”中,大法官埃弗·谢德(Ever shed)在判词中说,这是很明显的事实,验船师在各方面的检验工作中,已遵照检验一般类似船舶经常所用的工作标准,同时符合劳依氏船级社技术规格与熟练的技巧,并无可疑之处需要特种方法,或较高的工作标准去执行检查工作,验船师对其工作已尽注意,并已恪尽职责,绝无疏忽之处。[3] 从立法技术的角度来看,立法者根本不可能把所有的客观事实列举出来,以方便司法者裁判案件,因为在国际航海领域,船舶所可能遭遇的新的风险是层出不穷的。所以究竟如何判断出租人尽到了“谨慎合理”的义务,无疑是一个很重要的问题。

第二,“绝对适航说”。[4] “绝对适航说”主张要求出租人在船舶适航问题上做到尽可能完善,即使船舶出现了异常的和难以预见的缺陷而导致了承租人的损失,出租人仍然应该承担相应的责任。根据这一学说,在出租的船舶出现了异常的和难以预见的缺陷时,根本不考虑出租人的主观状态,即出租人无

---

〔1〕 徐峰:《英美法下“适航义务”界定之实证研究——从绝对适航到过错原则》,载《中国海商法研究》2016 年第 2 期。

〔2〕 张湘兰主编:《海商法》,武汉大学出版社 2014 年版,第 93 页。

〔3〕 参见杨良宜:《提单》,大连海运学院出版社 1994 年版,第 21 页。

〔4〕 徐峰:《英美法下“适航义务”界定之实证研究——从绝对适航到过错原则》,载《中国海商法研究》2016 年第 2 期。

论是否尽到了“合理谨慎”的义务,都应该承担相应的赔偿责任。“绝对适航说”最大的合理性支持来自一般的合同法理论。合同法理论认为,国际租船合同与其他国际合同相较而言,在违约责任方面没有任何特殊性,合同的当事方应该承担无过错责任,即合同当事方(包括出租人和承租人)均不能以自己没有过错为由而免除自己的违约责任。这意味着即使出租人主观上已经尽到了“合理谨慎”义务,但是出租船舶仍然在出租期间遭遇了难以预测的风险,出租人必须要承担相应的违约责任。例如,在“孟卡斯特城堡案”中,[1]船东聘请一家具有合格资质的船舶维修公司维修船舶,但是由于维修人员工作中的疏忽没有拧紧防浪阀盖板上的螺丝,使海水从盖板处进入,损坏了货物。该案件的判决结果是船东依然应该对货主负赔偿责任。该案法官的依法判决就完全体现了“绝对适航说”的理念,因为船东已经尽到了“合理谨慎”的义务,寻找了一家具备合格资质的船舶维修公司维修船舶,主观上并无过错,但是这样一种谨慎的做法仍然无法阻止货物的损坏,船东根本不可能因为自己主观上的无过错而免责。

与其他大多数学者不同,笔者认为,立法者在修改《海商法》或者颁布相关的司法解释时,应该采取“绝对适航说”作为理论基础,主要的理由有以下3点:第一,采取“绝对适航说”,可以最大限度地确保出租人在船舶适航性方面提高警惕,从而实现防范海上事故的目的。因为根据绝对适航说设立的法律规范,出租人内心必然清楚它(主要是指船舶出租公司)必须尽可能地确保用于交付的船舶不会因为船舶适航性问题而导致违约,所以在交付之前,只要是一位理性的出租人,它必然会详细检查船舶各方面的设施和船员的资质。毫无疑问,这对于整个国际海上安全的保障来说,是值得欢呼雀跃的事情。第二,国际租船合同,实际上就是国际合同的一种,与其他的国际合同相比,当事人在承担违约责任方面,不应该有任何区别。如果出租人主观上已经尽到了“合理谨慎”的义务,但是出租的船舶本身仍然出现了“不适航”的情形并且导致了承租人的损失,承租人完全可以依据国际租船合同,要求出租人承担违约责任。但值得注意的是,这里一定要区分清楚船舶“不适航”和船舶遭遇了“不可抗力”的情形。船舶遭遇“不可抗力”的情形,是指船舶本身是完全适航的,但是,在航行的过程中遭遇了不可预见、不能避免并且不能克服的客观情况。

---

[1] 郭瑜:《海商法教程》,北京大学出版社2012年版,第82页。

一般认为,不可抗力具体包括自然灾害,如地震、火山爆发、泥石流等;国家行为,如政府的禁令,国家法律的变化等;社会异常事件,如因罢工引发社会动荡等。[1] 而不可抗力才是免除出租人违约责任的正当理由,而不是出租人主观上的"谨慎合理"。第三,如果采取"谨慎处理说",对"谨慎"一词的解释就十分困难,从立法技术的角度来说,几乎不可能区分清楚"谨慎"与"不谨慎",无论是"谨慎"还是"不谨慎"都是出租人一种主观的状态。但"谨慎处理"自身也缺乏明确标准,需法官依具体事实,通过自由心证而定,因此,实践案件一旦涉及船舶适航与否,其判定一般都比较复杂。[2] 要想得知出租人的主观状态,只能由司法裁判者结合具体的案情来推定,即司法裁判者主观上推定出租人的主观状态。那么,这种推定究竟有多大的合理性?笔者甚至怀疑,司法裁判者的这种从主观到主观的推定,究竟反映的是出租人的心理状态,还是司法裁判者的心理状态?不得而知。

(三)船舶适航的时间问题

船舶适航的时间问题,主要是指出租人应该保证船舶在出航时适航还是整个租期内适航?学界关于船舶的适航性的程度问题,也存在不同的声音。笔者根据适航的时间不同,将其细分为以下状态:

第一,开航适航状态。开航适航状态,是指出租人只在船舶开航当时或者开航之前负有确保船舶适航的义务。这意味着出租人只要确保每一运输航次开航当时船舶处于适航状态,即圆满地履行了自己的义务。该状态最大的优势在于它考虑到了船舶在海上航行可能遭遇到的风险形式各样且大小不一,而每一艘船舶抵抗的风险的能力都是不同,在船舶遭遇风险并且导致相关当事人的损失时,究竟应该把它视作不可预见、不能避免以及不能克服的不可抗力导致的损失,还是把它视为因为船舶不适航导致的损失?有时在航海实践中不太容易把它们区分开。例如,在"韦赛尔诉阿斯图里亚斯案"中,[3]当事人间较大的纠纷之一就是:究竟是船东没有履行确保船舶适航的义务,还是货物不可避免地要渗水而导致了货物的损坏?该案的法官认为,尽管损失是由于海上风险所产生,但如果当时谨慎采取技艺有可能避免此项损失的话,船东仍

---

[1] 王利民主编:《民法学》,复旦大学出版社 2015 年版,第 587 页。

[2] 杨树明、郭东:《事实与法律之间——论船舶适航义务的涵义及判断标准》,载《法学杂志》2006 年第 5 期。

[3] 126F. 2d 999,1942 A. M. C. 360(2d Cir. 1942).

得对此负责。如果仅仅要求出租人保证船舶在开航时是适航状态,司法人员就不需要作这方面的区分,因为出租人只在开航当时负有确保船舶适航的义务。意味着即使船舶在航行过程中遭遇了风险并导致损失,无论是由于船舶不适航还是由于不可抗力,出租人都不可能因为船舶不适航而承担任何赔偿责任。而开航适航状态的劣势是相当明显的,即适航义务通常包括适船、适船员和适货3项内容,如果仅仅要求出租人在出航前确保船舶的适货功能,显然是不合理的。因为国际租船活动,主要就是为了完成国际货物运输事项,而国际运输贯穿寒带、温带、亚热带和热带的情况并不少见。由于4个气候带的气温相差太大,所以确保运输途中货舱一直处于合适的温度,而不仅是船舶出发时货舱处于合适的温度,是国际运输业对船舶的基本的要求之一。

第二,租期适航状态。租期内适航状态,是指出租人在整个租期内都负有确保船舶适航的义务。这意味着一旦出租船舶在租期内出现了任何不适航的情况,出租人应该采取合理的措施对此予以修复并且对船舶的不适航造成承租人的损失予以赔偿,而我国《海商法》第133条对定期租船合同的这方面作出了明确规定。[1] 但是,我国《海商法》对光船租赁合同就没有这方面的规定。租期适航状态的优势主要在于以下两点:其一,要求出租人在整个租期内都负有确保船舶适航的义务,一定能更加有效地防范海上风险,减少海上事故的发生。显然,出租人势必要在确保船舶适航方面投入更加多的时间与精力,比如,出租人甚至会考虑出租的船舶主要用于运输什么类型的货物、货物的数量、运输经过的具体路线、租期的长短、运输路线沿途的修理厂位置等诸多因素,以此最大限度地确保租期内能够履行确保船舶适航义务。其二,要求出租人在整个租期内都负有确保船舶适航的义务,能促进国家海上保险业务的繁荣。国际租船领域主要是为国际海上运输服务的,而众所周知的是,国际海上运输领域蕴含的海上风险不仅类型众多,而且所造成的损失巨大,因此出租人往往会为用于出租的船舶购买海上保险。如果出租人并没恰当地履行确保船舶适航义务而造成了承租人的损失,那么在购买了海上保险的情况下,最终是由承保人承受有关的损失。如果要求出租人在较长的时间内承担适航义务,无疑会很大程度上促进出租人购买相应的海上保险的积极性。要求出租人在

---

[1] 《海商法》第133条第1款规定:“船舶在租期内不符合约定的适航状态或者其他状态,出租人应当采取可能采取的合理措施,使之尽快恢复。”参见法规应用研究中心主编:《最高人民法院 最高人民检察院司法解释与指导案例(商事卷)》,中国法制出版社2016年版,第1098页。

整个租期内都负有确保船舶适航的义务的消极之处在于:这迫使出租人在出租船舶之前更加保守,使船舶出租公司会尽量避免签订一部分运输风险较大的、租期过长的国际租船合同。这对整个国际租船行业甚至对于国际的经济交往来说,并不是值得庆幸的事情。

立法者在修改《海商法》或者颁布相关的司法解释时,应该采取租期适航说作为理论基础。[1] 与"开航适航说"相比,它具有更加强的合理性,尤其是"防范海上风险"这一优势,完全符合国际海商法的核心追求。而船舶航行在浩淼的海面,要面对变化莫测的天气、动荡不定的海水,不能依靠陆地上常用的定位手段,不能得到及时的补给,随时可能遭受灭顶之灾。所有这些因素决定了航海以及和航海有关的所有制度中的一个核心概念:风险意识。[2] 另外,随着海上鉴定技术的不断成熟,一旦船舶遭遇了海上风险从而导致相关当事人的损失,到底应该把这种损失视为不可抗力导致的后果还是出租人未能完全履行国际租船合同义务的后果?对此,专业的鉴定认识越来越能区分清楚。因此开航适航说的优势一定会随着科学技术的进步而越来越递减。

[1] 该建议针对我国相关光船租赁合同的法律规范。

[2] 郭瑜:《海商法教程》,北京大学出版社2012年版,第5页。

第九章　国际海上保险合同的法律适用

第一节　国际海上保险合同的法律冲突

当一艘船驶向大海时，它的各方面都会受到危险的困扰，其所涉及的风险范围如海洋般广阔。[1] 此时，就需要海上保险对此作出相应保障。国际海上保险合同属于国际合同中的一种，我国《海商法》也对海上保险合同作出了具体的定义。[2] 与一般的保险合同相比，海上保险合同的特征在于其承保对象是由于海上风险引起的海上事故。总体而言，国际海上保险合同在国际贸易领域起到的作用是不可忽视的，因为国际航运人往往要面临巨大的海上风险。一旦遭遇破坏力巨大的风险，在没有购买海上保险的情况下，国际航运人就要面临相关当事方的巨额索赔请求。一般规则是，在货物运输期间，货物受损的风险由买方承担。[3] 目前，各个国家对海上保险合同所作出的规定又是各不相同的，从而就发生了国际海上保险合同的法律冲突问题，而较明显的法律冲突包括以下四个方面。

---

〔1〕 Kimball John, *The Central Role of P & I Insurance in Maritime Law*, Tulane Law Review, Vol. 87:5, p. 1147 – 1164(2013).

〔2〕《海商法》第 216 条规定："海上保险合同，是指保险人按照约定，对被保险人遭受保险事故造成保险标的的损失和产生的责任负责赔偿，而由被保险人支付保险费的合同。前款所称保险事故，是指保险人与被保险人约定的任何海上事故，包括与海上航行有关的发生于内河或者陆上的事故。"参见法规应用研究中心主编：《最高人民法院　最高人民检察院司法解释与指导案例（商事卷）》，中国法制出版社 2016 年版，第 1105 页。

〔3〕 Stefan Matei Danila, *Characteristics of the Cargo Insurance Contract in Case of International Land Transport*, Lex ET Scientia International Journal, Vol. 24:2, p. 25 – 33(2017).

一、保险标的的法律冲突

保险标的,是指作为保险对象的财产,而海上保险标的最重要的特征就是标的财产与海上航行具有一定关系。海上保险标的主要是货物和船舶。其中,货物是海上保险最常见的标的,而海上运输的货物又可以分为整件大宗货物、散装货物、包装货物和集装箱等;船舶是最重要的保险标的之一,它是海上运输的工具,也是海上保险承保的主要对象。不同国家对海上保险标的规定的范围不一样,主要是因为各个国家的法律和保险制度存在差异。不同国家的法律体系、保险监管机构、保险市场环境等方面都有所不同,这些因素都会影响海上保险标的的规定范围。例如,一些国家的法律体系是源于英美法系的,而另一些国家则源于大陆法系。英美法系国家通常更加注重海上保险合同的自由度和灵活性。因此,对保险标的的规定可能相对较宽松,而大陆法系国家则更加注重法律的严谨性和规范性,因此对保险标的的规定可能相对较为严格。此外,不同国家的保险市场环境和监管要求也不尽相同。一些国家的保险市场比较开放,市场竞争激烈,因此保险公司可能更加注重拓展业务范围和提高保险保障程度,而另一些国家的保险市场则可能相对较封闭,监管要求较严格,因此保险公司可能更加注重合规和风险管理。总之,不同国家对海上保险标的规定的范围不一样,主要是因为法律和保险制度存在差异。这种差异可能会影响保险公司的业务范围和经营策略,也可能会影响被保险人的保险保障程度和风险管理效果。不同的国家对海上保险标的所规定的范围不一样,从而容易引起法律冲突。例如,根据《荷兰商法典》第593条的规定,“海上保险标的具体包括以下各项:船舶的船体与龙骨,空载或满载,训装或非训装,单独航行或与其他船舶同航行;索具与属具;武器装备;供应品及抵公海前支付的全部费用;所装货物;预期利润;期得运费;被捕虏的风险”。[1] 值得注意的是,荷兰的法律规范明确将“武器装备”也列入了保险标的的范围,这是较罕见的。而我国《海商法》没有列明“武器装备”可以作为保险标的。这种情况下,在我国“武器装备”是不能被视为保险标的的,因为“武器装备”与我国《海商法》所列明的财产具有明显不一样的性质。另外,关于第三人责任方面,各国的立法也表现了较多的法律冲突,有的国家立法认为,保险标的不包括对第三人的责任,如上述荷兰的法律;有的国家认为,保险标的包括了对第三人的

〔1〕 张忠晔主编:《各国和地区海商法比较》,人民交通出版社1994年版,第263页。

责任,如《英国1906年海上保险法》第3条规定,可视为海上保险合同标的的有以下三大类:(1)船舶、货物和其他动产;(2)无形财产,即利益,如运费、客票、佣金、利润或垫款、借款、日用开支等;(3)对第三者的责任。[1]

二、保险价值的法律冲突

保险价值,是指保险标的所具有的金额价值。在财产保险中,保险标的价值通常是根据投保时评估确定的价值进行投保的,但保险公司理赔时通常是以损失发生时的实际价值进行计算的。对于财产保险来说,被保险人需要在合同中约定保险金额,保险金额的计算方式通常根据保险标的的不同类型而有所不同。需要注意的是,保险标的价值并不是固定不变的,当被保险人的财产及其有关利益因市场价格变动而贬值或增值时,被保险人可能需要及时告知保险公司,并在合同期限内申请重新评估保险标的价值。事实上,保险法中所指的保险价值并不一定是指保险标的的真实价值。根据各国的法律普遍规定,保险合同的当事方可以自由地约定保险标的的价值。保险价值以保险合同为基础,可以由合同确定。[2] 但是,如果双方当事人对于保险标的所约定的价值与其真实价值不符时,各国的处理方式就大不相同,从而产生了保险价值方面的法律冲突。例如,《日本商法典》第639条规定:"当事人约定保险价值后,保险人非证明其价值显著失当,不得请求减少赔偿额。"[3] 而《德国商法典》第786条第2款规定:"若确定之数额大大超过其实际价值或者对期得利益之估计远远高于一般商人在签订合同时对该利益之期望,保险人可以要求减少该固定数额。"[4] 从两国不同的立法规范可以看出,两国对于当事人不恰当的估价行为所处理的方式是完全不一样的。德国的立法者允许保险人对不恰当的估价行为进行一定程度的补救。笔者也认为,德国的立法具有更强的科学性。虽然保险合同双方对于标的物价值估算错误的情形不会太多,但是毕竟不能完全排除这种情形,因此法律赋予当事人提出异议的权利是较为合理的做法。

---

〔1〕 沈木珠:《海商法比较研究》,中国政法大学出版社1998年版,第360页。

〔2〕 Kemal Senocak, *Agreed Value Insurance*, Banka ve Ticaret Hukuku Dergisi, Vol. 25:2, p. 179 – 210(2009).

〔3〕 牛玥:《简论定值保险在海上保险中的法律规制》,载《法制博览》2016年第7期。

〔4〕 张忠晔主编:《各国和地区海商法比较》,人民交通出版社1994年版,第268页。

三、委付的法律冲突

保险中的委付,是指被保险人请求保险人为推定全损赔付时,应放弃保险标的的所有权,并将所有权转移给保险人的一种法律制度。保险委付是海商法中一项传统的法律制度,各国都在其本国的海商法中作出了相关的规定。各国对于委付规定不同的原因可能有以下几个方面:保险文化差异,不同国家的保险文化存在差异,对于委付的接受程度和理解方式也会有所不同,从而影响了各国对于委付的规定。法律体系差异。不同国家的法律体系和保险法规存在差异,导致各国对于委付的规定有所不同。风险评估差异。不同国家对于风险评估的标准和方法可能存在差异,这可能导致各国对于委付的规定有所不同。利益平衡差异。委付涉及被保险人和保险人之间的利益关系,不同国家对于利益平衡的考虑可能存在差异,从而影响了各国对于委付的规定。监管要求差异。不同国家的监管机构对于保险业务的监管要求可能存在差异,这可能导致各国对于委付的规定有所不同。具体来说,各国关于委付方面的法律冲突主要发生在委付的原因。关于保险委付的原因,《日本商法典》第四编"海商"第六章"保险"部分第833条规定:"下列情形,被保险人可请求取得委付于保险人的保险标的的全部保险金额:1.船舶沉没时;2.船舶下落不明;3.船舶不能修理时;4.船舶或所载货物被捕获时;5.船舶或所载货物依官方的处分被扣押,6个月未解除时。"[1]从日本立法史来看,日本的海商法曾经是亚洲地区最古老的海商法,但是近年来日本一直努力促进海商法的现代化。值得一提的是,在日本方面,海运和运输法的现代化,构成了日本致力于私法全面改革的一部分。[2] 而《荷兰商法典》第667条规定:"从船舶开航之日或收到最后有关消息之日起,在下列期限内未得到其消息,被保险人也同样可向保险人委付保险标的。并随后要求付款,而无须提供有关船舶灭失的证据。从荷兰王国至欧洲、亚洲、非洲、地中海或黑海的航程或反向航程,六个月;从荷兰王国至马德拉群岛、西印度群岛、亚速海、加那利群岛、非洲西海岸和美洲东海岸的航程或反向航程,十二个月;从荷兰王国至除上述地点以外的世界其他各地的航程或反向航程,十八个月。往返荷兰王国以外港口之间的航程的期限,按两港之间的距离参照上述相应区域的期限确定。除非有相反的证据,在上

---

〔1〕 屈广清:《涉外海事关系法律适用法立法研究》,人民出版社2016年版,第75页。

〔2〕 Souichirou Kozuka, *Japan's Maritime Law Reform in An International and Regional Context*, Australian and New Zealand Maritime Law Journal, Vol. 30:1, p. 125－133(2016).

述所有情况下,被保险人只需声明或自愿宣誓未直接或间接地收到来自被保船舶或被保货物所装船舶的消息即构成本条第一款的未得到消息。”[1]从上述两国的立法可以看出,关于失踪船舶的法律规定,荷兰倾向于根据不同的失踪区域设置不同的失踪期间。实际上,在全球定位系统和通信系统如此发达的今天,并没有必要根据不同的失踪区域设置不同的失踪期间。无论在哪一个区域,只要船舶是在地球的海洋中失去联系超过两个月,那么就可以推定该船舶已经实际全损了。

四、保险金支付时间的法律冲突

保险金支付的时间,是指在一定时间内,保险人应该向遭遇了损失的保险人支付保险金额的行为。及时支付保险金具有重要意义,主要体现在以下几个方面:保障被保险人的利益。保险金是保险人按照合同约定,向投保人或被保险人支付的用于弥补因保险事故发生所造成的损失的一种金钱给付请求。及时支付保险金可以确保被保险人在遭受损失后能够及时得到赔偿,保障其经济利益。维护社会稳定。保险金通常是由保险公司承担的,及时支付保险金可以为社会提供一定的保障和稳定作用。促进保险市场的发展。及时支付保险金可以提高保险市场的信誉和竞争力,吸引更多的投保人购买保险产品,促进保险市场的健康发展。因此,及时支付保险金可以保障被保险人的利益、维护社会稳定、促进保险市场的发展。被保险人之所以要购买保险,就是希望自己遭遇了风险之后可以及时地获得保险公司的保险金额,以金钱的方式弥补自己遭遇的损失。例如,我国《海商法》第237条规定:“发生保险事故造成损失后,保险人应当及时向被保险人支付保险赔偿。”[2]我国《海商法》并没有明确规定保险人应该在什么时间内支付保险金,因此保险合同的双方当事人有必要在合同中明确约定该事项。当然,笔者也建议,我国的立法者可以通过修改立法或者颁布司法解释的方式,进一步明确具体的期限。例如,《荷兰商法典》第680条规定:“如保险合同未规定支付时间,保险人应在委付通知书送达六周内支付保险金额及委付费用;过期支付应包括法定利息;委付财产应作

---

[1] 张忠晔主编:《各国和地区海商法比较》,人民交通出版社1994年版,第294页。

[2] 法规应用研究中心主编:《最高人民法院 最高人民检察院司法解释与指导案例(商事卷)》,中国法制出版社2016年版,第1107页。

为支付担保。”[1]

第二节　国际海上保险合同的准据法

一、国内准据法的适用

（一）当事人自选法

当事人自选法的理论来源是“当事人意思自治原则”。作为一项基本原则，“当事人意思自治原则”在国际合同领域得到了广泛的接受，而且，当事人选择法律也得到了各国法律或者司法实践的承认。[2] 因此，当法院地国的法院把国际海上保险合同关系识别为国际合同关系时，当事人的共同意志将对法律适用问题的解决起到决定性的作用。例如，1988 年 6 月 22 日欧共体议会正式通过了《关于直接保险的第二法令》。根据该法令的第 7 条第 1 款第 f 项，在一定范围内，[3] 国际保险合同的当事人可以自由选择“任何法律规范”调整其合同。当然，法官应该依据哪个国家的法律来识别相关的国际海上保险关系，这也是一个问题。有学者认为，人民法院在审理相关的涉外民商事纠纷时，应该依据我国的法律来定性相关的法律事实。[4] 约定海上保险合同的适用的法律意义在于：法律是保险合同的指导和约束，有助于保险合同的正常履行和争议解决。法律可以提供明确的权利和义务规定，保障双方的合法权益，避免因法律差异而产生的纠纷，它可以保障保险人和被保险人的权益，避免不必要的风险和损失。因此，保险人和被保险人在签订保险合同时，应当明确约定适用的法律，以保障合同的合法性和有效性。

值得注意的是，虽然“当事人意思自治原则”受到了当今社会的普遍接受和认可，但是由合同的当事人来决定合同所应该适用的法律，实质上意味着赋予国际合同的当事人一种原本应该由国家立法机关来行使的权力，因此，包括杜摩兰在内绝大多数学者都认为，应该对这一原则的具体适用添加一定的限制。而具体到国际海上保险合同，不少国家的法律都对“当事人意思自治原则”施加一定的限制。通常而言，在国际海上保险合同领域，对“当事人意思自

---

〔1〕 屈广清：《涉外海事关系法律适用法立法研究》，人民出版社 2016 年版，第 64 页。

〔2〕 Peter Nygh, *Autonomy in International Contract*, Clarendon Press, 1999, p. 8.

〔3〕 ［加］威廉·泰特雷：《国际冲突法——普通法、大陆法及海事法》，刘兴莉译，法律出版社 2003 年版，第 225 页。

〔4〕 张潇剑：《国际私法论》（第 2 版），北京大学出版社 2008 年版，第 78 页。

治原则”的限制可以表现为多种形式,下面主要讨论3种强制性法律规范对“当事人意思自治原则”的限制:

第一,与保险合同相关的一切因素仅在一个国家内,则当事人选择的法律规范不得违反该国有关的强制性法律规范。这种情况是指本应适用于合同的法律,与另一国(与保险合同相关的一切因素都在该国)的强制性法律规范相冲突,此时应该承认另一国的强制性法律规范的优先效力。值得说明的是,从一般的法律角度而言,公民必须遵守法律,不一定是强制的结果,而是出于尊重社会团结的目的。[1] 有的国际公约或者国内法作出类似的法律规定,是由经济全球化的经济基础决定的,即使当事人对国际保险合同的法律适用作出了约定,也要考虑并且尊重相关第三国的强制性法律规范。全球化现象推动了各国统一监管的共同愿望和需求。[2]

第二,当事人约定适用于保险合同的法律,不得违反法院地国的强制性规范。法院地国的强制性规范,不能因当事人选择了其他国家的法律而予以排除。这是各国的通行做法,如欧共体1980年《罗马公约》第7条第2款的规定。[3] 因此,当事人在决定就某一国际保险合同纠纷提起诉讼时,非常有必要查询清楚法院地关于保险方面的强制性法律规范。当然,最好的做法是,当事人在约定管辖前就查询清楚有关法院地关于保险方面的强制性规范,以增强法律适用方面的预期性和确定性。

第三,当事人约定适用于保险合同的法律,不得违反风险所在国的强制性规范。当事人成立国际保险合同的首要目的是防范风险,而国际海上保险合同防范的主要是海上风险。区分海上保险与一般财产保险的关键,不是财产是否处于海上,而是承保对象是否为海上风险引起的“海上事故”。[4] 这种情况是指当海上风险发生在某国的领海上(以下简称领海国),即使当事人约定了国际海上保险合同适用非领海国法律,也仍然要承认领海国有关保险法方

---

〔1〕 Tita, Constantin Cezar; Tita, Violeta Dana, *Reflections on the Relation between Individual, Society and State*, Journal of Law and Public Administration, Vol. 3:6, p. 132 – 137(2017).

〔2〕 Ian Sampson, *Calculating the Appropriate Measure of Damages in Charter Party Redelivery Disputes*, International Trade and Business Law Review, Vol. 18, p. 376(2015).

〔3〕 1980年《罗马公约》第7条第2款规定:“如果法院地的法律规范具有强行性,即使在合同应适用其他法律的情况下,本公约亦不限制此类规范的适用。”参见[加]威廉·泰特雷:《国际冲突法——普通法、大陆法及海事法》,刘兴莉译,法律出版社2003年版,第707页。

〔4〕 郭瑜:《海商法教程》,北京大学出版社2012年版,第294页。

面的强制性法律规范。

（二）最密切联系法

最密切联系法的理论来源是“最密切联系原则”。在国际海上保险合同领域，立法者和司法者至少应该注意到以下的保险合同要素：保险合同的缔结地、保险合同的履行地、保险标的物所在地、保险人营业地、投保人营业地、被保险人营业地、保险人住所地、投保人住所地、被保险人住所地、保险人国籍、投保人国籍、被保险人国籍、船旗国和管辖权。就我国的法律而言，《法律适用若干问题的规定》中推定了17种合同与特定的国家的法律有最密切联系，其中就包括国际保险合同。《涉外民事关系法律适用法》中推定了若干的合同与特定的国家的法律有最密切联系，其中并不包括国际保险合同。

（三）属人法

属人法的理论来源是“住所地原则”，即认为当事人的住所地法是其属人法。住所和国籍分别是英美法系国家和大陆法系国家确定属人法的最主要连接点。[1] 而随着公司制度以及经济全球化的发展，法人的属人法在国际交往中起的作用越来越大，而具体到国际海上保险领域，其作用更是不能忽视，如《1940年关于国际通商航海法的蒙得维的亚条约》第28条的规定。[2]

（四）风险发生地法

风险行为地法是国际保险领域特有的准据法。它以风险发生地为连接点，以风险主要发生地国家的法律为国际保险合同的准据法。例如，美国《重述》第193条规定：“火灾保险、担保保险和意外保险合同的有效性及由该合同产生的权利，依当事人理解的、在保险单有效期内被保危险主要发生地州的本地法。”受保风险的主要发生地，是指保险合同的标的在保险期的大部分时间内所处的地点。[3] 但是，这种法律适用方式并不常见，主要是因为在国际保险领域，与保险标的相关的风险会发生在哪个国家，往往是偶然的事情，风险之所以可以被称为风险，就是因为它的不可预测性（海上风险不可预测性更强）。如果适用风险发生地法来调整国际保险合同，一定会降低当事人对具体法律

---

〔1〕何其生：《我国属人法重构视阈下的经常居所问题研究》，载《法商研究》2013年第3期。

〔2〕《1940年关于国际通商航海法的蒙得维的亚条约》第28条规定：“海上保险合同，适用保险公司或其分公司或代理机构住所地国家的法律。涉及分公司或代理机构时，应以其经营地作为它们的住所地。”参见［加］威廉·泰特雷：《国际冲突法——普通法、大陆法及海事法》，刘兴莉译，法律出版社2003年版，第695页。

〔3〕王军、陈洪武：《国际商事合同的法律适用》，中国对外经济贸易出版社1991年版，第221页。

适用的可预见性。

二、立法建议

(一)关于委付的时间限制的立法空白及其建议

委付是海上保险中,被保险人请求保险人为推定全损赔付时,应放弃保险标的所有权,并将所有权转让给保险人的一种法律行为。学界关于“委付”的性质存在以下几种不同的说法:

第一,“要约说”。[1] “要约说”主张,“委付”是合同要约的一种,只有当被保险人向保险人发出委付要约,并且得到保险人相应的承诺,委付合同才能成立。根据这一学说,委付合同和保险合同是完全相互独立的两个合同,保险人与被保险人签订的保险合同中的相关条款并不会影响新的委付合同。这种理论最大的问题在于:双方当事人在签订国际保险合同时,合同中往往包含了法律适用条款和管辖权条款;如果把双方有关委付的意思表示视为新的合同,那么必然的逻辑结果就是双方必须对委付合同项下的法律适用条款和管辖权条款进行新一轮的协商,而在实践中要求保险人和被保险人再次约定法律适用条款和管辖权条款显然是不现实的。理由很简单,一旦发生了被保险人可能采取委付的情形时,就意味着保险人在经济利益上极为可能遭受很大的损失,别有用心的保险人此时只需要提出适用“认为委付是一种双方行为”的国家的法律,然后保险人就可以依据该国法律轻易地回绝被保险人的委付行为。显然,此时的委付对于被保险人来说是形同虚设的。

第二,“单方行为说”。[2] “单方行为说”认为,“委付”是仅仅由被保险人一方的意思表示就能成立的民事行为。有的国家的立法者认为,“委付”是单方行为。根据《德国民法典》第 861 条、《日本商法典》第 833 条和第 834 条之规定,在发生法定委托原因后,被保险人可以将保险标的委付于保险人而请求保险金额,只要依法发出委付通知,委付即具有法律效力。[3] 单方行为说最大的优势在于,它主要考虑到了“委付”是一种保护被保险人利益的权利,而该权利的行使并不需要保险人的同意的意思表示为前提。同时,恰恰是因为该学说把“委付”视为单方行为,因此更加有必要对被保险人的委付行为施加一定

---

〔1〕 张湘兰、张学辉:《海上保险委付行为法律性质新探》,载《法学评论》2001 年第 1 期。

〔2〕 吴焕宁主编:《海商法学》,法律出版社 1996 年版,第 338 页。

〔3〕 张湘兰、张学辉:《海上保险委付行为法律性质新探》,载《法学评论》2001 年第 1 期。

的限制，如立法者应该通过立法的方式严格规定被保险人在什么情况下才可以作出委付行为，以及在多长的期限内作出委付行为。

第三，“双方行为说”。[1] “双方行为说”认为，“委付”是由保险人和被保险人双方相对应的意思表示达成一致而成立的民事行为。从《海商法》第249条的规定可知，[2]我国《海商法》采取了“双方行为说”。很明显，根据我国的法律规范，被保险人不可能通过自己单方的意思表示就使得“委付”成立。“双方行为说”最大问题在于，该学说违背了立法者设立委付行为的初衷，被保险人在委付关系中，并没有被赋予必要的优势地位，相反，保险人完全有权利不接受被保险人的委付行为，使得保险人在委付关系中居于主导地位。虽然委付行为是为了被保险人的利益设立，但是目前我国的法律规范并不足以使得被保险人通过委付行为来保全自己。

目前，我国《海商法》第249条关于保险人委付的法律规定，缺少“被保险人委付的时间限制”的规定。对委付的决定必须尽快作出，但行使委付的权利所依据的事实却常常不可能迅速掌握，或者甚至只能依赖预测。[3] 立法者要求保险人在“合理的时间内”决定接受还是不接受委付，说明立法者已经考虑了“保险人接受或者不接受委付的时间限制”的问题。一方面，被保险人有权等待一段时间以获得对损害的全面评估，再决定是否委付；另一方面，被保险人不得无限期等待，静观其变，以便作出对自己最有利的决定。[4] 但是，我国《海商法》却没有对被保险人发出委付的时间作出一定限制。相关的立法部门在以后修改《海商法》时，应该对这一明显的立法空白做出填补，以避免司法人员在遇到相关的法律纠纷时出现无法可依的尴尬情景。

笔者认为，立法者在修改《海商法》关于委付的法律规范时，需要特别注意以下三个方面的问题：

第一，《海商法》赋予被保险人委付的权利，主要是为了维护被保险人的利

---

〔1〕 傅旭梅主编：《中华人民共和国海商法诠释》，人民法院出版社1995年版，第457页。

〔2〕 《海商法》第249条规定：“保险标的发生推定全损，被保险人要求保险人按照全部损失赔偿的，应当向保险人委付保险标的。保险人可以接受委付，也可以不接受委付，但是应当在合理的时间内将接受委付或者不接受委付的决定通知被保险人。”参见法规应用研究中心主编：《最高人民法院 最高人民检察院司法解释与指导案例（商事卷）》，中国法制出版社2016年版，第1108页。

〔3〕 ［美］G. 吉尔摩、C. L. 布莱克：《海商法》（上），杨召南等译，中国大百科全书出版社2000年版，第109页。

〔4〕 司玉琢主编：《海商法》，法律出版社2013年版，第410页。

益，因此，建议立法者尽可能赋予被保险人充分的时间，以考虑是否行使这一权利。当然，赋予被保险人多长的时间才算是“充分”，是立法上的难点。立法者应该主要考虑被保险人可能遇到的、最困难的情况。在这些情况下，被保险人用多长时间才足以考虑清楚是否行使委付的权利。

第二，立法者应区分不同的情况，分别赋予被保险人不同的时限。例如，在标的物失踪的情况下，应根据该情况的发生地距离我国领土远近为标准，并根据不同的情况赋予被保险人不同的时限。领土是一个与边界和其他地区隔开的区域，某些人口居住在该地区，并且该地区存在一定的权力。[1] 如果保险标的失踪的情况发生在亚洲海域，立法者至少应该赋予被保险人 6 个月的时间考虑是否行使委付的权利；如果保险标的失踪的情况发生在其他海域，则立法者至少应该赋予被保险人 9 个月的时间。

第三，起算的时间和终止的时间。在确定了被保险人必须在一定的期限（如 6 个月）内行使委付权的前提下，怎么计算该“期限”也是一个问题。正如前文所述，立法者赋予被保险人委付的权利，主要是为了维护被保险人的利益，因此，立法者在计算该期限的问题上，也应该倾向于作出对被保险人有利的法律规定。应该从被保险人知道或者应该知道保险标的受到损害或者失踪时开始计算，而不是从保险标的受到损害或者失踪的情形发生时开始计算。因为从保险标的受到损害或者失踪到被保险人知道这一情形，往往还有一定的时间间隔，而这一段时间不应该计入“期限”中。另外，该期限的终止应该从被保险人发出通知之日起为准，即只要被保险人在法律规定的期限内向保险人发出了委付通知，该通知就是有法律效力的，即使该通知在送达的过程中超过了该“期限”，也不影响该通知的效力。

（二）关于被保险人放弃向第三人追偿的时间限制的立法不足及其建议

在海上保险合同关系中，如果保险标的发生保险责任范围内的损失是由第三人造成的，被保险人享有的对第三人的赔偿请求权将转移给保险人。而我国《海商法》第 253 条就缺少“限制被保险人弃权的时间”的规定。[2] 笔者

---

〔1〕 Stojanovska-Stefanova & Aneta & Atanasoski, *State as a Subject of International Law*, US-China Law Review, Vol. 13:1, p. 25 -33(2016).

〔2〕《海商法》第 253 条规定：“被保险人未经保险人同意放弃向第三人要求赔偿的权利，或者由于过失致使保险人不能行使追偿权利的，保险人可以相应扣减保险赔偿。”参见法规应用研究中心主编：《最高人民法院　最高人民检察院司法解释与指导案例（商事卷）》，中国法制出版社 2016 年版，第 1108 页。

建议,相关的立法部门在以后修改《海商法》时,应该对该法律空白作出适当的规定,以避免不必要的纠纷,保护相关当事人的合法权益。只有“没有获得保险人同意的”情况下,才有必要限制被保险人弃权的时间,如果保险人同意了被保险人放弃对第三人追偿的权利,则没有必要限制相应的“被保险人弃权的时间”。一般认为,如果被保险人在损失发生之前,甚至是在投保之前就免除了第三方将来可能承担的责任,不构成对保险人代位求偿权的损害。[1]

立法者在“限制被保险人弃权的时间”方面,应该特别注意两个问题:第一,限制被保险人弃权的时间长短问题。从表面上看,“限制被保险人弃权的时间”似乎主要是为了保障保险人的利益;其实不然。既然法律赋予了被保险人弃权的权利,就应该从保障被保险人的合理利益的角度出发,尽可能地赋予被保险人更多时间,以考虑是否行使该权利。但是,如果超过了法定期限,被保险人将丧失弃权的权利。第二,起算的时间和终止的时间问题。和“委付的时间限制”的理由一样,应该从被保险人知道或者应该知道保险标受到损害或者失踪时开始计算,该期限的终止应该从被保险人向第三人发出通知之日起为准。

(三)关于拖船与被拖船舶能否视为同一保险标的的立法建议

保险标的是作为保险对象的财产及其有关利益,而根据我国《海商法》第218条的规定,[2]船舶是可以成为保险标的的。在通常情况下,根据该规定来判断保险标的并不会出现问题。但在特殊情况下,特别是承保船舶进行拖带作业时,被拖船与拖船能否被视为一个船组而成为保险标的,当事人之间容易因此产生纠纷。前文提到过的“德越轮保险纠纷案”[3]和“福建省粮食海运公司诉中保财产保险有限公司福州经济技术开发区支公司保险合同纠纷案”[4]就说明了这个问题。

在“德越轮保险纠纷案”中,“德越轮”所属的打捞局为该船购买了“一切险”。在保险期间,作为拖轮的“德越轮”在拖带“滨海308”驳船时,因“德越

---

〔1〕 陈欣:《保险法》,北京大学出版社2000年版,第208页。

〔2〕 《海商法》第218条规定:“下列各项可以作为保险标的:(一)船舶;(二)货物;(三)船舶营运收入,包括运费、租金、旅客票款;(四)货物预期利润;(五)船员工资和其他报酬;(六)对第三人的责任;(七)由于发生保险事故可能受到损失的其他财产和产生的责任、费用。”参见法规应用研究中心主编:《最高人民法院 最高人民检察院司法解释与指导案例(商事卷)》,中国法制出版社2016年版,第1106页。

〔3〕 金正佳主编:《中国典型海事案例评析》,法律出版社1998年版,第595页。

〔4〕 金正佳主编:《中国典型海事案例评析》,法律出版社1998年版,第595页。

轮”操作不当,导致“滨海 308”与“澜沧江”轮相撞,造成了“澜沧江”轮受损。保险公司与被保险人因下面的问题发生纠纷,即能否将“滨海 308”与他船(“澜沧江”轮)发生的碰撞视为“德越轮”与他船发生的碰撞?如果这两种情况可以视为一种情况,保险公司将承担赔偿责任,否则,保险公司将不承担赔偿责任。

而在“福建省粮食海运公司诉中保财产保险有限公司福州经济技术开发区支公司保险合同纠纷案”中,“明隆”轮所属的船舶公司为该船买了“碰撞责任险”。在保险期间,因“明隆”轮操作不当,致使“云港九号”拖轮碰撞 25 号灯浮标并造成双方损害。[1] 保险公司和被保险人因下面的问题发生纠纷,即能否将“云港九号”与“25 号灯浮标”发生的碰撞视为“明隆”与“25 号灯浮标”的碰撞?

笔者认为,为了避免保险人与被保险人发生上述两个案件类似的争议,我国《海商法》第 218 条关于保险标的的规定,应该针对此类争议作出特别的规定或者颁布相应的司法解释。立法者在修改我国《海商法》或者颁布相应的司法解释时,应该特别注意以下两个方面的问题:

第一,被保险人为拖航的船舶购买了相应的保险时,因拖航的船舶操作不当造成他船(是指被拖船以外的其他船或者物件)损害时,能否要求保险公司承担赔偿责任的问题。在“德越轮保险纠纷案”中,被保险人为拖航的船舶购买了保险,因为被保险人的拖船操作不当,导致被拖船舶与第三船发生碰撞,第三船发生了损害。毫无疑问,拖船所属的法人应该对第三船承担过错赔偿责任,问题是该法人承担了赔偿责任后,能否要求保险人承担保险责任?

之所以有这个疑问,完全是因为我国《海商法》第 218 条仅仅规定船舶是可以成为保险标的的,却没有规定在拖航的情况下,能否把拖船和被拖船视为一个船组,而成为《海商法》第 218 条语义下所规定的“船舶”。笔者建议,立法者通过修改立法或者颁布司法解释,明确规定案件涉及第三人财产时,应该把拖船和被拖船视为一个船组。因为拖船的操作不当导致被拖船与第三船发生碰撞,拖船对碰撞事故的发生起到了重要的作用(即使不是主要作用),此时要求保险公司承担赔偿责任是合理的。当然,如果保险公司认为这种情况下要求保险公司承担赔偿责任会导致自己的合理利益受损,完全可以通过提高保

---

〔1〕“明隆”并没有直接碰撞“云港九号”和“25 号灯浮标”。

险费用的方式,达到保险人与被保险人利益平衡的局面。

第二,被保险人为被拖航的船舶购买了相应的保险时,因被拖航的船舶操作不当造成他船(是指拖船以外的其他船或者物件)损害时,能否要求保险公司承担赔偿责任的问题。在“福建省粮食海运公司诉中保财产保险有限公司福州经济技术开发区支公司保险合同纠纷案”中,被保险人为被拖航的船舶购买了保险,因为被拖船操作不当,导致拖船与第三人的财产发生碰撞,拖船公司和第三人财产发生了损害。在这种情况下,在被拖航的船舶的法人向受损害人承担了赔偿责任以后,该法人能否要求保险公司承担相应的赔偿责任?

和“德越轮保险纠纷案”一样,案件涉及第三人财产时,应该把拖船和被拖船视为一个整体,被保险人为被拖船购买的保险,可以覆盖到拖船。因此,拖船与第三人财产发生的碰撞,可以视为被拖船与第三人财产发生的碰撞,保险公司应该承担对被保险人的赔偿责任。值得注意的是,既然在这种情况下应该把拖船和被拖船视为一个整体,因被拖船舶操作不当造成拖船的损失,当然不应该由保险公司承担赔偿责任。

第十章　国际海难救助合同的法律适用

船舶在海上航行的过程中，一旦遭遇各种各样的海上风险，不仅船上的生命和财产可能会因此遭受巨大的损失，而且海上环境也可能因此遭受严重的污染。为了鼓励人类对在海上遭遇的风险的船舶实施积极的救助行为，海事法领域催生了海难救助制度。由于各国的调整海难救助关系的法律制度大不相同，在这一领域形成了大量的法律冲突。为了缓解这种法律冲突现象，国际海事委员会和国际海事组织对此作出了不懈的努力，并且相继推出了《1910 年统一海难援助和救助某些法律规定公约》（以下简称《1910 年海难救助公约》）和《1989 年国际救助公约》。这两个国际法律文件都是已经生效的，在一定范围内有强制性的法律效力。当然，两个生效的国际性法律文件促使各国在海难救助领域的法律冲突相应地减少了，但是，这绝不意味着这一领域的法律冲突已经完全消失。目前，在我国学者仍然没有对我国已经加入的《1989 年国际救助公约》中的适用范围规范作深入研究。本部分拟探讨这一国际性法律文件中的适用范围规范和各国相应的冲突规范，并在结合我国相应的法律实践和理论研究的基础上，针对其中存在的立法空白，提出一些立法建议。

第一节　国际海难救助合同的法律冲突

国际海难救助合同属于国际合同中的一种，是指依据救助方和被救助方所订立的协议，以“无效果，无报酬”为原则进行救助。有人建议，设立一个国际基金,由国际基金来颁布奖励。[1] 在现代条件下,海难救助普遍实行合同救助的方式,即当船舶遇险后,救助方和被救助方以"无效果,无报酬"为原则,事先约定采用某一种救助合同格式并商定报酬的数额(也有的合同将报酬的数额留待以后再商定)。如果救助取得成功,就依约支付报酬;如果救助取得了部分成功,也应按照比例支付报酬;如果救助根本没有取得效果,则救助方就无权取得报酬。[2] 总体而言,国际海上救助合同在国际贸易领域起到的作用是不小的,因为国际航运人往往要面临巨大的海上风险,一旦船舶遭遇了海上风险而陷入海难之中,就需要海难救助人提供相应的帮助。目前,各个国家对海难救助合同所作出的规定又是各不相同的,从而就产生了国际海难救助合同的法律冲突问题,而较为明显的法律冲突主要来自救助报酬的相关内容,主要包括四个方面。

一、救助报酬分配的法律冲突

救助报酬的分配,是指在救助取得效果以后,救助报酬在救助人之间怎么分配的问题。通常而言,有权获得救助报酬的主体包括参与救助行为的实施人、船东、相关财产的所有人或者使用人。在海难救助制度形成的初期,船东是不能参与救助报酬的分配的,因为船东并没有亲自参与其中的救助行为。但是随着时间的推移,特别是到了19世纪,因为立法者也逐渐认识到船东的昂贵的船舶在救助的过程中同样要承担巨大风险,因此船东也开始被允许参与到分享救助报酬中来。事实上,船东所能获得的救助报酬往往比其他救助人更加高。而救助人之间海难救助报酬的分配比例方面,是产生最多法律冲突的地方。《德国商法典》第749条规定:"船、货全部或部分被救时,救助费用应按照如下方式在船东、船长和船员之间分配:首先,补助救助船舶因此所受到的损坏和因救助产生的运营外开支;然后剩下救助报酬的三分之二归船东所有;船长和其他船员各得六分之一;船员(船长除外)应得之报酬应根据每人救助时之客观情况在全体船员之间公平分配,船长在航行结束前应公布分配方案;对分配方案之异议可以在方案公布后向首先到达港口之海员局提出,海员局查证后应作出裁定并提出可行性分配方案,海员局应将裁定副本(经公证)

[1] Ivo Grabovac, *Salvage of Life on the Sea and the Right to the Award*, Zbornik Radova Pravnog Fakulteta u Splitu, Vol. 32, p. 23 - 28(1995).

[2] 傅延中:《海商法论》,法律出版社2007年版,第335页。

尽快交给船东。”[1]而《日本商法典》第801条规定：“在救助费无特别约定的情况下，对救助费的数额发生争执时，法院可斟酌危险程度、救助效果、救助所需劳力费用及其他有关事项予以确定。”[2]可见，两国在救助报酬的分配方面的规定大不相同。如果以日本法为准据法，可以说，国际海难救助的各方当事人之间对救助报酬的约定是至关重要的，只有当事人之间没有对该事项作出约定时，司法人员的自由裁量权才可能发挥作用。因此，救助人在签订海难救助合同时，约定合适的国家的准据法来调整国际海难救助合同是至关重要的。

二、人命救助报酬请求权的法律冲突

关于人命救助的报酬请求权方面，不同国家的学者对此有不同态度。有的学者认为，救助人的生命是基本的道德义务，即使救助成功，法律也不应该要求给予救助人任何报酬；而有的学者则认为，如果不在法律中明确规定给予人命救助者一定的报酬，则会导致救助人为了获得救助报酬而优先救助财产而不是人命。正是不同国家对人命救助的不同态度，导致了这方面的法律冲突。例如，《苏联海商法》第264条规定：“被救人员对于本人被救，不必支付报酬。但是，如果人命救助和财产救助发生在同一事故，则人命救助者同财产救助者同等享有被获救财产报酬的合理份额。”[3]而《英国商船法》则明确规定，在英国水域救助英国船舶或外国船舶上的人命，或者在其他地方救助英国船舶上的人命，无论提供的服务是全部还是部分的，都应从船舶所有人、货物及其他物品的所有人处给予救助人以合理的救助报酬。对此有争议的决定权在后面的条款规定；当船舶所有人支付救助报酬时，救助人命的救助报酬应当优先于其他救助请求权。当船舶、货物及物品灭失时，在支付了实际的花费后，遇险财产的价值已不足以支付救助人命的报酬时，商务部可以考虑从海商基金中拿出他们认为合适的金额作为对救助人命的奖赏。[4] 从人类一般的价值判断出发，人的生命当然是比财产更为重要，法律不仅应该把生命列入海难救助的范畴之内，而且应该把它列为首要救助的对象，并且应该从立法上明确赋予救助人命者获得救助报酬的权利。

---

[1] 张忠晔主编：《各国和地区海商法比较》，人民交通出版社1994年版，第202页。
[2] 屈广清：《涉外海事关系法律适用法立法研究》，人民出版社2016年版，第648页。
[3] 张忠晔主编：《各国和地区海商法比较》，人民交通出版社1994年版，第204页。
[4] 参见张忠晔主编：《各国和地区海商法比较》，人民交通出版社1994年版，第205页。

三、确定救助报酬数额的法律冲突

确定救助报酬的数额，是指救助人在救助行动结束并且取得了一定的效果时，应该如何确定救助人的报酬。实际上，各国立法者在确定救助人报酬的问题上所主张综合考虑的因素没有很大的区别，主要都是考虑危险的程度、救助效果、为进行救助所需要耗费的劳力等。但是，在确定救助报酬时应该优先考虑什么因素，各国法律则表现出来了激烈的法律冲突。如《日本商法典》第801条规定："关于救助费，在没有特殊约定的情况下，对其数额有争执时，应考虑危险的程度、救助的效果、为进行救助所需要的劳力和费用及其他一切情况，由法院决定。"[1]而《挪威海商法》第225条则规定："确定救助报酬时，应当综合考虑以下各项因素：(1)首先应当考虑：a 救助作业中救助方的救助成效；b 救助服务中表现出的技能、所用的时间和付出的努力；c 被救船舶、船员、旅客或者货物的危险程度；d 救助方或者救助设备所冒的风险；e 救助方所冒的对第三方和其他财产的损害的责任风险；f 在救助作业中救助方所遭受的人命损失、人身损害或者财产损失，以及救助方实施救助所花的费用；g 为救助目的而由救助方支付的特殊费用。(2)其次应当考虑被救财产的价值。"[2]比较两国立法可知，有的国家对于优先考虑什么因素和其次考虑什么因素有明确的规定，而有的国家仅仅是提醒司法人员应该注意到哪些因素，并没有对各种因素的先后顺序作出规定。

四、剥夺或者限制报酬请求权的法律冲突

剥夺或者限制救助人的报酬请求权，是指由于救助人的故意或者过失，在海难救助的过程中造成了被救助人的损失，法律可以剥夺或者限制救助人的报酬请求权。各国在这方面的法律冲突又主要体现在限制报酬请求权的程度不一样。例如，《日本商法典》第809条规定："在下列情况下，救助人不能请求救助费：因故意或过失引起海难时；隐匿救助所得的物品或滥于处理救助所得的物品时。"[3]而《瑞典海商法》第225条则规定："如果某人在参加救助作业中，由于自己的过错或疏忽，对所救助船舶造成了新的危险，或者在救助过程

---

〔1〕 屈广清：《涉外海事关系法律适用法立法研究》，人民出版社2016年版，第783页。

〔2〕 张忠晔主编：《各国和地区海商法比较》，人民交通出版社1994年版，第198页。

〔3〕 屈广清：《涉外海事关系法律适用法立法研究》，人民出版社2016年版，第785页。

中,偷窃或隐匿获救物品,或者有其他欺诈行为,法院可以宣布没收其应得的救助报酬或减少其正常情况下应获得的救助报酬。"[1]在瑞典等国家的立法看来,法院应该根据不同的情况作出不同的处理,而不是采取一律剥夺救助人报酬请求权的做法。

第二节 国际海难救助合同的准据法

一、国际统一实体法的适用

(一)《1989 年国际救助公约》的成因

经济上的原因。首先,20 世纪 50 年代起,随着经济全球化继续推进,海上石油运输业蓬勃发展,而一旦运输石油的船舶遭遇海上风险,船上泄漏的石油给国际环境带来的破坏将是巨大的。其次,是为了在一个航次中运输尽可能多的货物,船舶大型化的特征日益加强,而一旦巨大的船舶遭遇海上风险并且需要救助方的救助,救助方所承担的风险也随之增大。

法律上的原因。由于上述经济基础发生变化,《1910 年海难救助公约》在一定程度上无法适应新的经济形势,国际社会要求国际海事委员会颁布新的国际公约的呼声越来越高,特别是《1910 年海难救助公约》的救助对象仅限于船舶、货物和运费,根本无法适应海上财产多样化的形势。另外,《1910 年海难救助公约》严格遵循"无效果,则无报酬"的原则,[2]非常不利于鼓励救助方对海洋环境的保护。

(二)《1989 年国际救助公约》的适用

根据《1989 年国际救助公约》第 2 条的规定,[3]该公约仅适用于在缔约方提起的诉讼或者仲裁的海难救助关系。因此,如果诉讼或者仲裁不在缔约方提起,尽管救助船或者被救助船属于缔约方所有,也不能适用该公约。值得注意的是,按照该公约第 2 条的规定,公约并不仅仅适用于含有国际因素的海难救助关系,而且也可以适用于没有国际因素的海难救助关系。该公约认为,原则上,《1989 年国际救助公约》适用于海难救助关系的条件是:有关事项在缔约

---

[1] 张忠晔主编:《各国和地区海商法比较》,人民交通出版社 1994 年版,第 208 页。

[2] Geoffrey Brice, *Maritime Law of Salvage*, 2th ed, Sweet and Maxwell, 1993, p. 1.

[3] 《1989 年国际救助公约》第 2 条规定:"本公约适用于在缔约方提起的有关公约所辖事项的诉讼或仲裁。"参见吴兆麟主编:《中国海上维权法典——国际海事公约篇》(第 1 卷 基础综合),大连海事大学出版社 2012 年版,第 1194 页。

国提起诉讼或者仲裁。在这个意义上,《1989 年国际救助公约》不仅是关于国际海难救助关系的国际统一实体规范,也是关于国内海难救助关系的法律规范。但是,作为例外,公约允许缔约方对少数的几种不涉及国际因素的海难救助情况作出保留。关于这几种情况,作者打算在后文做出论述。

根据《1989 年国际救助公约》中的适用范围规范可知,该公约的适用有如下特点:

第一,关于《1989 年国际救助公约》的基本适用范围规范简单化。从该公约的第 2 条可以看出,适用该公约的基本条件非常简单,只有两个:其一,在缔约方提起诉讼或者仲裁;其二,有关诉讼或者仲裁是关于海难救助的争议。与《1910 年海难救助公约》复杂的适用范围规范形成鲜明对比的是,[1]《1989 年国际救助公约》的适用范围规范翻译成中文后只有寥寥数语,从字面上看,适用还是不适用该公约是一目了然的。

第二,适用或者不适用《1989 年国际救助公约》解决海难救助的不确定性在增强。从《1989 年国际救助公约》第 2 条可以看出,适用该公约的关键在于缔约方法院或者仲裁机构有管辖权,但是,令人感到遗憾的是,该公约本身并没有任何关于管辖权的法律规范。因此,缔约方法院或者仲裁机构对某一特定的国际海难救助纠纷案件是否具有管辖权,完全取决于法院地国的国内法及其参加的关于管辖权的国际公约。从这个角度而言,是否适用该公约在很大程度上不是由公约本身的适用范围规范决定的。《1989 年国际救助公约》第 2 条在一定程度上人为地增加了适用或者不适用该公约的不确定性,与制定该公约的基本宗旨是相违背。值得注意的是,《1940 年关于国际通商航海法的蒙得维的亚条约》第 13 条就明确规定了法院的管辖权:有关海上救援或救助可能产生的问题,应视下列情况处理:其一,在领水内进行的海上救援或救助,归该海上救援或救助所在地的法院或法庭管辖。其二,在领水外进行的海上救援或救助,根据原告的选择:(1)向被告住所地的法院或法庭提起诉讼;(2)向被救助船舶登记地相关的法院或法庭提起诉讼;(3)向被救助船舶的第一停靠

[1] 《1910 年海难救助公约》第 15 条第 1 款规定:"在援助船或救助船或者被援助船或被救助船属于缔约方所有,以及国内法规定的任何其他情况下,本公约各项规定适用于所有利害关系人,但是:1、对于非属于缔约方的利害关系人,每一缔约方可在互惠条件下适用本公约的规定;2、如所有利害关系人与审理案件的法院属于同一国家,则应适用国内法的规定,而不适用本公约的规定;3、对于第 11 条的规定只在缔约方所属船舶之间适用,不妨碍任何国内法作出更广泛的规定。"参见吴兆麟主编:《中国海上维权法典——国际海事公约篇》(第 5 卷 海上运输),大连海事大学出版社 2012 年,第 628 页。

港,或被迫驶入的港口所在地的法院或者法庭提起诉讼。[1] 管辖权问题和适用范围规范问题经常是密不可分的联系,如果《1989 年国际救助公约》能把管辖权问题也规定清楚,肯定能够增加适用或者不适用该公约的确定性。特别是该公约明确把管辖权问题和适用范围规范问题捆绑在一起的情况下,更加有必要对缔约方法院的管辖权范围做出明确的规定。

(三)《1989 年国际救助公约》在适用上的限制

和《1910 年海难救助公约》一样,就《1989 年国际救助公约》适用范围内的事项而言,一般适用该公约就排除了其他实体规范的适用。但是,公约明确列举的以下 14 种情况下,该公约排除了本身的实体规范的适用,承认了其他实体规范的适用:

第一,根据《1989 年国际救助公约》第 3 条的规定,[2] 该公约把开发海底资源的平台和装置排除在外。开发海底资源的平台和装置通常被称为海底资源开发系统或海底资源采集系统。这些平台和装置的设计和开发需要考虑许多因素,包括海底地形、资源类型、设备性能和操作安全性等。比较常见的海底资源开发平台和装置主要是以下几类:深海采矿平台。深海采矿平台是一种大型海上采矿设施,可以搭载各种开采设备和技术,以开采海底矿产资源,如石油、天然气、金属矿藏等。潜水器。潜水器是一种可在水下潜行的载人或无人设备,可用于探测和开采海底资源。潜水器可以搭载各种传感器和工具,以获取海底环境信息并执行开采操作。自主潜水器。自主潜水器是一种无人驾驶的水下机器人,可以通过预设路径或自主导航在海底进行作业。它们通常配备有机械臂、开采工具和传感器,以采集和开采海底资源。抓斗式开采设备。这是一种传统的海底资源开采设备,通过使用抓斗式机械臂从海底收集资源。这种设备通常用于开采浅水区的矿产资源。采样机器人。采样机器人是一种可以自动采集海底样本并返回陆地实验室的设备。它们通常用于科学研究、资源调查和环境监测等领域。而开发海底资源的平台和装置的设计需要考虑多种因素,包括设备性能、安全性、海底地形和资源类型等。为了确保

---

[1] [加]威廉·泰特雷:《国际冲突法——普通法、大陆法及海事法》,刘兴莉译,法律出版社 2003 年版,第 693 页。

[2] 《1989 年国际救助公约》第 3 条规定:"本公约不适用于已就位的从事海底矿产资源的勘探、开发或生产的固定式、浮动式平台或者移动式近海钻井装置。"参见吴兆麟主编:《中国海上维权法典——国际海事公约篇》(第 1 卷 基础综合),大连海事大学出版社 2012 年版,第 1194 页。

操作的安全性和效率,这些设备通常需要经过严格的测试和验证,以确保它们能够适应海底环境并成功开采资源。具体的设备和技术选择应根据特定需求和环境条件进行评估和选择。在起草该《1989 年国际救助公约》时,各国对于是否把"从事海底矿产资源开发的平台"和"钻井装置"纳入《1989 年国际救助公约》的救助对象中发生了争议,主要是因为有的代表团认为救助此类财产需要更加专业的技术和工具,如果救助不当,会给被救助方以及环境带来更大的损失。而有的代表团则坚持认为,应该按照海难救助的形式对它们实施救助。既然两种观点争执不下,国际海事委员会最终决定将这一问题交由各国国内法予以调整。

第二,根据《1989 年国际救助公约》第 4 条第 1 款的规定将一些特殊的船舶排除在外,不适用该公约。[1] 这一法律规定的本意是把"军舰"和"公务船"排除在救助船舶和被救助船舶的范围之外军舰,又称海军舰艇,是一种可以在海上执行战斗任务的船舶。它是一种重要的军事装备,负责执行各种海上任务,如巡逻、反海盗、救援、打击敌人等。军舰按照不同的标准可以分为不同类型。按照排水量大小,军舰可以分为大型军舰、中型军舰和小型军舰。按照任务类型,军舰可以分为战斗舰艇、辅助战斗舰艇和勤务舰艇等。其中,战斗舰艇又可以分为水面战斗舰艇和水下战斗舰艇,如航空母舰、驱逐舰、护卫舰、潜艇等。军舰具有多种武器和设备,可以执行多种任务。例如,军舰上的火炮、导弹、鱼雷等武器可以用于攻击敌人,而雷达、通信设备、导航设备等可以用于侦察、通信和导航。此外,军舰上还配备有各种专业设备,如反潜设备、救援设备、医疗设备等,可以根据任务需要进行不同的组合和使用。军舰是作为一种重要的军事装备,具有多种武器和设备,可以执行多种任务。它是海上力量的重要组成部分,对于保障国家安全和维护国际秩序具有重要意义。公务船,是指专为政府服务,执行政府公务的各种船舶,如海关缉私船、水上公安船、水上消防船、检疫船、监督船等。公务船不必然是政府所有的船舶,法人和自然人所有的船舶用于执行政府公务时,亦可视为公务船。但是《1989 年国际救助公约》的这种排除也是有一定的限定条件的,即"在不影响第 5 条规定的情况下"

---

〔1〕《1989 年国际救助公约》第 4 条第 1 款规定:"在不影响第 5 条规定的情况下,除一国另有规定外,本公约不适用于军舰或国家所有或经营的、根据公认的国际法准则在发生救助作业时享有主权豁免的其他非商业性船舶。"参见吴兆麟主编:《中国海上维权法典——国际海事公约篇》(第 1 卷 基础综合),大连海事大学出版社 2012 年版,第 1196 页。

且“除一国另有规定外”。而第5条的规定是关于承认国内法或者其他国际公约关于公共当局救助的法律规范的优先效力(下文会对这一法律规定给予适当论述)。可见,《1989年国际救助公约》第4条第1款规定的目的在于保证缔约方国内法或者参加的国际公约在这方面的绝对优先效力,即如果缔约方的国内法或者其参加的国际公约把“军舰”或者“公务船”纳入公共当局的救助对象中,或者公共当局指挥“军舰”或者“公务船”参与救助,则根据该公约第4条第1款的规定,“军舰”和“公务船”也属于救助船舶或被救助船舶。另外一个限定条件是“除一国另有规定外”,意味着公约承认缔约方国内法关于把“军舰”和“公务船”纳入救助船或被救助船的法律规范的优先效力。虽然通过对公约第4条第1款规定的分析,可以基本上确定公约关于是否把“军舰”或者“公务船舶”纳入救助船或被救助船的态度,但是,该规定仍然不是尽善尽美的。公约第4条第1款规定的“公认的国际法准则在发生救助作业时享有主权豁免的其他非商业性船舶”中,关于主权豁免的“公认的国际法准则”这一措辞就存在相当大的不确定性。目前,各国对主权豁免原则就存在两种大不相同的理解,分别为绝对豁免原则和相对豁免原则,因此是否存在关于主权豁免的“公认的国际法准则”是严重值得怀疑的。有趣的是,该公约第4条第2款又明确规定:“如一缔约方决定其军舰或本条第1款所述的其他船舶适用本公约,它应将此事通知秘书长,并说明此种适用的条款和条件。”很明显,从这一款规定可以看出,公约制定者的态度是:允许各缔约方把“军舰”和“公务船舶”纳入该公约的调整范围内,但这并不意味着公约鼓励各缔约方扩大其调整范围。

第三,根据《1989年国际救助公约》第5条第1款和第3款的规定,[1]该公约承认缔约方国内法以及缔约方参加的其他国际公约有关公共当局从事救助作业的法律规范的优先效力。以我国为例,《海商法》第192条规定:“国家有关主管机关从事或者控制的救助作业,救助方有权享受本章规定的关于救助作业的权利和补偿。”也就是说,根据公约第5条第1款的规定,我国的公共当局对遭遇海难的船舶实施救助的行为,将依据我国的国内法予以调整。当然,

---

〔1〕《1989年国际救助公约》第5条第1款和第3款分别规定:“本公约不影响国内法或国际公约有关由公共当局从事或控制的救助作业的任何规定。”“负责进行救助作业的公共当局所能享有的本公约规定的权利和补偿范围,应根据该当局所在国的法律确定。”参见吴兆麟主编:《中国海上维权法典——国际海事公约篇》(第1卷　基础综合),大连海事大学出版社2012年版,第1196页。

有的缔约方（如内陆国）的国内法根本就没有关于公共当局参与救助作业的规定，那么，一般来说公约第5条对该缔约方来说就没有意义。

第四，根据《1989年国际救助公约》第6条第1款的规定，[1]可知该公约完全接受了传统国际私法理论中的“当事人意思自治”原则。海难救助关系中的当事人可以约定不适用公约，而且，当事人约定不适用该公约的意思表示既可以是明示的，也可以是默示的。在司法实践中，“默示的法律选择”是否总是能代表合同当事人关于法律选择的合意，往往是值得怀疑的，因为所谓“默示的法律选择”并不是合同当事人自己作出的，而是受案法官推断出来的。[2] 因此，该公约肯定了“默示的法律选择”，也在一定程度上增加了法律适用的不确定性。

第五，根据《1989年国际救助公约》第9条的规定，[3]该公约承认了缔约方国内法中与《1989年国际救助公约》相关的内容主要是调整海难救助关系的私法性的法律规范，主要保护的是救助方和被救助方的私益，而该公约第9条的目的在于承认，一旦与船舶有关的海上事故损害或者可能损害缔约方海岸线的环境公益时，公约承认缔约方国内关于调整海难救助关系的公法性规定的优先效力。例如，原《防止船舶污染海域管理条例》第7条明确规定：“船舶发生海损事故造成或者可能造成海洋环境重大污染损害的，港务监督有权强制采取避免或减少这种污染损害的措施，包括强制清除或强制拖航的措施。由此发生的一切费用，由肇事船方承担。”当然，公约第9条也不是尽善尽美的，与公约第4条第1款一样，它最大缺陷同样是“根据公认的国际法准则”这一措辞充满了不确定性，缔约方法院完全可以按照自己的意志来解释什么是“公认的国际法准则”，笔者甚至怀疑在海事法领域是否真的存在这样“公认的国际法准则”。

---

〔1〕《1989年国际救助公约》第6条第1款规定：“除合同另有明示外或默示的规定外，本公约适用于任何救助作业。”参见吴兆麟主编：《中国海上维权法典——国际海事公约篇》（第1卷 基础综合），大连海事大学出版社2012年版，第1196页。

〔2〕邵景春：《国际合同法律适用论》，北京大学出版社1997年版，第145页。

〔3〕《1989年国际救助公约》第9条规定：“本公约中的任何规定，均不得影响有关沿海国的下述权利：根据公认的国际法准则，在发生可以合理地预期足以造成重大损害后果的海上事故或与此项事故有关的行动时，采取措施保护其岸线或有关利益方免受污染或污染威胁的权利，包括沿海国就救助作业作出指示的权利。”参见吴兆麟主编：《中国海上维权法典——国际海事公约篇》（第1卷 基础综合），大连海事大学出版社2012年版，第1200页。

第六,根据《1989 年国际救助公约》第 13 条第 2 款的规定,[1]公约的基本态度是认为被救助方对救助方承担的是按份之债,但是,公约承认缔约方国内法关于要求被救助方对救助方承担连带之债的法律规范的优先效力。公约该规定带来的直接后果就是,救助方会考虑把被救助方船舶拖到对自己有利的缔约方港口中,并要求被救助方对自己承担连带责任。

第七,《1989 年国际救助公约》第 15 条第 2 款的规定[2]和《1910 年海难救助公约》第 6 条第 3 款的主要内容基本一致,但存在细微差别。公约之所以这样规定,主要是基于两个理由:其一,因为船舶所有人、船长和其他服务人员经常是同一国籍的人,他们之间的属人法不存在法律冲突问题,所以也就没有必要通过国际统一实体规范来调整他们之间的分配。通常船舶与本国有一定联系,如船舶所有人为本国国民、船长船员是本国国民。[3] 其二,船舶所有人、船长和其他服务人员之间的报酬分配关系是和海难救助关系有一定联系,但并不是海难救助关系的范畴,因此该公约不应该调整他们之间的报酬分配关系。另外,随着海难救助作业的发展,出现了救助作业不是在救助船上进行的情况,如"以卸货方式实施的海难救助",[4]同样属于《1989 年国际救助公约》中的海难救助。

第八,《1989 年国际救助公约》第 16 条第 1 款的规定[5]与《1910 年海难救助公约》第 9 条第 1 款完全相同。这一规定的后果就是,如果法院地国的国内法中有关于"获救人员支付报酬"方面的法律规定,那么该国际公约承认法院地的国内法的优先效力。例如,我国《海商法》第 185 条规定:"在救助作业中

---

〔1〕《1989 年国际救助公约》第 13 条第 2 款规定:"按照第 1 款确定的报酬应由所有的船舶和其他财产利益方按其获救船舶和其他财产的价值比例进行支付,但是缔约方可在其国内法中作出规定,报酬须由这些利益方中的一方先行支付,该利益方有权向其他利益方按其分摊比例进行追偿。本条中的任何规定均不影响抗辩权。"参见吴兆麟主编:《中国海上维权法典——国际海事公约篇》(第 1 卷 基础综合),大连海事大学出版社 2012 年版,第 1204 页。

〔2〕《1989 年国际救助公约》第 15 条第 2 款规定:"每一救助船的所有人、船长及船上其他工作人员之间的报酬分配应根据该船旗国的法律确定。如救助作业不是在救助船上进行的,其报酬分配应根据制约救助人与其受雇人所订合同的法律确定。"参见吴兆麟主编:《中国海上维权法典——国际海事公约篇》(第 1 卷 基础综合),大连海事大学出版社 2012 年版,第 1208 页。

〔3〕郭瑜:《海商法教程》,北京大学出版社 2012 年版,第 275 页。

〔4〕吴勇奇:《以卸货作业方式实施的海难救助有权获得救助报酬》,载《人民司法》2014 年第 16 期。

〔5〕《1989 年国际救助公约》第 16 条第 1 款规定:"获救人无须支付报酬,但本条规定不影响国内法就此作出的规定。"参见吴兆麟主编:《中国海上维权法典——国际海事公约篇》(第 1 卷 基础综合),大连海事大学出版社 2012 年版,第 1208 页。

救助人命的救助方,对获救人员不得请求酬金,但是有权从救助船舶或者其他财产、防止或者减少环境污染损害的救助方获得的救助款项中,获得合理的份额。”

第九,根据《1989 年国际救助公约》第 17 条的规定,[1]公约这样规定的主要目的是把海难救助合同和其他海事合同(如海上拖航合同)区别开来,把《1989 年国际救助公约》的调整范围限制在海难救助领域,因为通常情况下,只有当船舶遭遇了危险以后,救助人和被救助人之间才成立救助合同。但是,在航海实践中会出现一种情况,即当事方之间签订了拖航合同,约定由一船利用自己的动力将另一船经海路从一地拖至另一地,而由被拖方支付拖航费,在拖航的过程中,如果被拖航的船舶突然遭遇危险且拖航船舶实际上救助被拖方,那么此时的拖航合同就包含救助义务。公约认为,作为一种例外情形,《1989 年国际救助公约》可以调整其他的海事合同(如上述情形的拖航合同),但是必须强调的是,这仅仅是一种罕见的例外。

第十,《1989 年国际救助公约》第 20 条第 1 款是关于优先请求权的规定。[2] 根据该规定,如果法院地国参加的国际公约或者国内法中有关于“救助人的优先请求权”方面的法律规定,那么《1989 年国际救助公约》承认法院地的国内法中的优先效力。规定船舶救助人的优先请求权是为了鼓励船舶在遇到危险时进行救助,并保障救助人的合法权益。在发生海难事故时,船舶往往会受到不同程度的损坏或损害,这时其他船只或其他当事方可以对遇险的船舶进行救助,并对被救助的财产给予必要的帮助。在实施救助时,救助人往往要承担较大的风险和代价,因此在法律上规定救助人的优先请求权,可以在一定程度上弥补他们的损失和风险,保障他们的合法权益。此外,规定船舶救助人的优先请求权还可以促进船舶间的合作和协调,减少海难事故的发生和损失,从而有利于整个航运业的稳定和发展。事实上,国际上关于“船舶优先权”的

---

[1] 《1989 年国际救助公约》第 17 条规定:“在危险发生之前所签署的合同,不得依本公约的规定支付款项,除非所提供的服务被合理地认为已超出正常履行该合同的范围。”参见吴兆麟主编:《中国海上维权法典——国际海事公约篇》(第 1 卷　基础综合),大连海事大学出版社 2012 年版,第 1208 页。

[2] 《1989 年国际救助公约》第 20 条第 1 款规定:“本公约任何规定不影响根据任何国际公约或国内法规定的救助人的优先请求权。”参见吴兆麟主编:《中国海上维权法典——国际海事公约篇》(第 1 卷　基础综合),大连海事大学出版社 2012 年版,第 1210 页。

三大国际公约都明确规定了“救助人的优先请求权”。[1] 另外,绝大多数国家的国内法中,无论是大陆法系还是英美法系国家的海商法,也都明确把救助人的请求权列入“船舶优先权”的范围内,因此救助人极有可能依据其本国法或者法院地国参加的国际公约,要求实现自己的船舶优先权。但是,《1989 年国际救助公约》这样规定的主要问题在于,国际公约和各国国内法中关于“船舶优先权”的范围大小和各项排序往往不大相同。而权利人能否实现自己的船舶优先权以及能在多大程度上实现船舶优先权的关键在于:准据法中关于“船舶优先权”的范围大小以及各项排序的先后。因此,公约这样的规定可以理解为公约基本上无意解决各国关于救助人的船舶优先权的法律冲突问题。值得注意的是,该条第 2 款规定:“当已为救助人的索赔提交或提供了包括利息和诉讼费在内的令人满意的担保后,救助人不可行使其海事优先请求权。”也就是说,公约认为被救助人完全可以通过“提供足额担保”的方式来主动解除救助人的海事优先请求权。

第十一,《1989 年国际救助公约》第 23 条第 3 款是关于诉讼时效的规定,[2] 而《1989 年国际救助公约》第 23 条第 1 款和第 2 款规定了公约项下请求权的基本诉讼时效为两年以及延长的事由,但是该条第 3 款又明确承认法院地国在这方面的法律规定具有优先效力。这表明公约虽然在很大程度上统一了缔约方在这方面关于诉讼时效的规定,但是这种“统一”仍然是不彻底的,给缔约方的立法机关留下了立法的空间。

第十二,根据《1989 年国际救助公约》第 24 条的规定,[3] 该公约第 20 条第 2 款、第 21 条第 1 款和第 2 款都有关于利息方面的规定,但是公约这 3 款所涉及利息的内容有限。根据公约的态度,这 3 款以外的其他关于利息的内容只能以法院地国法或者仲裁庭所在国法为准据法,如利息的计算问题。

---

〔1〕 三大公约分别是《1926 年关于统一船舶优先权和抵押权若干规定的国际公约》、《1967 年统一船舶优先权和抵押权某些规定的国际公约》和《1993 年船舶优先权和抵押权国际公约》。

〔2〕《1989 年国际救助公约》第 23 条第 3 款规定:“如果诉讼是在起诉地国的法律允许的时间内提起,即使上述两款规定的时效期限已届满,负有责任的人仍可提起要求赔偿的诉讼。”参见吴兆麟主编:《中国海上维权法典——国际海事公约篇》(第 1 卷 基础综合),大连海事大学出版社 2012 年版,第 1212 页。

〔3〕《1989 年国际救助公约》第 24 条规定:“救助人根据本公约应得给付利息的权利,应按受理该案的法院或仲裁庭所在国的法律确定。”参见吴兆麟主编:《中国海上维权法典——国际海事公约篇》(第 1 卷 基础综合),大连海事大学出版社 2012 年版,第 1212 页。

第十三,《1989年国际救助公约》第25条[1]的本意是排除公约作为适用于"扣押或扣留非商业性货物"的法律依据,但是,和前面的规定一样,这一条规定最大不足之处也在于"公认的国际法准则"的说辞没有多少确定性。这与制定该公约时的宗旨是相违背的。

第十四,根据《1989年国际救助公约》第30条的规定,[2]该公约允许缔约方针对某些情况作出保留。《1989年国际救助公约》之所以允许缔约方针对4种情况作出相应保留,主要原因如下:(1)关于对a项的保留。考虑到制定该公约的目的是解决各国之间的法律冲突,而a项所指的情况主要是指发生在内陆水域中的内河船之间的救助,通常是不涉及任何国际性因素的救助,因此原则上就不应该在公约的调整范围内。只不过公约为了扩大其适用范围,作为一种例外,允许缔约方自愿采用公约来调整这种情况。(2)关于b项的保留。b项中所指的情况主要是指发生在内陆水域中的、对"非永久性和有意地依附于岸线的任何财产,包括有风险的运费"的救助。这种情况通常也是不涉及任何国际性因素的救助,因此原则上也不应该在公约的调整范围内。值得注意的是,公约所指的"非永久和非有意地依附于岸线的任何财产",意味着为了某种生产或者商业目的而长期固定在海岸线上的财产或者设备,就不应该包括在海难救助的标的之内。[3] (3)关于c项的保留。如果在海难救助关系中所有的利害关系方都是缔约方的国民或者法人,此时当事人的属人法就不存在任何冲突,那么适用当事人的本国法解决他们之间的纠纷应该是最佳的方法,而没有必要通过国际统一实体规范来调整他们之间的法律纠纷。当然,《1989年国际救助公约》为了扩大自身的适用范围,也不排斥缔约方适用公约来调整利害关系方都是缔约方国民或者法人的情况。(4)关于d项的保留。实际上,d项所指的"位于海床上的、具有考古价值文化遗产"本就包括在"非永久性和

---

[1] 《1989年国际救助公约》第25条规定:"除经国家所有人的同意外,本公约的任何规定均不得作为以任何法律程序或对物诉讼程序扣留、扣押或置留国家拥有的,根据公认的国际法准则,在发生救助作业时,享有主权豁免的非商业性货物的根据。"参见吴兆麟主编:《中国海上维权法典——国际海事公约篇》(第1卷 基础综合),大连海事大学出版社2012年版,第1212页。

[2] 《1989年国际救助公约》第30条规定:"任何国家在签字、批准、接受、核准或加入时,就下列情况可保留不适用本公约规定的权利:(a)救助作业发生在内陆水域,而且涉及的所有船舶均为内陆水域航行的船舶;(b)救助作业发生在内陆水域,而且并不涉及船舶;(c)所有的利害关系方都是该国的国民;(d)有关财产为位于海床上的具有史前的、考古的或历史价值的海上文化财产。"参见吴兆麟主编:《中国海上维权法典——国际海事公约篇》(第1卷 基础综合),大连海事大学出版社2012年版,第1215页。

[3] 刘刚仿:《论海难救助的客体》,对外经济贸易大学2006年博士学位论文,第155页。

有意地依附于岸线的任何财产”的范围内,应该成为被救助的对象,而该公约允许缔约方对此类财产的救助提出保留,主要是考虑到对海岸中文化遗产的救助难度比较大,而且文化遗产具有相当的脆弱性,稍有不慎就可能对海床中的文化遗产造成不可逆转的损害。我国在加入《1989 年国际救助公约》时,对 a、b 和 d 项都作出了保留,因此对于 a、b 和 d 项下的情况,我国法院都不适用该公约,而应该适用我国的冲突法指向的法律规范。

二、国内准据法的适用

在国际海难救助关系领域虽然已经有了两个很有影响力的国际公约,但在这些国际统一实体规范的适用范围以外,有关的国际海难救助关系仍然需要通过冲突规范指向国内实体规范来调整。当然,在很大程度上,在国际海难救助领域,适用国内实体规范的重要性已经远不如前了。

从各国的法律和实践上看,确定国内实体规范的适用,可以遵循以下几个不同的原则:

(一)当事人自选法

当事人自选法的理论来源是“当事人意思自治原则”。作为一项基本原则,“当事人意思自治原则”在国际合同领域得到了广泛的接受,而且当事人选择法律也得到了各国法律或者司法实践的承认。[1] 因此,当法院地国的法院把国际海难救助关系识别为国际合同关系时,当事人的共同意志将对法律适用问题的解决起到决定性的作用,如我国《海商法》第 269 条。[2]

(二)最密切联系法

最密切联系法的理论来源是“最密切联系原则”。在国际海难救助合同领域,立法者和司法者至少应该注意到以下的救助合同要素:救助合同的缔结地、救助合同的履行地、船舶地、救助人营业地、被救助人营业地、救助人住所地、被救助人住所地、救助人国籍、被救助人国籍、船旗国和管辖权。而适用“最密切联系法”问题的关键在于:究竟哪个国家的法律和该海难救助关系具有最密切的联系?我国《涉外民事关系法律适用法》里面推定几类与国际合同

---

〔1〕 Peter Nygh, *Autonomy in International Contract*, Clarendon Press, 1999, p. 8.

〔2〕《海商法》第 269 条规定:“合同当事人可以选择合同适用的法律,法律另有规定的除外。合同当事人没有选择的,适用与合同有最密切联系的国家的法律。”参见法规应用研究中心主编:《最高人民法院 最高人民检察院司法解释与指导案例(商事卷)》,中国法制出版社 2016 年版,第 1109 页。

关系有最密切联系的准据法,但是却没有把国际海难救助合同纳入其中。这是一个明显的空白,笔者将在下文对这一立法空白提出适当的立法建议。

(三)船旗国法

船旗国法的理论来源是"属地主义原则",即认为船舶是船旗国领土的一部分。根据《联合国海洋法公约》第91条的规定,船舶具有一个国家的国籍,在许多情况下,船旗国法被认为是用来解决海事法律冲突的决定性的法律,船旗国法原则也构成了海事冲突法中最基本的法律适用原则,[1]如《1940年关于国际通商航海法的蒙得维的亚条约》第12条的规定。[2] 适用船旗国法最大的问题在于:国际海难救助关系的救助与被救助船分属不同的国家的可能性极大,这种情况下立法上决定采用哪一个船旗国的法律作为调整国家海难救助关系的准据法才是最合适的?

(四)行为地法

行为地法的理论来源是"场所支配原则",而具体到国际海难救助关系,则意味着国际海难救助关系发生在哪个国家的领水,则适用哪个国家的法律。例如,《民主德国海商法》第133条规定:"在领水内由于救助而产生的任何关系受领水国法律的制约。"[3]值得说明的是,虽然民主德国已经不复存在了,但是它的消失主要是受国际政治的影响,而这并不影响其法律的科学性,也不影响笔者将其法律规范作为研究的对象之一。总体而言,采用行为地法调整海难救助关系是一种较罕见的立法情形,因为在汪洋大海中,有相当大的一部分海域是公海,而原则上任何国家的国内法在公海是没有法律效力的。一旦海难救助行为发生在公海,当事人之间则不具备适用行为地法的可能性。

三、立法建议

(一)关于《法律适用若干问题的规定》的立法空白及其建议

我国《法律适用若干问题的规定》中列举了17种不同类型的国际合同,并且推定与17类合同有最密切联系的国家的法律,但是并不涉及国际海难救助

---

〔1〕 禹华英:《海难救助的性质与法律适用》,载《西南政法大学学报》2010年第4期。

〔2〕《1940年关于国际通商航海法的蒙得维的亚条约》第12条规定:"在领水外进行的海上救援或救助,应适用救援或救助船舶的船旗国法。"参见[加]威廉·泰特雷:《国际冲突法——普通法、大陆法及海事法》,刘兴莉译,法律出版社2003年版,第693页。

〔3〕 王国华:《海事国际私法(冲突法)》,法律出版社2009年版,第89页。

合同。这意味着国内的司法机构不可能在国内法中找到关于推定与国际海难救助合同有最密切联系的国家的法律规范。笔者建议相关的立法部门在以后修改相关的法律规范时,应该明确规定与国际海难救助合同有最密切联系的国家的法律,以填补这一立法空白和避免不必要的纠纷,使法官或者仲裁员在审理案件时能够有法可依,并保护相关当事人的合法权益。笔者认为,立法者在修改《法律适用若干问题的规定》时需要特别注意以下两方面的问题:

第一,在国际海难救助合同中,哪一方当事人的哪一履行行为是特征履行行为?"特征性履行"也被称为"特征性给付"或"特征性债务"理论。[1] 在国际海难救助关系中,涉及的当事方主要指的是利用船舶参与救助的法人和被救助的财产(包括船舶、货物和运费)的所有人两大类。在国际海难救助合同中,救助人的救助行为是特征履行行为。理由如下:(1)从"国际海难救助合同"这一类型的合同的名称可以看出,这一类合同的"主角"是救助方,否则该合同应该称为"国际海难被救助合同"。(2)从"国际海难救助合同"约定的合同义务来看,救助方主要承担的是"救助义务",而被救助方承担的是"配合救助方施救"的义务和"支付救助费用"的义务。可见,与被救助方所履行的义务相比较,救助方承担的义务更加能凸显国际海难救助合同的特征。而且,根据特征履行说,提供劳务等非金钱履行行为为特征履行行为。[2]

第二,确定了特征履行行为以后,是以该特征履行行为的行为地法还是该特征履行行为人的属人法作为准据法?在国际海难救助合同中,应该以该特征履行行为人的属人法作为准据法,理由如下:其一,救助人的属人法具有很强的确定性,特别是立法者以法人登记地法作为救助人的属人法时,可以最大限度地保障法律适用的稳定性。一旦救助人和被救助人之间的国际救助合同对法律适用问题没有约定,当事人双方都可以很准确地预测和辨识出该合同应该适用救助人登记地法。其二,从国际海难救助合同的救助义务来看,能体现合同特征的救助行为很有可能是在公海进行的,原则上任何一个国家的国内法律规范在公海都没有法律效力,因此,这种情况下不具备适用行为地法的可能性。

---

[1] D'Oliveira, Hans Ulrich Jessurun, *Characteristic Obligations in the Draft EEC Obligation Convention*, American Journal of Comparative Law, Vol. 25:2, p. 303 – 331(1977).

[2] 李双元、欧福永主编:《国际私法学》,北京大学出版社 2015 年版,第 268 页。

（二）关于救助报酬分配比例的立法建议

《1989年国际救助公约》明确规定，救助船的所有人、船长及船上其他工作人员之间（救助方内部）的报酬分配留给船旗国的法律确定，但是我国《海商法》对此没有作出任何规定，相关的立法部门在以后修改《海商法》时，应该对这一明显的立法空白作出填补，以避免司法人员在遇到相关的法律纠纷时出现无法可依的尴尬情景。立法者在修改《海商法》时需特别注意以下四点：

第一，考虑补偿船舶所有人的补偿权。救助船舶的补偿权，是指救助方在救助船舶或其他财产时，如果救助取得效果，有权根据救助效果获得相应的救助报酬。根据《海商法》的规定，救助报酬的金额应当由获救的船舶和其他财产的各所有人，按照船舶和其他各项财产各自的获救价值占全部获救价值的比例予以承担。如果救助方未能防止或减少环境污染损害，可能会被全部或部分剥夺获得特别补偿的权利。此外，救助报酬不得超过船舶和其他财产的获救价值，且救助方有权从船舶所有人处获得相当于救助费用的特别补偿。考虑立法者在制定有关于海难救助的法律规范时的宗旨是鼓励救助人对遭遇风险的船舶进行救助以维护航海安全，所以救助成功以后论功行赏之前，必须要先对船舶所有人在救助过程中所遭遇的损失进行补偿。特别是考虑海难救助行为往往非常惊险，与一般的陆上救助行为相比，海难救助者需要有更大的勇气和更加专业的技能。为了鼓励救助者的救助行为，立法者应该从金钱方面给予救助者更多的保障。

第二，考虑船舶所有人的报酬请求权。总体而言，海难救助报酬的获得者有3类，即船舶所有人、船长和船员。而在这3类人当中，提供救助工具的船舶所有人所起到的作用和承担的风险都是最大的。如果没救助船的存在，就会遭遇“巧妇难为无米之炊”的局面，因此立法者在考虑救助报酬的分配时，应该首先考虑船舶所有人的报酬权，而且应该至少把报酬的一半分配给船舶所有人。在海难救助领域，船舶所有人通常有权根据合同或法律规定，向救助方或第三方获得报酬。而当船舶所有人在海难救助时，他们有权根据合同或法律规定，请求支付合理报酬。在合同救助的情况下，船舶所有人通常会与救助方签订合同，明确双方的权利和义务。根据合同，船舶所有人有权请求报酬，如果救助方履行了合同规定的义务并成功地帮助船舶所有人摆脱了困境，则船舶所有人通常有权请求救助方支付合理的报酬。在这种情况下，船舶所有人需要提供证据证明他们被成功地救助了，并且救助方履行了他们的义务。具体的报酬请求权取决于合同的具体条款和法律法规的规定。因此,船舶所有人在面临海难救助时,应该仔细阅读合同条款,了解自己的权利和义务。有趣的是,有的国家在分配救助报酬时,还会仔细区分船舶的性质,若救助的船舶为轮船,则船舶所有人有权获得 2/3 的救助报酬;若救助的船舶为帆船,则船舶所有人有权获得 1/2 的救助报酬。

第三,应该考虑船长的海难救助分配权。根据 1978 年《海员培训、发证和值班标准国际公约》的定义:"船长是指挥一条船的人。"这种指挥权当然也将船长对海难救助行为的指挥权包括在内。行使指挥权的人往往对被指挥者的才能和所作的具体贡献的大小有着清晰的了解。而具体到海难救助行动中,船长理应指挥船员各司其职参与救助,要求船员们坚守自己的工作岗位,但是每个救助的岗位的救助风险或者救助难度都是大不相同的。例如,在海难救助过程中,需要潜水员潜入水底进行救助工作,那么潜水员所承担的工作的危险性就高于一般的救助员,船长在分配海难救助报酬时就应该考虑给予他们更多的报酬。海难救助分配权是一个复杂的问题,涉及多个方面。除救助报酬的确定外,还要考虑"无效果,无报酬"的原则,这一原则旨在鼓励救助人奋力抢救海上遇险船舶或其他财产。近年来,由于对环境保护的重视加强,又提出了"特别补偿"的概念。有的国家的海商法规定,对构成环境污染损害危险的船舶或船上货物进行的救助,可根据情况得到救助费用以外的特别补偿。特别补偿的支付不以救助取得成果为前提。只要是对存在环境损害危险的船舶或船上货物进行了救助就有权取得。但在任何情况下,特别补偿只有在超过救助方能够获得的救助报酬时才能支付,且支付金额为特别补偿超过救助报酬的差额部分。综上所述,由知悉各位船员所作出的贡献和面临的特殊风险的船长来分配海难救助的报酬是合适的。

第四,应该注意船员们的抗辩权。从一般法理角度看,既然立法上应该赋予船长海难救助的报酬分配权,就应该对等地赋予各船员们相应的抗辩权。虽然船长是行使海难救助报酬分配权的不二人选,但是该分配权的行使毕竟包含很大程度的主观色彩。为应对船员之间的报酬分配显失公平的情况,立法上理应赋予船员相应的抗辩权。船员报酬分配应该考虑以下因素:船员的工作表现和贡献。船员的工作表现和贡献是决定其报酬分配的重要因素之一。船员的工作表现和贡献应该根据船员的工作职责、工作质量、工作效率等因素进行评估和考核,并根据评估结果进行相应的奖励或惩罚。船员的岗位和工作性质。船员的岗位和工作性质不同,其薪酬分配也应该有所区别。例如,高级船员和普通船员的薪酬水平应该有所差异,不同类型的船舶(如集装箱船、油轮、散货船等)的薪酬水平也应该有所区别。船员的学历和技能水平。船员的学历和技能水平也是决定其薪酬分配的重要因素之一。船员应该具备相应的学历和技能水平,才能够胜任相应的工作岗位。因此,对于具有较高学历和技能水平的船员,应该给予更高的薪酬待遇。市场竞争和行业标准。船员市场的竞争情况和行业标准也会影响船员薪酬的分配。公司的经济状况和财务政策,公司的经济状况和财务政策也会影响船员薪酬的分配。公司应该根据自身的经济状况和财务政策,合理制定船员的薪酬水平和分配方案。另一个与之相关的程序性的问题是:如果船员向船长行使相应的抗辩权,而船长坚持认为他(她)所行使的分配权是公平合理的,那么,应该由哪一第三方机构来处理这一纠纷?在我国,由各地方的海事局来居中处理这一纠纷是最为合适的,因为海事局的工作人员具备这方面的专业技能,能够较准确地判断出船长是否公平合理地行使报酬分配权。

第十一章　国际混合合同的法律适用

随着经济全球化趋势往纵深的方向发展，各个主权国家的资源，特别是货物、服务和资本，渐渐地交织融合在一起，而在这个过程中国际混合合同应运而生。国际私法调整的"国际混合合同"，是指两种或者两种以上的有名的国际民商事合同组合而成的国际合同。[1] 其"混合性"体现在，与有名的国际合同相比，[2]国际混合合同中所包含的条款具有特殊性，可能包含了不同类型的有名合同条款，如把运输条款和服务条款结合起来的国际合同。混合合同的重要特点表现在：它结合了若干有名合同的内容，弥补了法律对于典型合同规定的不足，对于规范非典型交易关系具有重要意义。[3] 例如，我国上海市高级人民法院审理的"上诉人中国外运华东有限公司与被上诉人太平财产保险有限公司上海分公司海事海商纠纷案"涉及的国际合同就属于国际混合合同，即国际代理合同与国际运输合同的混合，[4]中国外运华东有限公司既承担了国际运输义务，又承担了国际代理报关报检义务。传统的国际私法理论认为，国际合同原则上应该首先适用合同当事人之间约定的法律规范，在当事人没有对国际合同的法律适用问题作出有效的约定时，则应该适用与合同有最密切联系的国家的法律。但是，传统的理论并没有对与国际混合合同有最密切联系的国家的法律进行深入探讨。

---

〔1〕 需要特别说明的是，由于本文讨论的是国际海上合同的法律问题，因此，本章中所讨论的国际混合合同是指至少包含一种履行地在海洋或者与海上风险相关的国际有名合同。

〔2〕 有的国家把有名合同称为"典型合同"，本章将统一使用"有名合同"这一名称。

〔3〕 王利民：《典型合同立法的发展趋势》，载《法制与社会发展》2014 年第 2 期。

〔4〕 上海市高级人民法院（2018）沪民终 404 号民事判决书。

第一节　国际混合合同的法律冲突

国际混合合同属于新型的国际合同，总体而言，其在国际贸易领域起到的作用是不可忽视的。应该说，在可以预见的将来，国际贸易一定会走向复杂化，仅仅依靠有名合同的形式就能完成整个国际交往的情况所占的比例一定会下降，而国际混合合同必定在国际交往中占据重要的一席之地。目前，各个国家对混合合同的规定各不相同，从而产生了国际混合合同的法律冲突问题。需要说明的是，混合合同作为一种新型的合同，各国的立法者对它的关注比较少，甚至很多国家还没有这方面的立法，因此形成的法律冲突自然而然就比较少。总体而言，混合合同的法律冲突存在以下两个方面。

一、混合合同定义的法律冲突

混合合同的定义，是指混合合同在法律意义上的内涵是什么，即什么类型的合同可以被划分到混合合同的范畴内。不同国家对于混合合同的定义是不一样的，从而容易引起法律冲突。例如，《欧洲民法典草案》第 2—1:107 条规定，混合合同，是指两类或两类以上的有名合同，或者由有名合同与无名合同的组合而成的合同。[1] 绝大部分的国家都没有对混合合同下一个具体的定义，如《法国民法典》仅仅在第 1107 条规定："契约，无论是否有特定名称，均受本编所定一般规则的约束。特定契约的特别规则，由各该契约有关的编章确定；商事交易的特别规则，由有关商事的法律确立之。"[2] 有名合同通常以人们熟悉的名称出现，如买卖合同、租赁合同、借款合同、保险合同、仓储合同、委托合同和拍卖合同等。目前，国外法学界部分学者认为，混合合同是介于有名合同和无名合同之间的合同类型。笔者认为，根本不存在所谓的"中间类型"的合同，混合合同完全可以划分在无名合同的范畴内。目前有的学者之所以会认为混合合同属于"中间类型"的合同，无非就是因为两个原因：其一，混合合同往往包括了部分有名合同的内容，甚至是多个有名合同的内容，如国际仓储合同和国际委托合同的结合。其二，混合合同也不完全符合各国合同法中关

---

〔1〕 王利明：《合同法分则研究》（上卷），人民大学出版社 2012 年版，第 30 页。

〔2〕 《法国民法典》，罗结珍译，北京大学出版社 2010 年版，第 296 页。

于无名合同的规定,[1]毕竟混合合同里面有部分的内容是法律明文规定的内容。从逻辑学角度来说,有名合同和无名合同就已经包含了所有的合同类型,这是一组完全周延的概念。既然学者一致认为混合合同不属于有名合同的范畴,那么其当然的逻辑结果就应该是将所有类型的混合合同纳入无名合同的范畴内。所以,认为混合合同属于"中间类型"的合同是不科学和不符合逻辑的。

二、混合合同所适用法律的法律冲突

混合合同所适用的法律,是指应该适用什么法律规范调整该混合合同。不同的国家立法所采用的理论不一样,从而导致了这方面的法律冲突。例如,我国《合同法》第124条规定:"本法分则或者其他法律没有明文规定的合同,适用本法总则的规定,并可以参照本法分则或者其他法律最相类似的规定。"[2]而上文提到过的《法国民法典》则规定,无名合同应该适用合同编所规定的一般规定。显然,我国的立法者采取类推适用说。该学说认为,即使混合合同是两种或者两种以上的有名合同组成的,但是这种组合而成的合同和各类有名合同毕竟具有本质区别,因此,立法上只能称为"类推适用"。类推原则的适用有利于预防裁判案件的任意性,防止发生案件的实体处理与法律原则有偏差。[3] 立法上采用"类推适用说",前提是立法机关在相关的法律规范方面留下了法律空白,因此这一学说首先承认不能把混合合同的各个组成部分分别认定为相类似的有名合同,否则就不会使用"类推"一词,因为"类推"的前提是承认两种合同为不同的类型。目前,国内有学者极为鼓励在立法上应该更加完善类推适用法律规范。在我国实行"依法治国,建设社会主义法治国家"的目标下,我国《民法典》应当明确赋予法官类推适用的职权,如1945年《意大利民法典》,要么如《法国民法典》一样,虽然未明确规定类推适用的地位,但因确定了法官不得拒绝审判的原则及法官的补充立法之权限,实质上赋予了法官类推适用的职权。[4] 但是,笔者认为,首先,该学说没有说明怎么认

---

[1] 如原《合同法》第124条规定:"本法分则或者其他法律没有明文规定的合同,适用本法总则的规定,并可以参照本法分则或者其他法律最相类似的规定。"

[2] 法规应用研究中心主编:《最高人民法院 最高人民检察院司法解释与指导案例(商事卷)》,中国法制出版社2016年版,第192页。

[3] 王洪宇、赵春兰、张大伟:《非典型合同专题研究》,中国民主法制出版社2012年版,第48页。

[4] 屈茂辉:《类推适用的私法价值与司法运用》,载《法学研究》2005年第1期。

定两种本质上不同的合同具有很大的相似性,相反,既然是具有本质区别的两个合同,那么它们之间的差异应该是巨大的。另外,司法人员通过什么方式来判断,与 A 有名合同相比,某一特定的无名合同与 B 有名合同具有更大的相似性。其次,该学说也没有从理论上深入解释为什么可以类推适用相关的法律规范来调整混合合同。但是,也有学者认为,虽然"类推适用说"对混合合同适用法律并没有提出可以适用的具体方法,为救济法律欠缺而设,则在无名合同的适用上,尤其在各个有名合同的法律效果相抵触的情况下,将各个有名合同之法律效果结合而类推适用,在目前情况下,也不失为一种好的方法。[1] 根据这一说法,学者也仅仅承认在"目前无法可依的情况下",类推适用相关的法律规范是一种勉为其难的方法。而法国的立法者采取的是"直接适用说",这种理论主要针对的是无名合同中的一般性的条款。一般性的条款适用一般性的法律规定去调整。但是,这种学说没能很好地解决另一个问题,即无名合同中特殊条款该如何适用法律?

第二节 国际混合合同的准据法

一、国内准据法的适用

(一)当事人自选法

意思自治原则是国际合同法的基本法律适用原则,而作为国际合同中的重要组成部分,各个国家用来规范国际混合合同的国际私法立法一般也是以当事人自选法作为合同的准据法。例如,在国际上有重大影响力的 1980 年《罗马公约》第 3 条,就明确规定了当事人可以选择适用于国际合同的法律规范。《欧盟关于合同债权法律适应的公约》是欧洲联盟为了使各成员国的合同法统一化而制定的一份公约。该公约旨在确保合同债权法律适应的公正性和便利性,提高合同执行的效率,促进商业交易的顺畅进行。该公约规定了合同债权法律适应的基本原则和方法,包括自动适应原则、协商适应原则、法院适格原则、执行程序简化原则等。此外,该公约还规定了当事人可以协商选择合同适用的法律,以及在无法协商或协商不一致时,可以通过法院裁决确定合同适用的法律。该公约的适用范围涵盖了欧盟成员国之间的所有合同债权法律关系,包括但不限于借款、买卖、租赁、知识产权许可、保险等领域的合同。此外,

---

[1] 廖盛林:《混合合同法律适用问题的类型化研究》,载《福建法学》2012 年第 1 期。

该公约还规定了适用于非欧盟国家之间的合同债权关系的原则和方法，为跨国商业交易提供了更加完善和统一的法律适用规则。正是因为私法充分体现了意思自治原则，从而才能赋予市场主体在法定范围内的广泛的行为自由，并能依据其自身的意志从事各种交易和创造财富的行为。[1] 但是，各国的立法对当事人选择法律的时间、方式、范围等问题都有或多或少的限制。

（二）最密切联系法

最密切联系法的理论来源是"最密切联系原则"。在国际混合合同领域，立法者和司法者至少应该注意以下的混合合同要素：混合合同的缔结地、混合合同的履行地、当事人的营业地、住所地、国籍和管辖权。《俄罗斯民法典》规定："若法律、合同条款或对合同性质或整体实际情况无其他规定，含有各种合同要素的合同，适用从整体上与该合同有最密切联系的国家的法律。"可见，俄罗斯的立法机构赋予了司法人员相当大的自由裁量权，在判断与国际混合合同有最密切联系的国家的法律方面，没有给予任何限制。而有的国家在这方面的规定就完全不一样，如《哈萨克斯坦共和国国际私法》规定："本条第 1 款至第 3 款未提及的合同，合同当事人未选择法律时，适用合同内容主要履行方的设立地、住所地或其主要活动场所所在地国法。若不能确定对合同内容起主要作用的履行行为，适用与合同联系最密切的国家的法律。"哈萨克斯坦共和国的法律规范显然有它的本国特色，与很多国家不同的是，它要求司法人员在当事人没有选择法律的情况下，必须首先适用主要履行方的设立地、住所地或其主要活动场所所在地国法，也就是说，司法人员在判断国际混合合同所应该适用的法律时，其自由裁量权是受到了比较严格的限制的。他们只能先在特定的范围内判断应该适用于合同的法律规范。而具体到我国的法律，《涉外民事关系法律适用法》中推定了部分国际合同与特定的国家的法律有最密切联系，但这些国际合同中却不包括国际混合合同，所以一旦发生国际混合合同的当事人没有能够有效地对法律适用问题作出约定的情况，就会出现无法可依的情形，因此这是一个明显的立法空白。笔者将在下文对这一立法空白提出适当的立法建议。

---

[1] 王利明主编：《民法学》，复旦大学出版社 2015 年版，第 67 页。

二、立法建议

我国《法律适用若干问题的规定》第5条没有任何关于国际混合合同法律适用方面的规定，可见我国的立法机关在考虑相关立法时，不仅没有考虑为国际混合合同下一个具体的定义，也没有考虑国际混合合同与哪一主权国家的法律规范具有最密切联系的问题。我国《涉外民事关系法律适用法》仅仅规定了在当事人没有选择法律的情况下，司法人员适用一方当事人经常居所地法或者与该合同有最密切联系的法律。对于与国际混合合同有最密切联系的国家的法律也未提及，意味着我国的司法人员在遇到相关情况时，不仅会遭遇到识别上的困境，而且在国际混合合同的当事人未能有效选择法律规范时，司法人员将遭遇无法可依的情形。

相关的立法部门在修改立法或者颁布相应的司法解释时，对国际混合合同的相关的法律适用问题也作出明确规定，以填补我国立法上的空白，保障当事人之间的合法利益。笔者认为，立法者在修改相关立法时，应该特别注意以下五个方面的问题：

第一，应该根据国际混合合同签订地国的法律规范来识别合同关系。解决国际混合合同的法律适用问题的前提是，司法人员依据什么法律规范来界定相关的国际合同是一个混合合同？这是一个无法回避的问题。撇开了识别制度，根本就没有办法找到合适的准据法。[1] 在司法实践中，第一次运用识别制度处理涉外民事纠纷的案件是1889年法国最高法院审理的“安东夫人诉贝斯托罗案”。[2] 通常来说，关于识别的法律规范所能起到的作用是，司法人员能够运用该法律规范，对国际私法规范所调整的对象所涉及的事实的法律性质进行定性。值得一提的是，合同签订地可以是当事人约定的一个内容。[3] 另外，需要明确的一点，这里所指的法律规范，既包括合同签订地国制定的法律规范，也包括合同签订地国加入的国际条约。条约作为国际法的最重要的渊源，其所确立的规则及其所产生的权利与义务对当事方具有法律约束力。这适用于一切条约，无论是双边的或是多边的。[4] 用国际合同签订地国的法

〔1〕 Cheshire and North, *Private International Law*, Butterworths, 1979, p.41.

〔2〕 张潇剑：《国际私法论》(第2版)，北京大学出版社2010年版，第159页。

〔3〕 韩明琏、顾倚龙：《关于合同签订地的几个问题》，载《法学论坛》1990年第1期。

〔4〕 [英]詹尼斯、瓦茨：《奥本海国际法》(第1卷)，中国大百科全书出版社1995年版，第77页。

律来识别相关的国际合同的合理性在于：其一，有利于国际合同的当事人预见到司法人员对相关国际合同纠纷的定性。如果将来发生了该国际合同纠纷，无论国际合同的当事人在哪一国家起诉，法院地国的司法人员都会根据国际合同签订地国相关的法律规范来识别相关的纠纷。其二，有利于国际混合合同相关判决的承认与执行。在司法人员依据合同签订地国的法律把相关的国际合同识别为国际混合合同，并作出相应判决后，当事人很有可能需要到合同签订地请求承认与执行判决。那么，在这种情况下，合同签订地国的司法机构考虑到该外国的司法机构已经依据本国的法律规范识别了国际混合合同，此时该判决就更加容易获得合同签订地国的司法机构的承认与执行。在承认与执行判决的过程中，国际社会更多地考虑了司法（其中主要涉及司法管辖权和法院判决两个层面）的主权性质，因而强调在外国判决承认与执行中的国家利益。〔1〕

另外，根据我国《涉外民事关系法律适用法》第 8 条的规定，应该适用法院地的法律规范来识别民商事关系。〔2〕 有学者认为，之所以要依据法院地法来识别国际民商事关系，是因为如果依据外国法来识别，则意味着法院地法院失去了使用自己的冲突法的主动权。〔3〕 而根据前文所述，笔者并不认同我国的立法中的做法，因为在识别国际合同是否为国际混合合同时，如果司法人员仅仅考虑法院地的法律规范，则意味着司法人员没有考虑到国际混合合同具有一定的国际性因素。而作为一种国际合同，忽略它的国际性特征是难以合理解决相关纠纷的。在一定条件下应该从外国法的视角来考虑相关的问题。这既是国际私法理论上的必然要求，也是司法人员合理公正解决国际性纠纷的实践性要求，特别是考虑国际性判决很有可能要请求外国的司法机构予以承认与执行的情况，要求审理案件的司法人员考虑外国相关的法律规范，也有利于合同纠纷最终顺利解决。外国法院的判决在内国境内发生法律效力的前提是，必须向内国法院提出承认与执行外国法院判决的请求。这是世界各国立

〔1〕 王吉文：《论我国对外国判决承认与执行的互惠原则——以利益衡量方法为工具》，载《法学家》2012 年第 6 期。

〔2〕 《涉外民事关系法律适用法》第 8 条规定："涉外民事关系的定性，适用法院地法律。"参见法规应用研究中心主编：《最高人民法院　最高人民检察院司法解释与指导案例（商事卷）》，中国法制出版社 2016 年版，第 1150 页。

〔3〕 Lawrence Collins, Dicey, *Morris and Collins on the Conflict of Laws*, 14th ed, Sweet & Maxwell, 2006, p. 34.

法和司法实践的普遍要求。[1]

第二，在多大程度上赋予司法人员自由裁量权以认定与国际混合合同有最密切联系的国家的法律。司法自由裁量权，是指法官或者审判组织根据自己的认识、经验、态度、价值观以及对法律规范的理解而作出司法行为和对案件作出裁判的权力。[2] 在这方面赋予司法人员多大的自由裁量权涉及复杂的法律技术问题，如混合合同的认定问题。首先，根据《罗马条例Ⅰ》第4条第2款的规定，混合合同的"混合性"只能体现在第a项至第h项的范围内，[3]在此范围之外的合同，即使当事人的合同涉及两项因素以上的，也不是该法律规范意义上的国际混合合同。《罗马条例Ⅰ》第4条第2款首先把混合合同中的"混合性"限定在一定范围内，司法人员只能在法律规定的范围内认定混合合同的类型，以限制司法人员自由裁量权。这是具有相当强的合理性的。混合合同的基本含义就是两种或者两种以上的有名合同结合在一起，因此，至少立法者应该说明清楚有名合同的类型，并且尽可能地把有名合同的周延扩大，以满足现实的需求。而我国《涉外民事关系法律适用法》就列举了部分有名合同，列举的数量并不多，仍有不少的有名合同未被列举在内，如国际运输合同、国际海难救助合同和国际拖船合同。笔者建议，立法者通过司法解释的方式，把上述几种类型的国际合同也囊括在内，以增强国际合同当事人在法律适用方面的预期性。其次，在认定国际混合合同的特征履行行为方面，应该限制司法人员关于认定哪一方当事人为特征履行方的自由裁量权。传统的国际私法理论认为，非履行支付金钱义务的一方当事人为特征履行方。而在认定国际混合合同的特征履行方方面的立法，也应该坚持这种传统的国际私法理论，司法人员在分析案情时应该区分清楚支付金钱义务方和非支付金钱义务方，进而认定非支付金钱义务一方为特征履行义务方。最后，在认定国际混合合同特征履行方的特征履行行为时，应该赋予司法人员足够的自由裁量权，考虑到国际混合合同的特殊性，立法上不可能根据一个统一的标准来认定相关的法律适用问题。显然，因为国际混合合同是其他有名合同的结合体，合同当事人

---

〔1〕 韩德培主编：《国际私法新论》，武汉大学出版社2011年版，第493页。

〔2〕 江必新：《论司法自由裁量权》，载《法律适用》2006年第11期。

〔3〕 第a项至第h项的国际合同，包括国际货物销售合同、国际服务合同、国际不动产物权合同或者不动产租赁合同、国际特许经营合同、国际分销合同、国际拍卖合同和国际金融买卖合同（涉及第三人买卖利益）。

履行合同的行为一定具有更强的复杂性。例如,《罗马条例Ⅰ》第4条第1款规定的两种国际合同,拍卖合同和服务合同结合在一起,司法人员到底应该把拍卖方的拍卖发生地国法、服务提供者的惯常居所地国法还是其他的法律,视为与该国际混合合同有最密切联系的法律。此时,立法者就应该把相关的自由裁量权赋予司法人员,促使他们根据案情的各种因素,考虑案件的方方面面,最终确定与国际混合合同有最密切联系的法律。

第三,我国的司法人员认定特征履行方的属人法时,是以当事人的经常居所地法还是他的国籍国法为属人法的问题。首先,采用国籍国法为属人法更加方便司法人员确定当事人的属人法。经常居所地作为连接点,从具体案件的当事人的角度而言,确实有一个问题不得不考虑,那就是经常居所是一个模糊不清的概念,要求当事人证明经常居所地不是一件容易的事情。如果当事人无法提供有效的证据证明经常居所地,司法人员甚至会根据法律直接适用国籍国法,如在深圳市中级人民法院审理的"林某祥与李某、杨某玲合同纠纷案"。[1] 人民法院以"双方均不能提供充分证据证明共同居所地"为理由,参照适用共同国籍国法律的原则,适用了香港特别行政区法律来处理杨某玲与林某祥之间的关系。而国籍的认定就相对方便很多,因此采用国籍国法为当事人的属人法,也必然能节省不少的司法成本。根据最高人民法院《关于贯彻执行〈中华人民共和国民法通则〉若干问题的意见》(已失效,以下简称《民法通则意见》)第9条的规定,"公民离开住所地最后连续居住一年以上的地方,为经常居所地"。在实践中人民法院对"连续性"的理解就大相径庭,有的法院以当事人在某一个固定住所连续居住的时间来判断,有的法院则以当事人在法院辖区连续居住的时间来判断。相比较而言,认定国籍几乎没有难度。[2] 司法人员通过当事人的身份证、居住证或者护照就可以很方便地认定其国籍。其次,一个国家的国际私法的属人法应该采取什么连接点,与该国的政治、经济,特别是国际经济活动的发展密切相连。通常而言,已基本实现法制统一的移民输出国,[3]应该采取"国籍"作为其自然人属人法的主要连接点,扩大该国的属人管辖权,以保证内国法院或仲裁庭在审理国际民商事法律纠纷案件时,可以从法律上加强对国外的国民的保护和管辖。相反,尚未实现法制统一的

---

[1] 广东省深圳市中级人民法院(2014)深中法涉外终字第64号民事判决书。

[2] Von Hoffmann/Thorn, Internationales Privatrecht, C. H. BECK, 2017, p. 189 – 191.

[3] 此处法制统一,是指一个主权国家制定了统一适用于全国的民商事法典。

移民输入国,应该采取"经常居所地"为其属人法的主要连接点,扩大该国的属地管辖权,以保证内国法院或者仲裁庭在审理国际民商事案件时,可以从法律上加强对外来移民的保护和管辖。可以确定的是,目前阶段,我国是一个移民输出大国,而不是一个移民输入大国。特别是随着中国"一带一路"和产能输出战略的开展,我国内地居民出境人数将进一步增加。这意味着对于出入境的中国人来说,适用经常居所地法将会使我国法律得到较少适用的机会,不利于我国立法管辖权的扩张。

第四,司法人员发现与特征履行方的属人法相比,某国的法律与国际混合合同有更加密切的联系时,是否应该适用该国的法律的问题。首先,应该明确的是,如果说司法人员发现了与国际混合合同有更加密切联系的国家的法律时,则应该适用该国的法律,应该说此时的立法仍然符合最密切联系理论精神和范畴。显然,这一情况意味着原来法律规范推定的与国际混合合同有最密切联系的国家的法律,并不是真正意义上"最密切联系法"。其次,为了彻底贯彻最密切联系理论的精神,应该赋予司法人员一定的自由裁量权。目前,包括欧盟各国在内的许多国家的立法都采取这样的做法,如《罗马条例Ⅰ》第4条第3款的规定。[1] 值得一提的是,该法律规范中所指的"整体情况"具体是指哪些情况,立法者应该给出一个相对具体的范围,如国际混合合同的缔结地、合同履行地、当事人的国籍、住所、经常居住地和营业地、法院地等。至于司法人员具体考虑哪些因素,以及着重考虑哪个或者哪些因素与国际混合合同有联系,有多大程度的联系等,都是司法人员自由裁量后才能得出相应的结论。值得一提的是,在司法实践中,司法人员还应该充分说明"更密切联系"的原因,因为原则上司法人员应该尊重法律规范原来作出的相应的法律推定,而不认同相应的法律推定仅仅是一种例外情形,为了尽可能满足国际混合合同当事人对所适用的法律规范的预期性,司法人员应该主动履行该说明义务。

第五,司法人员无法确定国际混合合同特征履行方的属人法时,应该适用哪国的法律调整该国际混合合同的问题。"特征性履行方法"并不能适用于所有合同,因为有些合同很难判断"特征性"履行方,即双方当事人的履行对合同

---

〔1〕《罗马条例Ⅰ》第4条第3款规定:"如从整体情况看,合同明显与第1款或第2款所指国家以外的另一个国家有更密切联系,则适用该另一国的法律。" See Regulation (EC) No 593/2008 of the European Parliament and of the Council of 17 June 2008 on the Law Applicable to Contractual Obligations.

而言都不具有特征性。[1] 如前文所述,特征履行方的属人法应该以其国籍国法为准,但是以当事人的国籍国法为准也有其不足之处,即国际混合合同的特征履行方有可能是为无国籍人,此时就无法适用其国籍国法为该合同的准据法,而《罗马条例Ⅰ》第4条第4款也明确规定,以最密切联系原则作为兜底原则。[2] 可见,《罗马条例Ⅰ》的立法者认为在第4条第2款的框架下,国际混合合同仍然有可能出现无法可依的情形,此时司法人员就应该适用《罗马条例Ⅰ》第4条第4款的规定,行使法律赋予的自由裁量权认定与国际混合合同有最密切联系的国家的法律。英国学者韦斯特勒克说过,决定一个合同具有实质性效力的法律,应该是与合同行为有最初联系的国家的法律。[3] 虽然通过特定的法律适用规范仍然无法认定国际合同应该适用的法律是极为罕见的情况,但是并不能完全排除这种情况,所以为了防止这种情况的发生,立法上还是应该采取相应的措施。而问题在于,在这种情况下,立法上是否应再次对哪国的法律与相应的国际混合合同有最密切联系作出一定的限制,要求司法人员在特定的国家的范围内选择?笔者认为没有这种必要,最重要的原因是,既然通过特定的法律适用规范都已经无法推定出国际混合合同所应该适用的法律,那么此时立法上就应该赋予司法人员范围更大的自由裁量权,以便司法人员确定合适的法律。

---

[1] 杜涛:《国际私法原理》,复旦大学出版社2014年版,第230页。

[2] 《罗马条例Ⅰ》第4条第4款规定:"如根据第1款或第2款不能确定应适用的法律,则合同应适用与其有最密切联系的国家的法律。"See Regulation (EC) No 593/2008 of the European Parliament and of the Council of 17 June 2008 on the Law Applicable to Contractual Obligations.

[3] Cheshire and North, *Private International Law*, Butterworths, 1979, p. 179.

结 语

在深入分析相关的国际合同的法律适用问题以后，笔者发现，对于解决国际合同的法律适用问题需要做到适用范围规范和冲突规范的协调解决。具体而言，包括以下 6 点结论：

第一，在国际统一实体法条约之间或者在国际统一实体法条约和国际统一冲突法条约之间调整的国际合同范围存在重合的部分，需要考察上述国际条约本身关于条约之间关系的规定。相关人员在决定依据什么法律作为国际合同的准据法时，严格按照相关的法律规范即可。在上述国际条约本身并没有关于条约之间关系的规定时，应该区分两种情形处理：其一，在国际条约的当事国完全相同时，相关人员按照条约生效时间的先后，适用后生效的国际条约即可。其二，国际条约的当事国不完全相同，在不同的当事国之间，具体可以分成 3 种情况适用国际条约：情况一，当事国同时同为新旧两个国际条约的缔约方，则应该适用后生效的国际条约；情况二，一个当事国是新旧的国际条约的缔约方，而另一当事国仅仅是旧的国际条约的当事国，则应该适用旧的国际条约；情况三，一个当事国是新旧的国际条约的缔约方，而另一当事国仅仅是新的国际条约的当事国，则应该适用新的国际条约。

第二，根据《涉外民事关系法律适用法》第 19 条的规定，在特定情况下，司法人员可以运用自由裁量权判定与自然人有最密切联系的国籍国已经是既定的事实，然而，学界对国籍规范的有关问题一直争论不休。这种争论长期存在的原因是，学者经常是对国籍规范作整体性的讨论，并没有对不同法律部门涉及的国籍规范予以区分对待。理论上，国籍规范存在于多个法律部门，而本书仅仅是从国际私法学的范畴内讨论国籍规范的相关问题。这决定了国籍规范属于私法性规范,在外国具有天然的法律效力。目前,和国籍规范关系较密切的学说理论有“国籍法说”、“国际礼让说”和“人类命运共同体说”。另外,我国相关的法律还存在一定的不足,立法者应该特别注意司法人员自由裁量权的问题。

第三,国际合同的当事人在选择相关的准据法时,要受到一些私法性质的强制性规则的限制,《罗马条例Ⅰ》将与国际合同相关的强制性规范称为“优先性强制规则”。从理论上讲,外国的优先性强制规则是维护其本国政治、社会或经济组织等公共利益的法律规范,在不存在相关的国际条约的情况下,原则上内国没有优先维护外国公共利益的国际义务。因此,作为一种例外情形,对于内国适用外国优先性强制规则,立法机构在适用条件上也应该对此加以一定的限制,如要求司法人员在适用相关的外国强制性规则时应该考虑相应的后果。在优先性强制规则在内国适用的司法依据方面,《罗马条例Ⅰ》第9条第3款具有普遍的示范意义,尤其是考虑欧洲的国际私法一直处于世界领先水平的情况下更是如此。通过该国际条约第9条第3款的规定,成员方的司法人员才有了适用外国优先性强制规则的“桥梁”,为成员方之间相互维护彼此之间的社会公共利益提供了可能性。

第四,国际经济法中的强制性规范和国际私法中的强制性规范虽然有一定联系,但是也存在本质上的区别,理论上和实践中必须对两者作出准确的区分。国际经济法中的强制性规范是公法性质的,这类强制性规范主要是为了维护国际的礼让状态、互惠状态、内国善良风俗而设立的。第三章所指的第三国强制性规范调整的是国际经济活动的管理关系,意味着这类法律规范是国际经济法的一部分,而且具有完全的公法性质。公法性规范主要涉及的是一个国家的公共利益,而内国司法机构没有义务保护外国的公共利益,因此学界所普遍承认的是,公法性法律规范原则上没有域外效力,只有在例外情形下才会产生域外效力。目前,国际社会在立法中赋予了司法机关和仲裁机关一定的自由裁量权,法官和仲裁员在一定条件下可以适用第三国强制性规范,是对“公法禁忌原则”的突破。这种例外情形的出现,完全是由经济全球化的经济基础决定的。在经济全球化的背景下,一国的司法机关和仲裁机构在一定情形下应该适当地考虑第三国强制性规范的具体规定。目前,国际社会为第三国强制性规范在内国的适用提出了形形色色的立法依据,但是究其根本,在内国适用第三国强制性规范,是为了维护内国的国际利益。在第三国强制性规范在内国适用的司法依据方面,《国际货币基金协定》第8条第2款第b项在国际社会具有普遍的影响力,承认该条款的成员方都有自己的外汇管制法。通过该国际条约中的法律适用规范,成员方间的外汇管制法才有了在外国适用的"桥梁",成员方间通过彼此间的合作,达到共同维护相关方国际利益的目的。笔者针对我国国内立法存在的立法空白,呼吁我国的立法机构应该尽快明确规定司法人员适用第三国强制性规范的权力,同时应该对这种权力的运用加以一定的限制。

第五,国际私法中的意思自治原则和最密切联系原则在理论层面和立法层面都有了最新发展。从《罗马条例Ⅰ》可以看出,意思自治原则至少有以下发展:其一,对当事人协议选择法律的时间的限制更少了。国际合同的当事人在签订国际合同时可以选择准据法,也可以在国际合同签订后协议变更其准据法,以便鼓励国际合同的当事人自主约定准据法。其二,当事人所选择的法律,仅仅是指有关国家的实体性规范,而不包括冲突法规范。通常而言,国际合同的当事人自主约定的准据法就是调整国际合同的最合适的法律规范,因此并不需要再次通过其他的冲突规范所指向的实体性规范来调整国际合同。其三,从所选择的法律的性质上限制意思自治原则的适用。《罗马条例Ⅰ》规定,如果当事人所选择的法律与相关国家的优先性强制规则相冲突,则当事人的这种选择很可能会归于无效。最密切联系原则也有了以下发展:其一,最密切联系原则的适用已经延伸到了其他的国际民商事关系领域,甚至该原则已经起到了"查漏补缺"的作用,在相关的国内法或者国际条约没有指定某一具体的国际民商事关系所应该适用的法律时,法官往往会依法适用与之有最密切联系的国家的法律。其二,最密切联系原则的适用已经延伸到了程序法领域,特别是国际民事诉讼领域,在确定相关案件的专属管辖权时,司法人员往往要考虑国际案件与内国的密切程度,从而判断内国对相关的案件行使管辖权是否合适。

第六,在当事国都是国际统一实体法规范的缔约方,并且没有缔结相关的国际统一冲突法条约时,应该适用国际统一实体法条约作为调整国际合同的主要法律规范,但是,如果国际合同的部分内容不在国际统一实体法条约的适用范围内,则国际合同的剩余部分则应该由内国冲突规范所指向的国内实体法规范予以调整。具体而言,在本书中形成了6个具体的小结论:

其一,《鹿特丹规则》的适用范围对公约中的实体规范的具体适用有明确的指引作用。这类适用范围规范直接决定了相关的国际海上运输合同关系适用或者不适用《鹿特丹规则》,特别是在什么情况下适用《鹿特丹规则》,是笔者要论述的重点之一。另外,我国的国内法在国际海上货物运输合同领域存在一个空白,即一旦出现国际海上货物运输合同的当事人没有有效地约定适用的法律时,我国的司法人员应该怎么推定与国际海上运输合同有最密切联系的国家的法律?立法上应该明确规定,与相关国际海上货物运输合同有最密切联系的国家的法律是承运人的属人法。

其二,《1974 年雅典公约》的适用范围非常重要,因为它们对公约中的实体规范的具体适用有明确的指引作用。这类适用范围规范直接决定了相关的国际海上运输合同关系适用或者不适用《1974 年雅典公约》,特别是在什么情况下不适用《1974 年雅典公约》,是笔者要论述的重点之一。另外,我国的国内法在国际海上旅客运输合同领域存在两个空白,即国际海上旅客运输合同没有约定适用的法律时,与相关国际海上旅客运输合同有最密切联系的国家的法律是履行运输义务方的属人法。最后,我国的立法机关应该尽快填补《海商法》中存在的关于强制保险的空白,以更好地保护乘客的利益。

其三,综观整个国际社会,在国际租船领域,由于国际社会并没有可以统一适用的国际统一实体规范,所以冲突规范在该领域起到的作用是巨大的。而具体到我国,有关国际租船领域的冲突规范表现为《海商法》第 269 条。但是,根据我国《海商法》的规定,司法人员应该把国际航次租船合同识别为国际海上货物运输合同,而《法律适用若干问题的规定》第 5 条第 2 款却没有关于国际海上货物运输合同的规定。另外,当我国或者外国的关于国际租船合同的冲突规范指向我国《海商法》时,司法机构就要运用该法调整国际租船合同关系。而我国《海商法》在租船领域存在不足,即关于出租人适航义务的含义问题,在司法实践中也因此产生了法律纠纷。立法者应该通过修改立法或者颁布司法解释的方式,对该法律空白予以填补,以防止出现无法可依的情形。

其四,在国际海上保险领域,由于国际社会并没有可以统一适用的国际统一实体规范,所以冲突规范在该领域起到的作用是巨大的。而具体到我国,有关国际海上保险领域的冲突规范表现为《海商法》第 269 条和《法律适用若干问题的规定》第 5 条第 2 款第 8 项。当我国或者外国的关于国际海上保险的冲突规范指向我国《海商法》时,司法机构就要运用该法调整国际海上保险关系。而我国《海商法》在海上保险领域存在两个空白。立法机构应该通过修改立法

或者颁布司法解释的方式,对这两个法律空白予以填补。另外,因为“委付”行为侧重保护被保险人的利益,从这个角度而言,把“委付”行为定性为单方行为最妥当。最后,为了避免出现“德越轮保险纠纷案”和“福建省粮食海运公司诉中保财产保险有限公司福州经济技术开发区支公司保险合同纠纷案”类似的纠纷,我国的立法机关应该通过立法方式明确规定“当案件涉及第三人财产时,应当把拖船和被拖船视为一个整体”。

其五,《1989 年国际救助公约》的适用范围规范非常重要,因为它们对公约中实体规范的具体适用有明确的指引作用。这类适用范围规范直接决定了相关的国际海难救助关系适用或者不适用《1989 年国际救助公约》,特别是在什么情况下不适用《1989 年国际救助公约》,是笔者要论述的重点之一。另外,我国的国内法在国际海难救助领域存在两个空白,即国际救助合同没有约定适用的法律时,与相关国际海难合同有最密切联系的国家的法律是履行救助义务方的属人法。最后,我国的立法机关应该尽快填补《海商法》中存在的关于救助报酬的空白,以防止在司法审判中出现无法可依的情形。

其六,文中的国际混合合同属于国际民商事关系的范畴,意味着这类合同属于国际私法调整的内容,而且应该从国际私法的理论和实践出发解决相关的问题。从理论上讲,国际混合合同是两个或者两个以上具有国际性因素的有名合同组合而成的,并且应该根据合同签订地的法律来识别国际混合合同。目前,我国国内法缺乏关于国际混合合同法律适用的法律规范,应完善我国这方面的立法。而在完善我国这方面的立法时,应该特别考虑我国当前处在移民输出阶段,在当事人没有对合同进行有效的法律选择的情况下,应该采用当事人的国籍国法作为国际混合合同的准据法,以扩大我国法律上的属人管辖权,使我国的法律规范具有较多的适用机会。另外,值得特别注意的是,为了把国际混合合同的内涵限定在一定的范围之内,立法者应该明确规定涉及两项或者两项以上的国际有名合同,否则,即使某一国际合同涉及再多的不同类型的合同要素,也不是国际私法意义上的国际混合合同。最后,为了适应全球化的经济趋势,尤其是在我国推行“一带一路”倡议的背景之下,立法机关更加应该针对《涉外民事关系法律适用法》存在的不足,通过颁布司法解释的方式,明确规定清楚国际混合合同的法律适用规范,防止出现无法可依的情形。

参考文献

一、中文文献

(一)专著类

1. 张潇剑:《国际私法论》(第2版),北京大学出版社2008年版。

2. 邵景春:《国际合同法律适用论》,法律出版社1997年版。

3. 郭瑜:《海商法教程》,北京大学出版社2012年版。

4. 韩德培:《国际私法》,高等教育出版社、北京大学出版社2000年版。

5. 谢石松:《国际私法学》,高等教育出版社2017年版。

6. 姚梅镇:《国际投资法》,武汉大学出版社1985年版。

7. 杨良宜:《提单》,大连海运学院出版社1994年版。

8. 杨良宜:《外贸及海运诈骗货物索赔新发展》,大连海运学院出版社1994年版。

9. 杨良宜:《租约》,大连海事大学出版社1994年版。

10. 李双元:《涉外民事关系法律适用法的制定研究》,湖南人民出版社2013年版。

11. 杜涛:《国际私法原理》,复旦大学出版社2014年版。

12. 邓正来:《美国现代国际私法流派》,中国政法大学出版社2005年版。

13. 肖永平:《欧盟统一国际私法研究》,武汉大学出版社2002年版。

14. 吴兆麟:《中国海上维权法典——国际海事公约篇》(第5卷 海上运输),大连海事大学出版社2012年版。

15. [法]巴迪福·拉加德:《国际私法总论》,陈洪武译,中国对外翻译出版社公司1989年版。

16. 法规应用研究中心:《最高人民法院　最高人民检察院司法解释与指导案例(商事卷)》,中国法制出版社 2016 年版。

17. 吴焕宁:《海商法学》,法律出版社 1988 年版。

18. [英]伊恩·布朗利:《国际公法原理》,曾令良、余敏友等译,法律出版社 2003 年版。

19. [瑞]亚历山大·凡·基格勒:《2008 年鹿特丹规则》,郭萍、李莹莹等译,法制出版社 2016 年版。

20. 李双元、欧福永:《国际私法学》,北京大学出版社 2015 年版。

21. 杜景林、卢谌译:《德国民法典》,中国政法大学出版社 2014 年版。

22. 傅延中:《海商法论》,法律出版社 2007 年版。

23. 张忠晔:《各国和地区海商法比较》,人民交通出版社 1994 年版。

24. 辞海编委会:《辞海》,上海出版社 1979 年版。

25. 胡正良、於世成、郑丙贵:《〈鹿特丹规则〉影响与对策研究》,北京大学出版社 2014 年版。

26. 韩德培:《国际私法新论》,武汉大学出版社 2011 年版。

27. 王军、陈洪武:《国际商事合同的法律适用》,中国对外经济贸易出版社 1991 年版。

28. [美]G. 吉尔摩、C. L. 布莱克:《海商法》(上),中国大百科全书出版社 2000 年版。

29. 罗结珍:《法国民法典》,北京大学出版社 2010 年版。

30. 司玉琢:《海商法》,法律出版社 2013 年版。

31. 陈欣:《保险法》,北京大学出版社 2000 年版。

32. 王国华:《海事国际私法》,北京法学出版社 2009 年版。

33. 沈木珠:《海商法比较研究》,中国政法大学出版社 1998 年版。

34. [加]威廉·泰特雷:《国际冲突法——普通法、大陆法及海事法》,刘兴莉译,法律出版社 2003 年版。

35. 屈广清:《涉外海事关系法律适用法立法研究》,人民出版社 2016 年版。

(二)论文类

1. 张潇剑:《国际私法上的公共政策机制之剖析》,载《法学评论》2005 年第 4 期。

2. 何其生:《中国国际私法学的危机与变革》,载《政法论坛》2018 年第 5 期。

3. 张潇剑:《评柯里的“政府利益分析说”》,载《环球法律评论》2005 年第 4 期。

4. 黄忠:《违法合同的效力判定路径之辨识》,载《法学家》2010 年第 5 期。

5. 刘恬:《任意性规范与意思自治关系之德国法考察》,载《郑州大学学报(哲学社会科学版)》2012 年第 3 期。

6. 刘仁山:《“直接适用的法”在我国的适用——兼评〈涉外民事关系法律适用法〉解释(一)第 10 条》,载《法商研究》2013 年第 3 期。

7. 屈茂辉:《类推适用的私法价值与司法运用》,载《法学研究》2005 年第 1 期。

8. 徐国庆:《南非印度人问题与尼赫鲁政府时期的印度对南非政策》,载《西亚非洲》2011 年第 4 期。

9. 胡永庆:《论公法规范在国际私法中的地位——“直接适用的法”问题的展开》,载《法律科学》1999 年第 4 期。

10. 肖永平、龙威狄:《论中国国际私法中的强制性规范》,载《中国社会科学》2012 年第 10 期。

11. 刘奇英:《公法与私法交融视域下惩罚性赔偿的法律性质及其制度功能》,载《晋阳学刊》2018 年第 3 期。

12. 肖永平、董金鑫:《中国强制性规范在美国适用的方法探析》,载《比较法研究》2014 年第 3 期。

13. 郭明瑞:《试论合同第三人的法律地位和法律特征》,载《中国法学》1986 年第 1 期。

14. 肖永平、郭明磊:《全球化视野下的双重国籍——兼论我国国籍法的弊端与对策》,载《武汉大学学报(哲学社会科学版)》2006 年第 5 期。

15. 姜茹娇、王娇莺:《论国际私法中法律选择方法的价值追求——兼论最密切联系原则的勃兴与修正》,载《比较法研究》2003 年第 3 期。

16. 杨树名、郭东:《事实与法律之间——论船舶适航义务的涵义及判断标准》,载《法学杂志》2006 年第 5 期。

17. 张湘兰、张学辉:《海上保险委付行为法律性质新探》,载《法学评论》2001 年第 1 期。

18. 吴勇奇:《以卸货作业方式实施的海难救助有权获得救助报酬》,载《人民司法》2014 年第 16 期。

19. 禹华英:《海难救助的性质与法律适用》,载《西南政法大学学报》2010 年第 4 期。

20. 王利民:《典型合同立法的发展趋势》,载《法制与社会发展》2014 年第 2 期。

21. 江必新:《论司法自由裁量权》,载《法律适用》2006 年第 11 期。

22. 韩明琏、顾倚龙:《关于合同签订地的几个问题》,载《法学论坛》1990 年第 1 期。

23. 王吉文:《论我国对外国判决承认与执行的互惠原则——以利益衡量方法为工具》,载《法学家》2012 年第 6 期。

24. 杜新丽:《关于〈合同的法律适用部分〉条文起草情况的报告》,载《中国国际私法学会 2004 年年会论文集》。

25. 廖盛林:《混合合同法律适用问题的类型化研究》,载《福建法学》2012 年第 1 期。

二、外文文献

(一)专著类

1. Cheshire and North, *Private International Law*, London, Butterscotch, 1979.

2. Peter. North, Facet, *Cheshire and North's Private Internation Law*, London, Butterscotch, 1999.

3. Lawrence Collins, *Dicey, Morris and Collins on the Conflict of Laws*, 14th ed, London: Sweet & Maxwell, 2006.

4. Peter Nigh, *Autonomy in International Contract*, Oxford :Clarendon Press, 1999.

5. David Harris, *Cases and Materials on International Saw*, 15th ed, London: Sweet & Maxwell, 1998.

6. Geoffrey Brice, *Maritime Law of Salvage*, 2th ed, London: Sweet and Maxwell, 1993.

7. Wilhelm Peter Schrieffer, *Unrelenting debs Internalization Privateers*, Druck and Vera Avon Johann David Lowlander, Frankfurt am Main, 1841.

8. Reanimate, *Conflict of Laws in Western Europe: A Guide of Jungle*, Transnational Publishers, 1995.

9. Dilettantish, *Mancini Ind die Nonautomotive aim Internalization Privateer*, Heidelberg, 1998.

10. Con Hoffman/Thorn, International es Privateer, C. H. BECK, 2017.

(二)论文类

1. Aldo Chirp, Sarah Shiels, *The Continuum of International Maritime Law and Canadian Maritime Law: Explaining a Complex Relationship*, Jalousie Law Journal, Vol. 35:2(2012).

2. Ma rel Talkative, *Overview of Ocean Carrier Liability Exceptions under the Rotterdam Rules and the Hague-Hague/Visibly Rules*, Revue Kendra DE adroit, Vol. 40:2(2010).

3. Erik Rosales, *Soft Law in the Conventions for the Unification of Maritime Law*, Scandinavian Studies in Law, Vol. 58(2013).

4. Hannah Baum, *Mandatory Rules in Civil Litigation: Status of the Doctrine Post Globalization*, The American Review of International Arbitration, Vol. 18 (2007).

5. Adeline Chang, *The Public Policy and Mandatory Rule of Third Countries in International Contracts*, Journal of Private International Law, Vol. 2:1(2006).

6. Murat Me tin Hake, *The European Union's Conflict of Law Rules Governing Contract Law-A Re-Evaluation*, E Law Murdoch University Electronic Journal of Law, Vol. 1:10(2003).

7. Erin, Cara, Steinway, *From Politics to Efficiency in Choice of Law*, George Mason University of Law and Economics Working Paper, Vol. 67:4(2000).

8. Michael Hellner, *Third Country Overriding Mandatory Rules in the Rome I Regulation: Old Wine in New Bottles?*, Journal of Private International Law, Vol. 5:3(2009).

9. Friedrich K. Juenger, *Private International Law or International Private Law*, The King's College Law Journal, Vol. 5(1994 - 1995).

10. Snazzy, *Conflicts of Laws in the Western, Socialist and Developing Countries*, Stanford Law Review, Vol. 27:1(1974).

11. Williams Dodge, *Breaking the Public Law Taboo*, Harvard International Law Journal, Vol. 43:1(2002).

12. Zurich Drowning, *The UNIDROIT Principles in the Conflict of Laws*, Uniform Law Review, Vol. 3:2(1998).

13. Flour Johns, *Performing Party Autonomy*, Law and Contemporary Problems, Vol. 71:3(2008).

14. Chang-Goon Kim, *Recent Developments in Maritime Law of Korea 2009 – 2010*, Asian Business Lawyer, Vol. 8:11(2011).

15. Dewey Villareal, *Carrier's Responsibility to Cargo and Cargo's to Carrier*, Tulane Law Review, Vol. 45:4(1970 – 1971).

16. Mackenzie Alan, *Limitation of Liability as a Risk Allocation Mechanism in Maritime Law*, Australian and New Headland Maritime Law Journal, Vol. 29:1 (2015).

17. James Zheng Liang Hu, Layna Cairong Zheng, Special Topics in Maritime Law: *Developments of Maritime Law in China in 2010 – 2013*, Asian Business Lawyer, Vol. 13:79(2014).

18. William Cutlery, *The Law of the Flag, Flag Shopping, and Choice of Law*, Tulane Maritime Law Journal, Vol. 17:2(1993).

19. Ho-Sam Bang, *Recommendations for Polices on Port State Control and Port State Jurisdiction*, Journal of Maritime Law and Commerce, Vol. 44:1 (2013).

20. Deliverable, *Hans Zurich Sureness, Characteristic Obligations in the Draft EEC Obligation Convention*, American Journal of Comparative Law, Vol. 25:2 (1977).

21. A tamer Kelim, *Sources of Roman Maritime Law in the Digest*, Bania Ave Caret Habakkuk Derisive, Vol. 26:4(2010).

22. Gumball John, *The Central Role of P & I Insurance in Maritime Law*, Tulane Law Review, Vol. 87:5(2013).

23. Stefan Mate Danial, *Characteristics of the Cargo Insurance Contract in Case of International Land Transport*, Vol. 24:2(2017).

24. Female Seneca, *Agreed Value Insurance*, Bania Ave Caret Habakkuk

Derisive, Vol. 25:2(2009).

25. Chivalrous Zukor, *Japan's Maritime Law Reform in an International and Regional Context*, Australian and New Headland Maritime Law Journal, Vol. 30:1 (2016).

26. Ian Sampson, *Calculating the Appropriate Measure of Damages in Charter Party Deliverable Disputes*, International Trade and Business Law Review, Vol. 18(2015).

27. Ibo Grabber, *Salvage of Life on the Sea and the Right to the Award*, Aborning Cordovan Program Fateful u Split, Vol. 32(1995).

28. Similar Ovid, *Globalization and New Social-Economic Processes*, 31 Economic and Social Development, International Scientific Conference on Economic and Social Development, The Legal Challenges of Modern World, 31. Wolff Verna Skidpan, Persons Entitled to Limitation of Liability for Claims Deriving from the Contract on Carriage of Goods by Sea, Aborning Pravnog Fakulteta Sveucilista u Rijeci, Vol. 28:2(2007).

29. Slaughter Anne-Marie, *Judicial Globalization*, Virginia Journal of International Law, Vol. 40:4(2000).

30. Maria Del Angel Freesias Vazquez, *Globalization, Legal Globalization, Global Law and Private International Law*, Ecuadorans DE Pechora Transaction, Vol. 9:1.

31. Boyd Winchester, *Citizenship in Its International Relation*, Vol. 31:4 (1897).

32. Nita, Constant Cedar; Nita, Viol eta Dana, *Reflections on the Relation between Individual, Society and State*, Journal of Law and Public Administration, Vol. 3:6(2017).

33. Ion Ga lea, *A New Perspective on the Relation between International Law and Domestic Law Based on the Rule of Law*, Anal Universality din Bucharest: Beria Crept, 2016.

34. Adam Twinkies, *International Courts and Legalism in International Law*, Polish Review of International and European Law, Vol. 5:1(2016).

35. Antivivisectionist, An eta, Anastasia, Madras, *State as a Subject of*

International Law, US-China Law Review, Vol. 13:1(2106).

36. Karting, Stephen, Nova Scarred: *The Implications of International Ferry's Floating Jurisdiction on the Law of the Sea, the Lands, and the Flag*, Ocean and Coastal Law Journal, Vol. 21:1 - 2(2016).

37. Capella Assignation, Arthur Roberto, *Foundations of a Critical Sociological Analysis of International Legal Institutions: Negativity and Politics in the Methodology of International Legal Studies in Brazil*, Re vista Braille DE Escudos Politicos, Vol. 116:1(2018).

38. Mandela Adana Laura, *The International Carriage of Goods by Sea. A Comparative Study of Uniform Regulations*, Contemporary Readings in Law and Social Justice, Vol. 9:2(2017).

39. H. James Englishman; Sun Si, *A Study on the Updating of the Law on Carriage of Goods by Sea in China*, Australian and New Headland Maritime Law Journal, Vol. 30:1(2016).

(三)文件、判决书及其他

1. United Nations Doc. A/REC/63/122/2009.

2. United Nations Doc. HRI/Core/DJI/2010.

3. United Nations A/RES/63/122/2009.

4. Economic and Social Commission for Asia and the Pacific E/ESCAP/68/L.4.

5. UNDP, The Bali Road Map: Key Issue Under Negotiation, 2008.

6. Simply 2013: Scandinavian Institute of Maritime Law Yearbook, 2014 Scandinavian Inst. Mar. L. Y. B. 1, 2014.

7. Nottebohm Case, Judgment, ICJ.

8. Regulation (EC) No 593/2008 of the European Parliament and of the Council of 17 June 2008 on the Law Applicable to Contractual Obligations.

9. Cour International de Justice: Affaire Relative a l'Application de la Convention de 1902 Pour Regler la Tutelle des Mineurs. Arret du 28 Novembre 1958. Recueil des Arrets, Avis Consultatifs et Ordonnances, 1958.

10. Glencore Energy UK Ltd. and another v. Freeport Holdings Ltd., Queen's Bench Division (Commercial Court), [2018] All ER (D) 75 (Jan);

[2017] EWHC 3348 (Comm), 21 December, 2017.

11. Shell v. R. W. Sturge, Ltd., No. 94 - 3119, United States Court of Appeals for the Sixth Circuit, 55 F. 3d 1227; 1995 U. S. App. LEXIS 13911; 1995 FED App. 0176P (6th Cir.), May 1, 1995, Argued, June 8, 1995, Decided, June 8, 1995, Filed.